民事判例 *22*

2020年後期

現代民事判例研究会編

日本評論社

民事判例 22——2020 年後期　目次

●本号の対象裁判例について

　『民事判例 22　2020 年後期』のうち、最新裁判例を紹介・検討する第 1 部、第 2 部、第 3 部では、基本的に、2020 年 7 月～12 月に公刊された裁判例登載誌に掲載された裁判例を対象としている。

◆「第 1 部最新民事裁判例の動向」で対象とした裁判例登載誌は以下のとおりである (括弧内は略語表記)。それ以降 (若しくはそれ以前) の号についても対象としていることがある。なお、前号までの当欄ですでに紹介された裁判例については省略している。また、環境、医事、労働、知財に関する裁判例については、原則として第 2 部の叙述に譲るものとしている。

最高裁判所民事判例集 (民集)	73 巻 5 号・74 巻 1 号～ 4 号
判例時報 (判時)	2443 号～ 2460 号
判例タイムズ (判タ)	1472 号～ 1477 号
金融法務事情 (金法)	2141 号～ 2152 号
金融・商事判例 (金判)	1594 号～ 1605 号
家庭の法と裁判 (家判)	27 号～ 29 号 （「家族裁判例の動向」のみ）

◆「第 2 部最新専門領域裁判例の動向」では、第 1 部で対象とした上掲の裁判例登載誌を基本としつつ、各専門領域の特性に応じて、裁判例登載誌等の対象が若干変わっている。

「環境裁判例の動向」→上掲の民集、判時、判タのほか、判例地方自治（判例自治）460 号～ 465 号を付加。2020 年 7 月～ 12 月に裁判所 HP に掲載されたものも含める。
「医事裁判例の動向」→上掲の民集、判時、判タ、金法、金判のほか、2020 年 7 月から 12 月が判決の言い渡し日かつ 2020 年 12 月末日までに HP に掲載された裁判所 HP に掲載されたものも含める。
「労働裁判例の動向」→上掲の民集、判時、判タのほか、労働判例（労判）1221 号～ 1230 号、労働経済判例速報（労経速）2414 号～ 2430 号を付加。
「知財裁判例の動向」→言渡日が 2020 年 7 月～12 月であって、2020 年 12 月末時点で裁判所 HP に掲載されたもの、また、行政裁判例（審決取消訴訟の裁判例）も含める。

◆裁判例登載誌の表記は、本文では紙幅の都合により原則として 1 誌のみを表示し、「今期の裁判例索引」において可能な限り複数誌を表示することとした。

◆「第 3 部注目裁判例研究」では、第 1 部、第 2 部の「動向」で対象としたもののうち、とくに注目すべき裁判例をとりあげ、検討を加えている。なお、「動向」欄では前号までに紹介済みとして省略した裁判例であっても、今期対象とした裁判例登載誌等にも登場したものについては、第 3 部で検討する対象に含めている。

本書の略号

民集：最高裁判所民事判例集	金判：金融・商事判例
集民：最高裁判所裁判集民事	家判：家庭の法と裁判
裁時：裁判所時報	判例自治：判例地方自治
訟月：訟務月報	労判：労働判例
判時：判例時報	労経速：労働経済判例速報
判タ：判例タイムズ	ほか、雑誌名は通常の略記法に従う
金法：金融法務事情	

取引裁判例の動向

平林美紀　南山大学教授

現代民事判例研究会財産法部会取引パート

1　はじめに

　今期の対象裁判例から、取引に関するものとして、最高裁判決1件、高裁判決9件、地裁判決23件の合計33件を抽出した。唯一の最高裁判決は、ここ数回の研究会でも継続して話題となっている司法書士の責任を論じているが、委任契約関係にはない者からの司法書士に対する損害賠償請求事件であったため、同種の裁判例の紹介も含めて、「注目裁判例研究　不動産」「不動産裁判例の動向」あるいは「不法行為裁判例の動向」に譲りたい。

　残る下級審判決には、これと言ったまとまりを見出すことはできなかったが、個人的には、契約の成立やその合意内容を詳細に追う裁判例（[14][20][27][29][32]）がある一方で、理論先行で事案の特殊性の検討に物足りなさが残る裁判例（[11][17][18][19][30]）の存在が印象に残った。

2　信義則・権利の濫用

　信義則に関して [1] と [2]、権利濫用に関して [3] があった。なお、後掲 [7] では消滅時効の援用についての権利濫用が認められ、また、同じく [21] でも保証人の責任を制限するために権利濫用法理が用いられている。

　[1] 東京地判令元・10・7 金判1596号28頁（控訴）では、Y会社の株式を取得したと主張するXが、株主としての地位の確認等を求めた。会社の支配をめぐる争いではあるが、Xが訴えの提起に至った背景事情には通謀虚偽表示の問題があり、また、最終的には信義則によって解決が図られた点で興味深い。

　Y_1 会社の一人株主である Y_2 は、Y_1 発行株式1000株（以下「本件株式」という）全てを占有していた。Y_2 は、Y_1 会社の借入金債務を連帯保証し、この連帯保証債務を担保する目的で、本件株式を目的物とする譲渡担保権を設定した。その際、「本件株式については、株券は発行されておらず……」などの文言が記載された契約書が交わされていたが、実際は Y_1 の株券は発行されており（以下、これらの株券を「旧株券」という）、それとは別に、1000株の表記等のある1枚の株券（以下「新株券」という）が作成されて、Gに交付された。Xは、Gから本件株式を譲り受け、臨時株主総会を開催して、新たにXを取締役兼代表取締役として選任する旨の議案などを可決した。他方、Y_2 は、GからAへの譲渡に先立ち、本件株式を Y_3 に300株、Y_4 に250株、Y_5 に450株を譲渡し、旧株券の名義変更などの手続を取っていた。なお、Y_3 と Y_4 は Y_2 会社の取締役であった者で、Y_5 は同じく監査役であった。

　東京地裁は、Y_2 から Y_3 ～ Y_5 への各株式譲渡契約を通謀虚偽表示により無効であるとした。とはいえ、新株券は有効な株券ではないから（Yらが Y_1 株式を表章する株券を新株券として発行する意思を有しておらず、また、旧株券の無効化手続が取られていないため）、Xは会社法128条1項所定の株券交付を受けているとは言えないとされた。しかしながら、東京地裁は、本件では Y_2 が違法・不当な目的をもって故意に無効な株券を作成し、これを用いて本件各株式譲渡の意思を表示したのであって、その行為は社会通念上著しく正義に反したものというべきであるから、Yらは、信義則上、会社法128条1項所定の株券の交付がないことを主張することはできないとして、Xは、Yらとの関係においては、意思表示のみによって有効に株式の譲渡を受けたというべきで、Xが Y_1 の一人株主の地位にあるというべきである等としたのである。

　[2] 東京地判令元・11・27 判時2443号72頁（控訴）は、執行逃れを企図した法人の設立が、信義則（法人格否認の法理）により否定された事案である。訴外B（社会保険労務士）は、「B労務管理事務所」の商号で業務を行う一方、自ら管理するインターネッ

ト上の掲示板に記事を投稿したことで、X（社労士業を営んでいた者）から、プライバシー侵害を理由とする記事の削除および同旨の記事の掲載を禁止する仮処分を申し立てられた。その後もBが投稿をやめなかったことから、Xは、間接強制金および損害賠償金に係る債務名義を取得して、Bに対する約2000万円の債権に基づき差押えを申し立てた。ところが、Xを差押債権者、Bを差押債務者、Bの顧問先を第三債務者とする顧問報酬債権に係る債権差押命令の正本が各顧問先に送達されるやいなや、Bと社会保険労務士Y₁（B労務管理事務所において雇用されていた社労士であり、後掲のY₂社会保険労務士法人の設立時からY₂の社員となった者）は、各顧問先に顧問契約解除通知書を送付した上で、瞬く間にY₂社会保険労務士法人を設立した。そして、このY₂法人設立時点でBが開業社労士として顧問契約を締結していた取引先は、いずれもY₂法人との間で新たに顧問契約を締結し、1ヶ月弱のうちに全ての顧問先をY₂法人に移転した。

東京地裁は、こうしたY₂法人の設立経緯や顧問先が全て移転されたという事実のほか、Bが使用する商号とY₂法人の名称との類似性、Y₂法人の社員がBとY₁のみであること、Y₂法人の設立にあたり、Bが100万円、Y₁が1万円をそれぞれ出資したこと、Y₂法人の所在地、電話番号およびファックス番号は、いずれもBが元々業務を行っていたB労務管理事務所のものと同一であること、従前はBの個人名義であったリース契約や公共料金の引落口座を、BがY₂法人名義に変更したこと、BがY₂法人から報酬を受領していないことに加えて、問題となったインターネット上の掲示板で、過去に社労士法人の設立はB自身にとって不要であるとの認識を示す投稿を行っていただけでなく、個人債務について法人が責任を負わないことを逆手に取ったような書き込みもしていたことを認定した上で、最一判昭44・2・27民集23巻2号511頁および最二判昭48・10・26民集27巻9号1240頁を引用し、「Y₂法人は、形式的にはB個人とは別個の法人の形態をとってはいるものの、その実質はBと同一であり、Y₂法人の設立は、Bが自身に対する強制執行を免れる目的をもってされた社労士法人制度を濫用するものと認められるから、信義則上、Y₂法人は、Bと別異の法人格であることは主張できない」として、Xの本件未回収債権につき、Y₂法人の支払義務を認めた。なお、Y₁の社労士法25条の15の3第1項に基づく弁済責任も認め、Y₁とY₂が連帯して債務を負担すると結論づけた。

[3] 熊本地判平31・4・9判時2458号103頁（控訴・後和解）（不動産 [2]）は、不動産の売買・仲介等を目的とするX会社が、区分所有建物の一室（以下「本件居室」という）を所有者Aから購入し（以下「本件売買契約」という）、占有者Yに明渡しを求めた事案である。本件居室は約10年前に父Aが娘Yに住まわせる目的で購入したものであったが、Aの再婚相手も絡んでAY間に不和が生じ、AはYに本件居室の明渡し等を求めるようになった。Yが明渡しに応じないことから、Aがこうした事情を説明した上で本件居室をXに売り渡したという経緯がある。

熊本地裁は、本件特有の家族間の事情だけでなく、Xの本件居室を取得する行為が、譲り受けた権利の実行を業とすることの禁止を定めた弁護士法73条違反に該当することに次の通り言及した上で、権利濫用と評価した。「弁護士法73条に違反する行為によって国民の法律生活上の利益に対する弊害が生ずることを防止すべき公益上の要請は強く、同条に違反する行為が刑事罰の対象とされていることにも鑑みると、同条に違反する行為の私法的効力についても抑制的に解するのが相当であり、仮に本件売買契約がAとXの間において無効でないとしても、Xが、Yに対して、Yの法律生活上の利益に対する弊害が生ずることを何ら防止することなく本件居室を買い受けたにもかかわらず、本件居室の所有権に基づいて本件居室の明渡しや賃料相当損害金の支払を請求することは、権利の濫用として認められない」。

権利濫用の結論は妥当であると思われるが、AX間の本件居室の売買契約を無効とまで断じなかったのはなぜか。推測の域を出ないが、本件では、Aがかなり積極的に売りたがっていたことや、Xが「業として」いたのかについてはやや疑問が残る点が影響したのかもしれない。

3　意思能力・制限行為能力

成年後見に関して3件の決定があった。[4] 大阪高決令元・9・4判時2452号39頁（差戻し・後確定）では、本人A（原審判時点で87歳）の長男X（申立人、抗告人）が後見開始の審判の申立てをした事案であって、Aの意向により鑑定の実施ができない中で原審がXの申立てを却下するとした判断の妥当性が問われた。[5] 東京高決令元・12・25判時2454号31頁（①事件）（確定）と [6] 東京高決令2・1・20判時2454号35頁（②事件）（一部差戻し、即時抗告、許可抗告）は、抗告人を同じくする。本人Aの長男X（成年後見人）は、①事件では、成年後見監督人

に職権で選任された弁護士Bが後に成年後見人に追加選任されたことで、Xの権限に制約が加わったことを不服とし、また、②事件では、そのような追加選任等が行われるに際して提出された書面の閲覧・謄写に関する判断を不服として抗告した。

[4][5][6]はいずれも手続の適否を争ってはいるが、背後には、成年後見人としての適格性の問題や、本人自身が行った取引の有効性の問題も見え隠れしており、成年後見制度の運用の難しさが感じられる。

4　安全配慮義務

各種の契約で債務者の安全配慮義務が争われた。[7] 大阪高判令元・7・19判時2448号5頁（確定）は、アスベストなどが原因で従業員らが肺がんや中皮腫を発症したとして、タイヤ製造業者の責任を認めた（不法行為[38]、第一審：神戸地判平30・2・14判時2377号61頁〔民事判例18号取引[18]、不法行為[56]）。後掲[8]では、防衛大学校における学生間のいじめに関する国の責任が問われた。[9] 佐賀地判令元・12・20判時2460号76頁（控訴）（不法行為[36]）ではキャンプで男児が溺死した事故について主催者の責任が、また、[10] 高松地判令2・1・28判時2458号93頁（確定）（不法行為[35]）では保育園の園庭に設置された雲梯に園児が首を挟まれて窒息した事故について保育園等の責任が、それぞれ死亡した子の親により追及された。

[7][9][10]は、職場をはじめとする債務を履行する場の物理的な安全確保に関する債務者の責任が問われたものであるが、[8]は教育の場における債権者（である学生）相互のトラブルに債務者（の履行補助者である教官）がどう介入すべきかを問う判決である。その意味で、生徒間の暴力事件に端を発する私立高校の退学処分の妥当性が争点となった後掲[11]との連続性が見受けられる。[11]は、安全配慮義務を争点とした事案ではないが、[8]とともに紹介することをお許しいただきたい。

防衛大学校の元学生Xは、在校中に上級生や同級生から暴行、強要、いじめ等の行為を受けたことについて、別訴で上級生等の不法行為に基づく責任を追及する一方で、[8] 福岡地判令元・10・3判時2455号16頁（控訴）において、国Yを相手取り、その設置する防衛大では寮生活をする学生を24時間管理下に置いているから、教官や学生が行う「指導」と称する行為等により、学生の生命および健康等が害されないように、教官や学生を監督し、学生を危険から保護するように配慮する義務を負うとし

て、安全配慮義務違反を理由に損害賠償を請求した。福岡地裁は、問題とされた各行為を詳細に認定しつつも、教官らにおいて、本件各行為の端緒を認識し、その発生を予見するなどして、本件各行為を回避することは困難であったことを理由に、Yの履行補助者たる教官らの対応が安全配慮義務に違反するとまでは言えないとした。しかし、控訴審（福岡高判令2・12・9刊行物未登載、今期対象外）では、原判決が変更され、各行為のうちの一部にYまたはYの被用者である教官の安全配慮義務違反があったと認めた。損害賠償に関しては、Xの主張した防衛大退校後の他大学入試から卒業までの費用379万余円や幹部自衛官として任官していれば得られた俸給等の平均収入と全国の平均収入との差額776万余円は認めなかった一方で、退校せずに卒業していれば支給を受けられた学生手当等172万余円その他を損害と認定している。

[11] 山口地宇部支決令2・2・12判時2453号54頁（保全異議、和解）は、Y学校法人（債務者）が運営する私立高校（以下「本件高校」という）の生徒である債権者Xが、本件高校の校長Pから退学処分を受けたが、この退学処分はPの裁量権を逸脱・濫用した違法なものであると主張して、Xが本件高校の生徒の地位にあることを仮に定めること、および、XがYの授業を受けることの妨害禁止の仮処分を求めた事案である。退学処分という重要な判断に至った発端は、Xと本件高校の他の生徒Aとの間のトラブルで、XのAに対する暴行を理由としていた。山口地裁宇部支部は、最二判平8・3・8民集50巻3号469頁を引用して、退学処分の判断については校長の合理的な教育的裁量に委ねられるべきことを前提としつつ、本件退学処分がその要件を充足しているか否かの認定については、特に慎重な配慮を要するとの一般論を示した上で、本件退学処分が裁量権の範囲を超えまたは裁量権を濫用してされた違法なものであると結論づけた。

被害生徒Aを守ることは重要であるが、その手段としてYの退学処分までもが必要なのかどうかが問われた形である。なお、本件では、Xの授業を受ける権利を保全すれば足りるとして、Xの生徒としての地位の保全の必要性を認めず却下した点も興味深い。解雇処分をめぐる労働事件においては、労働者にとっての中核的な利益は賃金の支払を受けることであり、従業員たる地位そのものは任意の履行を期待する仮処分であることから、賃金仮払が命じられるのみで、地位保全の仮処分が認められない傾向があるようである。ただ、比較的流動的な労働市場と

比べて、年齢と学年が多くの場合には一致する画一的・固定的な在学関係において、地位の保全を労働事件と同様に認めなくて良いのか、在学していることが人生の次なるステップに少なからぬ意味を帯びる現状に鑑みると、疑問なしとしない。

5 債権譲渡

[12] 東京地判令元・12・24 金法 2144 号 77 頁（確定）は、譲渡禁止の特約に反して債権が二重に譲渡（担保に供）された場合において、対抗関係において劣後する譲受人が、これに優先する譲受人に対し、同特約の存在を理由として対抗力を有する債権譲渡（担保）の無効を主張した事案である。譲渡の目的（物）とされたのは、5 つの工事請負代金債権（以下「本件各請負代金債権」という）で、そのいずれの債権者（＝譲渡人）も Y₁ であった。また、本件各請負代金債権には、将来債権が含まれるとともに、債務者 A〜D に対する各工事請負代金債権だけでなく（それぞれの始期と終期は共通で、始期は平成 29 年 9 月 1 日、終期は平成 35 年 1 月 12 日とされた）、債務者を現段階で必ずしも特定人に限定しない（東京都内、岩手県内、千葉県内、大阪府内の顧客に対する電気工事の請負契約に基づく工事請負代金債権〔始期は平成 30 年 2 月 1 日、終期は平成 35 年 1 月 12 日〕）も含んでいた。A らが債権者不確知を理由に工事請負代金を供託したため、第一譲受人である X が、還付金請求権を有することの確認を求めて訴えを提起したのである。

第二譲受人を称する Y₂ は、Y₁ と X との間でなされた債権譲渡担保の登記につき「債権の発生原因」が空欄になっていることを指摘してその有効性から争ったが、その「債権個別事項欄」の記録により登記は有効とされたため、譲渡禁止特約の問題が焦点となった。

東京地裁は、債権譲渡禁止特約の意義が債務者の利益保護にあるとしても、債務者に限らず、譲渡禁止の特約の存在を理由とする債権譲渡の無効を主張する独自の利益を有する者も当該無効を主張することができること（最二判平 21・3・27 民集 63 巻 3 号 449 頁）、また、二重譲渡された債権に譲渡禁止の特約が付されていた場合、同特約の存在につき悪意または重過失の譲受人は、譲渡によってその債権を取得し得ないこと（最一判昭 48・7・19 民集 27 巻 7 号 823 頁）を順次指摘して、劣後譲受人であっても、譲渡禁止の特約の存在につき善意かつ無重過失であれば、同特約の存在につき悪意または重過失

の優先譲受人に対し、自らが当該譲受債権に係る債権者であることを主張できる以上、第一譲受の無効を主張する独自の利益を有するものと認められるとの一般論を示した。ところが、本件の Y₂ は、そもそも本件各請負債権の譲受人か否かに疑いがあり、仮に譲受人であるとしても、譲渡禁止特約に関する X の重過失を主張するのみで、自らの善意かつ無重過失を何等立証していないとして、X に対する譲渡の有効性を認め、X が還付金請求権を有することを確認したのである。

以上の論旨は、平成 29 年改正前の民法 466 条ただし書の理解（物権的効力説）を下敷きとしているため、同じ問題が新法のもとで生じた場合の処理はこれとは異なると予想される。すなわち、新法では、債権譲渡特約つきの債権が譲渡された場合も、譲渡債権の債権者は譲受人であり（466 条 2 項）、譲受人が悪意または重過失の場合は、債務者は債務の履行を拒むことができる（あるいは、譲渡人に弁済して譲渡債権を消滅させることができる）（466 条 3 項）。ところが、債務者は譲受人の主観的態様（善意かつ無過失なのか、悪意または重過失なのか）の判断に迷い弁済の相手方を間違える場合があるため、特別の供託権を与えられる（466 条の 2）。したがって、本件の A らのような立場に置かれた者は、新法下でも供託を選択することが予想される。また、（本判決では、X の主観的態様についての評価はなされていないが、）Y₂ 曰く、「X は、債権譲渡型の融資に特に精通した貸金業者であり、担保対象となる債権の調査や検証に当たり、十分な知識、経験および能力を有していた」ようであるとともに、「工事請負契約では一般に譲渡禁止の特約が用いられることが商慣習化している」ので、仮に特約の存在を知らなかったとしても、X には重過失が認められる可能性が否定できない。ただ、X が悪意または重過失であるとすると、債務者 A らは履行拒絶等ができるが、この場合も、優先譲受人（X）が債権者であること自体は揺るがない。言い換えれば、新法下では、劣後譲受人が、優先譲受人にとって代わる余地がないので、譲受人が譲渡禁止特約につき悪意または重過失で債権を譲り受けたことを主張する利益も、劣後譲受人にはないと考えられるのである。

なお、債権譲渡に関しては、[13] 東京高決令 2・2・14 金法 2141 号 68 頁（抗告棄却、第一審：東京地決令元・11・15 金法 2141 号 77 頁）もあった。

6 契約の成立・解釈

　契約交渉の不当破棄の判断基準および損害額の算定の点で、参考になるものとして、[14] 札幌高判令元・9・3判タ1473号33頁（確定）（不動産[9]、不法行為[26]、原審：札幌地判平30・12・25判タ1473号38頁）があった。

　函館の商業地区にある建物を利用してドラッグストアを営もうとする法人Yは、同建物で店舗を営んでいた所有者（法人）Xとの間で同建物の賃貸借契約を締結することを企図した。当時営業中であったXの意向も尊重しつつ、XY間では約6ヶ月にわたる交渉がされてきたが、その間にインバウンド市場が全体的に低下したようで、特に賃料保証条項についてYの決済担当者が難色を示したことから、交渉の最終段階で契約の締結が見送られることになった。そこで、Xは、主位的に、本件賃貸借契約の成否にかかわらず、同契約に係る契約書25条の違約金条項については当事者間で合意が成立しているとして、同条項に基づく違約金2840万円および遅延損害金の支払を求め、予備的に、同契約が成立しておらず、かつ、同条項についての合意が成立していないとしても、Yが一方的な都合により同契約の成立を妨げたことにより、Xが工事業者に損害賠償金を支払うことを余儀なくされたと主張して、民法709条に基づく損害賠償金729万余円および遅延損害金の支払を求めた。

　原審は、Xの主位的請求を棄却し、予備的請求を認容した。控訴審にあたる本判決でも、同様の結論となった。まず、主位的請求の根拠とされた契約書25条の違約金条項とは、「Yが、自己の都合により、3条に定める賃貸期間の開始日までに契約を解約するときは、Xに対し、すでに支払済みの敷金と併せて6条記載の敷金に相当する金額を違約金として支払うこと」とする条項であった。これにつき、原審は、「同条項は、同契約の成立後、賃貸期間開始までの間に、X又はYが解約する場合に適用される条項であり、このことは、同条項には、同契約が成立し、敷金の授受もされたことを前提とする『既に受領済みの敷金』、『既に支払済の敷金』との文言が記載されていることからも明らかである」とした。

　なお、予備的請求で認められた損害額は、Xが負担する請負代金債務を基礎に算定された。この点につき、原審は、「Xは、Yに対し、約2週間で、重機を使用せずに台車などを利用して人力で、業務用の大型冷蔵庫を含む動産類や冷暖房などの設備を搬出して、本件建物をスケルトン状態で引き渡す必要があったことからすると、本件建物内部の解体工事等には相当数の人工が必要であったと認められる」し、YからXへの契約締結をしない旨の通知の時期からすると、搬出を中止するには遅すぎる時期であったことも認めた。

　契約の成立に関しては、以下の[15]と[16]もあった。ただし、訴額の大きさの割に、原告が裁判所で争う程度の確信をもって訴えを提起したものなのか、疑問を感じた。

　[15] 東京地判平29・10・20判タ1472号221頁（控訴・後棄却）は、X女がY男に対し、複数回にわたり合計1億9500万円を貸し付けたと主張し、元本ならびに利息等の支払を求めるとともに、XとYとの間の子の養育費等について、XY間の内縁関係を解消する際の合意に基づいて支払を求めた事案であるが、Yは、貸付も合意も否認し、X主張の約2億円を含む3億円は預けたに過ぎないと反論した。裁判所は、Yが刑務所からの出所後まもなく、自宅に現金3億円を持参し、これをXに交付したことは認めたが、その際、自宅の金庫に現金2～3000万円を残して残りの現金は複数の金融機関の口座に分散して預金するように指示し、Xもこの指示に従って預け入れを行ったこと、その後、Yから活動資金が必要であると言われると、Xが各口座から現金を引き出してYに交付したことなどを認定した。さらに、Xが、Yとの男女関係を解消した後、15年以上もの間Yから一切貸金の返済を受けておらず、その一方で何度か面会する機会がありながら、借用書や念書の作成を求めることすらしておらず、弁護士に依頼して法的措置を講ずることもしていないことを認定した上で、XとYとの間の金銭消費貸借契約は存在しないと結論づけた（養育費の支払は認められている）。

　[16] 東京高判平31・4・25判タ1473号52頁（上告）（原審：東京地判平30・6・22判タ1473号58頁）では、X株式会社（原告、被控訴人）と米国法人Y（被告、控訴人）との間でインターネット上の電子掲示板「2ちゃんねる」のサーバー管理業務を月額2万米ドルで委託する旨の業務委託契約（以下「本件業務委託契約」という）の内容が争点となった。Xは、本件業務委託契約に基づいて、Yに多額の業務委託料を前払したが、Yの債務不履行により本件業務委託契約を解除したとして、XからYに対してその前払金合計112万8000米ドルの返還を求め、あるいは、仮に本件業務委託契約が存在していなかったのであれば、YはXに対して不当利得返還義務を負う

と主張して、同額の支払等を求めた。

　ＸＹ間で本件業務委託契約が締結されていたことや、毎年の送金額については一致をみたが、その送金の意義をめぐって両者の主張が対立した。問題の本質は、ＸとＹとの関係性（ＸにとってのＹが、単なるサーバーの管理業者なのか、いわば共同事業者なのか）にあるように思われるところ、裁判所は、「実際に、前払が始まったとＸが主張する時期よりも相当前の時点で、送金額が大きく変動していたこと等を踏まえると、あえて毎月の支払額を固定した上で、何年分も先の前払を行っていたというよりも、送金額が増額されたのは、単純にＹが求めた増額にＸが任意に応じていたものと見るのがむしろ自然ということができる」などとして、Ｘの請求を認めなかった。

7　売買契約

　絵画の売買契約で、即時取得の成立を認めた [17] 東京地判平 30・8・7 判タ 1472 号 210 頁（控訴・後棄却）があった。本件では、Ｘが合計８点の絵画をＡ株式会社に預けていたところ、Ａが本件各絵画を無権限でＹに売却したなどと主張して、所有権に基づいてＸがＹに本件各絵画の引渡しを求めた。ちなみに、Ｘは美術品の売買などを営む画廊であり、Ａ株式会社は画商である。また、Ｙは、オークションの企画・運営、古物売買および委託販売ならびに輸出入等を行う会社である。

　裁判では、主として即時取得（192条）の成否が問題となり、Ｙの悪意または過失の有無が焦点となった。Ｘは、ＡからＹへの売却に先立って、オークションへの出品・販売を委託する契約がＡＹ間で締結されたのに、Ａから取消しの申し出があり（Ｘは、この申し出は、オークションが実施されるとＸに売却を知られてしまうためであると推測している）、これをＹが了承した上で、一旦本件絵画を返還したのに、その上で改めてＡＹ間で売買をしたこと、あるいは、別の美術作品をＡがＹから購入したのにその代金が未払になっているなどの、ＡＹ間の取引関係の実情からは、Ａが資金繰りに窮していることや本件絵画の処分権限がないことなどをＹが認識することができたなどと主張したが、裁判所はＹの悪意または有過失を認めなかった。

8　賃貸借

　賃貸借契約の分野では、[18]で敷金の承継が、

[19]と[20]では転貸借をきっかけとするトラブルの処理が、さらに[21]では賃料等の保証についての判決があった。不動産、担保など、他の分野でも言及があるが、契約法の視点から紹介しておきたい。

　[18] 大阪高判令元・12・26 判時 2460 号 71 頁（上告・上告受理申立て）（不動産 [10]、第一審：大阪地判令元・7・31 判時 2460 号 73 頁）は、大阪市所在の建物（以下「本件建物」という）の賃借人であったＸ社（飲食店の経営等を目的とする株式会社）が、賃貸人Ａの死亡後１年ほどして本件賃貸借契約を合意解約し、本件建物を明け渡したことから、敷金返還を求めて、Ａの相続人の１人であるＹ（長女）に対して、その相続分（28分の７）に応じた金額の支払を求める訴えである。

　Ｘは、敷金返還債務は金銭債務であるから、賃貸人Ａの死亡により、当然に法定相続分に応じてＹを含む相続人らが分割承継したと主張したが、原審は、「敷金に関する法律関係は、賃貸借契約に付随従属するものであり、建物賃貸借契約において建物の所有権移転に伴い賃貸人たる地位に承継があった場合、敷金に関する法律関係も、当然に新賃貸人に承継されるものと解されるところ（最一判昭44・7・17民集23巻8号1610頁参照）、相続により建物所有権の移転が生じて賃貸人たる地位の移転が生じた場合について、これと別異に解すべき理由はない」として、Ｘの主張を認めなかった。これを不服としてＸは控訴し、賃貸目的不動産を売買等により特定承継した場合と、相続による包括承継の場合との区別等について補充的に主張したが、本判決は、原判決を引用した上、Ｘの補充主張に対して、敷金の担保としての性質、敷金が承継されることによる賃借人にとっての必要性（改めて敷金を差し入れる労を省くことができること、および、旧賃貸人の無資力の危険からの保護）を説いて、Ｘの控訴を棄却した。

　以上、原判決および本判決は、賃貸人の死亡による敷金返還債務の帰趨を説いた形とはなってはいるが、本件の事実関係に着目すると、判決の論理を一般化することには疑問を感じる。そもそも、裁判所が賃借人にとって有利な扱いとして賃貸人の地位を承継した者が敷金返還債務も承継すると述べているのに、当の賃借人であるＸがこれを是とせず、むしろ相続分に応じた分割承継を望むのはなぜか。本件の特殊事情として、賃借人Ｘの代表取締役ＢがＡの長男であること、そして、本件建物は、Ａが116分の96、Ｂが116分の20を取得する形（底地も同じ共有持分割合）で平成元年にＡとＢとで共有取得されたものであって、購入日に、賃貸人をＡおよび

個人としてのBの2名、賃借人をX（代表取締役はB）として本件賃貸借契約が締結されたという事実を見逃すべきではない。また、敷金は、本件賃貸借契約締結時に現実にXから差し入れられたわけではなく、XのAに対する貸付金のうち3000万円を敷金として振り替えたものであった。さらに、Aの相続人は、長女Y、長男Bのほか、二女Cと亡くなった二男の代襲者DEFという6名であるところ（被相続人が韓国籍であったため、同国民法の定めにより、被代襲者（＝Aの二男）の妻Dが28分の3、二男とDの子であるEFが各28分の2の法定相続分を有する）、Aの公正証書遺言には、本件建物の持分権についての明確な記載はなかったものの、平成27年1月にYとBとの間では、本件建物に係るAの持分権は、相続によりBが取得するとの内容の裁判上の和解が成立している。そして、本件賃貸借契約の合意解約は、X、Bおよび訴外G（Bから本件建物の持分2分の1を平成27年12月に譲り受けた者。その属性や譲受の経緯は不詳）との間で、平成29年4月になされており、B以外の相続人の参画は見られないといった具合である。

原判決も本判決も、こうした本件の事情の詳細には触れてはいないので、あくまでも推測の域を出ないが、本判決は、家族間の経営上のトラブルないし相続をめぐる長男Bと長女Yの対立の裁定の色が拭えない。賃貸目的物を共同相続した場合に複雑化する懸念もあるから、賃貸目的物の相続に際しても、敷金の当然承継ルールを当てはめて良いかは慎重に検討すべきであると思われる。

[19] 東京地判平31・1・24判タ1472号205頁(控訴)（不動産[13]）の事案は、次のとおりである。Xは、Yからaビルの地下1階部分を賃借して（以下、この賃貸借契約を「本件賃貸借契約」という）、訴外A会社に転貸していたが（以下、この転貸借の契約を「本件転貸借契約」という）、Yから賃料の増額請求と、A会社への無断転貸を理由とする本件賃貸借契約の解除の意思表示を受けた。また、Yは、同じ頃、A会社に対して、Xにはaビル1階部分の何らの処分権限もないから、Yとの間で新たに賃貸借契約を締結するよう申し入れた上、新たに締結する賃貸借契約に基づく賃料をYに支払うよう要求した。そこで、A会社は、被供託者をXまたはYとし、賃貸人の地位について被供託者間で争っているとし、債権者不確知を理由に転貸賃料を供託した（以下、この供託を「本件供託」といい、供託された供託金を「本件供託金」という）。本件は、このような状況で、Xが、Yに対し、Xが本件供託金を受け取る権利（以下「還付請求権」という）を有することの確認を求める訴訟である（争点1）。

また、Yが本件弁論準備手続期日において、賃料未払を理由に本件賃貸借契約を解除するとの意思表示をしたことから、仮に解除が認められるとした場合に、Xの履行不能により本件転貸借契約が終了するかどうかも争点となった（争点2）。

東京地裁は、争点1について、最一判平6・3・10集民172号55頁を引用しながら、「供託法9条の規定により供託が無効となるのは、被供託者の中に還付請求権を有する者が全く含まれていない場合に限られる」として、Xが還付金請求権を有することを認めた。また、争点2につき、賃貸借契約が転貸人（＝賃借人）の債務不履行を理由とする解除により終了した場合、賃貸人の承諾ある転貸借は、原則として、賃貸人が転借人に対して目的物の返還を請求した時に、転貸人の転借人に対する債務の履行不能により終了するというルール（最三判平9・2・25民集51巻2号398頁）を用いるべきことを示した上で、本件については、いまだ賃貸人Yから転借人Aへの返還請求がなされていないから、Xの転貸する債務も履行不能になったとはいえず、本件転貸借契約は終了していないとした。

ただ、そもそも争点2を検討すべきであったのか、また、その検討も最高裁平成9年判決が示した判断枠組みにあてはまるものであったのかは疑問である。というのも、本判決は、無断転貸に言及せず、しかもXには賃料不払がないと認定しており、賃借人の債務不履行を理由とする解除がそもそも認められない事案であったからである。

[20] 東京地判平31・4・25判タ1476号249頁（確定）（不動産[12]）は、賃貸人が望んでいないのに、転貸人が目的不動産である共同住宅の2室を民泊物件として利用したことなどによって、信頼関係の破壊が認められ、契約解除に至った事案である。

本件では、賃貸借契約書に転貸を可能とする特約があったため、裁判ではその解釈が問題となったが、当該契約書は、賃貸・転貸を仲介した不動産業者が、通常用いていた定型の契約書をひな形にして作成し、民泊を可能にするよう転貸に関する特約を盛り込んだだけで、賃貸人には重要事項説明書を交付しなかったことから、特約の趣旨も説明されていなかったという粗雑なものであった。そこで、東京地裁は、転貸する場合であっても、「飽くまでも住居として本件建物を使用することが基本的に想定されていたものと認めるのが相当である」とした。契約の解釈（とともに契約書の作成にあたっての注意）の

必要性を示す裁判例である。

[21] 東京高判令元・7・17判タ1473号45頁（上告・上告受理申立て）（取引評釈2、担保[5]、第一審：横浜地相模原支判平31・1・30判時2420号96頁〔民事判例20号担保[6]〕〔民事判例19号取引[13]、同担保[3]〕）は、市営住宅の賃貸借につき連帯保証人に対して未払賃料等を請求したが、権利濫用により一部を認めなかった事例である。「注目裁判例研究取引2」および「担保裁判例の動向」に譲る。

9 役務提供契約

(1) 設計管理契約

設計監理契約における一級建築士の過失が問題となった事案として、[22] 東京地判平31・3・29判タ1477号211頁（控訴）があった（不法行為[27]参照）。約款で、Yの工事監理に過失がある場合の損害賠償を請求することができる期間について、「工事完成引渡後2年」と定められているところ、東京地裁は、この定めを、工事監理の債務不履行に基づく損害賠償請求の「除斥期間」を工事完成後2年とする趣旨のものと解し、「これを保存するためには、具体的に瑕疵の内容とそれに基づく損害賠償請求をする旨を表明し、請求する損害額の算定の根拠を示すなどして、損害賠償責任を問う意思を明確に告げる必要がある」とした。最三判平4・10・20民集46巻7号1129頁に沿ったものである。

(2) 司法書士の責任

今期も、司法書士の注意義務に関する判決が相次ぎ、最高裁判決もあった。詳細は、「注目裁判例研究　不動産」、「不動産裁判例の動向」または「不法行為裁判例の動向」に譲ることとして、ここでは、保険代位の可否を争点とする後掲[26]への若干の言及にとどめたい。

登記手続がいわゆる連件登記申請の方法により行われる場合において、後件のみの登記手続を代理する司法書士が、前件の登記手続書類の真否等について調査確認義務を負うか否かが問題になったものとして、[23] 最二判令2・3・6民集74巻3号149頁（不動産評釈、不動産[5]不法行為[23]、第二審：東京高判平30・9・19判時2392号11頁〔民事判例19号取引[5]、不動産[14]、不法行為[7]〕、第一審：東京地判平29・11・14判時2392号20頁〔民事判例19号不法行為[6]〕）、および、[24] 東京地判令2・1・31金法2152号69頁（控訴）（不動産[6]、不法行為[24]）がある。また、[25] 東京地判平31・2・

26判タ1474号228頁（確定）（不動産[7]、不法行為[25]）では、登記申請人のなりすましの事件で司法書士に本人確認のために更なる調査をすべき過失を認めた。

[26] 東京地判令2・7・1金判1599号8頁（確定）（不動産[8]）は、前訴（地面師詐欺事件）においてT司法書士会に所属する司法書士Aの不動産登記手続の過失による損害賠償責任が肯定された案件について、Aに対して損害賠償金およびこれに対する遅延損害金を命じる確定判決を有するX会社が、Y保険会社を相手取って保険金の支払を請求した事例である。東京地裁は、損害賠償の原因となった地面師詐欺事件におけるAの行動や関与を詳細に検討した上で、Aが自称Bのなりすましを認識していたと優に認められると評価した。その結果、Yは、Xに対して、本件故意免責条項により、本件各保険契約に基づく保険金支払義務を負わないとの結論を下した。

モラル・ハザードが生じないよう、故意免責条項はあって然るべきであるし、代位という構成上、やむを得ないとは思うが、司法書士の行為態様の悪性が強いほど、被害を被った顧客が救済されない結果には違和感が残る。別の賠償制度を業界として準備することはできないだろうかと感じた。

(3) 業務委託契約

[27] 東京地判令元・12・26判タ1472号192頁（確定）は、引きこもり状態にある20代の娘を社会復帰させようとした母親が締結した自立支援のための役務提供をきっかけとしている。母X₁は、サービス提供業者Y₁の債務不履行に基づく損害賠償を請求した（意に反してプログラムを適用された娘X₂は、業者に対して慰謝料を請求しているが、この点については契約上の問題ではないので割愛する）。

X₁が主張する債務不履行のポイントは、医療、福祉、心理学等に関する専門的な学歴、職歴等を有する専門家の関与がなかったことにあったが、東京地裁はその点は重視せず、本件契約にかかる契約書（以下「本件契約書」）に即した判断を行った。その詳細は省略するが、契約の履行段階をいくつかに分け、その一つ一つについて検証していく綿密なものであった。判決では特に、最初に行うべき支援準備業務が重視され、Y₁がX₂の現況を把握するための聴き取りをX₁からしか行っていないことで、その後の業務も不完全なものとならざるを得なかったと断じた。なお、本件契約の代金相当額（570万余円）のうち損害額500万円とした上で、X₁にも虚偽の

情報を Y_1 に提供したりするなどの落ち度があったとして、1割の過失相殺を行った。

引きこもる子どもと支える親の双方の高齢化が懸念される昨今、裁判所が、債務不履行の判断という形でサービス提供のあり方に一定のメッセージを発したものとして参考になると思われる。

[28] 東京地判平31・1・10判タ1473号217頁（確定）（不法行為 [37]）も、業務委託契約の一環と言えようか。「受験契約」という言葉が使われた。Xは、Y（東京商工会議所）が実施する日商簿記検定試験1級を受験した者であり、1科目目（制限時間90分）の試験開始から約15分後にトイレに行きたくなったが、最初の30分間は途中退出できない受験ルール（試験実施者が事前に策定して全ての受験者に告知する試験の際の遵守事項）が定められていたので、トイレを我慢し、30分経過後にトイレのため途中退室をした。Yは、途中退出をした受験者の試験室への再入室を認めない受験ルールも設けていたので、Xは、途中退室後は試験の続行をせずに試験会場を立ち去り、不合格となった。本件は、Xが、①再入室禁止ルールが公序良俗違反で無効であると主張して受験料の返還を求めるとともに、②再入室禁止ルールおよび30分間退室禁止ルールによりトイレに行く自由を制限されたことに基づく慰謝料請求をした事案である。東京地裁は、これらのルールのいずれも試験実施者Yに委ねられた合理的な裁量の範囲内にあるとして、Xの請求を棄却した。

本判決は、XY間に「受験契約」が成立しているとし、当該契約における試験実施者と受験者双方の債務の内容について言及した。すなわち、受験契約における受験者の債務とは、「試験実施者に対し、実際に申込みに係る試験を受ける際には、試験実施者が定めた受験ルールと試験の運営を監督する者の指示を遵守して、公正かつ誠実に受験すべき債務」であり、これに対して、試験実施者が負う債務とは、「受験者に対し、申込みに係る試験を所定の受験ルールに従って受験することを認めると共に、試験終了後は公平かつ公正に採点をして合否判定を行う債務」であるという。そして、「このような受験契約上の試験実施者の債務は、飽くまでも試験実施者が事前に策定した受験ルールに則って受験者が試験を受け、個々の試験会場において試験が適正かつ公正に行われているかを監督する者（試験官等）の指示に受験者が従うことをその履行の前提とするものであるから、事柄の性質上、試験実施者においては、検定試験の目的を達成するためにどのような受験ルールを定めて、いかなる方法や人的・物的体制

をもって試験を運営するのかについての広い裁量を有するものと解される」としたのである。

Xの主張に応じる形での判決となる以上やむを得ないが、本件の検定試験がどのような規模で、また、いくらの受験料を徴収して実施されているのかを明らかにし、同種・同規模の検定試験での取扱いと比較することで、裁量の範囲内と言えるのかどうかを見定めることもできたかもしれない。

(4) 預金契約（消費寄託契約）

預金契約に関して、預金者（債権者）ではない者が預金を払い戻したことから、預金者が金融機関（債務者）を訴えたケースが2件あった。この種のトラブルでは民法478条による解決が通例であろうが、[29] では民法478条は一切話題とならず、受領権限または代理権の有無と、それらがない場合の消費寄託契約上の受託者である金融機関の注意義務が争点となった。他方、[30] では定石通りに、民法478条の要件である弁済者の善意・無過失が争点となった。以下、詳述する。

[29] 東京地判令元・12・10金法2143号75頁（一部認容・一部棄却、控訴等については不詳）では、信用金庫Y（債務者）が、X（債権者）との消費寄託契約の受託者としての注意義務違反に基づき、3億9181万余円および遅延損害金の支払を命じられた。すなわち、Yは、X名義の預金口座（以下「本件口座」という）に係る通帳および印鑑を所持しているものの本件口座からの払戻しの権限のない者（CおよびD、CDは親子）に複数回に分かれた払戻しを行ったが（以下「本件各払戻し」という）、本件各払戻しの額がそれぞれ500万円、2億円および1億8595万円と高額であること、このうち2回目と3回目の本件各払戻しにあたって、払戻しに訪れる旨の事前連絡をしてきたのはCであり、かつ入金から数日以内にほぼ全額が現金で払い戻されていて、本件各払戻しにあたって本件預金口座の名義人であるXが実際にYの当該支店を訪れたことがないにもかかわらず、YがXに意思確認をしたことは一切ないこと、本件各払戻し等に係る払戻請求書がDまたはF（Xの妻、本件口座開設に必要な書類はFが作成したが、それ自体はXの意に沿ったものであった）によって作成されていること、また、上記2億円の本件各払戻しにつき、当該支店の支店長Lは、Fが帰った後にCおよびDが同金員を持ち帰ったのを見ながら、CおよびDに何かを尋ねたり、Xに確認したりするなどのことを全くしていないこと等の事情が認められるときには、Yには消費寄託契約の受託者としての

注意義務違反が認められ、Yの本件各払戻しはXに対する債務不履行を構成する、としたのである。

Yは、C等に受領権限があること、代理権の濫用事案であって善意・無過失のYは保護されるべきこと、さらには、YがC等に受領権限があると信じたことに過失があるとしても、それにはXの言動（本件口座にかかる通帳や印鑑をCに保管させていたことに加え、Xが別件口座の開設時にYに対し、「相続の件についてCとJ弁護士に任せている。自分は仕事の都合上来店できないのでよろしくお願いしたい」などと述べていたこと）が大きく影響しているから、Xに相当程度の過失相殺をすべきである旨の主張をしたが、裁判所はいずれも認めなかった。

本件では複数の人物が登場するが、彼らは、Xが多額の預金債権を取得した原因にも関わる。本件で問題となった3億9000万円超の預金は、亡E（Xの異母姉）の遺産の一部であった。亡Eの遺産全体のうち、預金4億円は死因贈与によってGが取得し、預金残額の40％および不動産をXが取得することなどを内容とする遺産分割協議が亡Eの相続人間で成立している。そして、Xの娘が亡Eの遺産に関してDに相談をしていたことから、CやDと付き合いのあったJ弁護士の紹介を受け、XもGとの交渉をJ弁護士に委ねるなどの関係ができていったようである。この遺産の受け口として別件口座（通帳や印鑑はXが保管）が開設された後、本件口座が開設されたのも、Cから税金関係で必要と言われたためであった。結局、遺産は別件口座ではなく、本件口座に入金され、それをCおよびDが払い戻したというわけであった。

[30] 東京地判令2・6・9金判1605号52頁（控訴）は、訴外亡fの相続人（亡fの長男の子＝孫）であるXら（原告aおよびb）が、Y銀行に対して、亡fのYに対する預金債権を相続により取得した（各2分の1）として、その預金債権に基づいて払戻し等を請求した事案である。Yは、その預金債権の残高をめぐって、預金のほとんど全額について補助参加人Zへの払戻手続が済んでいること、すなわち、①受領権限を有する者に対する弁済、②債権の準占有者に対する弁済、③約款による免責を主張した。

亡fがY銀行のα支店で開設した自己名義の本件口座には、4566万0635円の残高があったが、補助参加人ZがY銀行β支店において、亡f名義で、本件口座から3000万円および1560万円の合計4560万円の持参人払い線引きなしの預手を振り出す手続を行った（Zはこの事実を自認している。以下「本件預手振出」という）。その結果、本件口座の残高は6万

0635円となった）。その約1ヶ月後、Zは、Y銀行β支店で、1560万円の小切手を示して額面額を現金に換金した上で交付を受けた。さらに約1ヶ月後、額面3000万の小切手をY銀行β支店に呈示し、額面額をZの口座に振り込ませた。亡fは、平成28年7月7日に死去し、同日の本件口座の残高は、10万0397円であった。

東京地裁は、①Zには本件預手振出を通じた預金債権の受領権限は与えられていなかったが、②Zに対する本件預手振出は債権の準占有者（改正前民法478条）に対する弁済として有効であるとして、Xらには、それぞれ5万0198円の支払等を命じた。焦点は、本件預手振出に際してZが亡fを装っていたことにつきYが善意かつ無過失であったと言えるか否かである。裁判所は、Zが預金通帳、届出印および亡fの後期高齢者医療被保険者証を持参しており、印影確認が適切に行われていたことなどを認定して、Yの善意・無過失を認めた。

ちなみに、なぜこのような払戻しがZに可能であったかというと、そこには高齢者の一人暮らしという事情があるように思われる。亡fは、平成21年ごろからZに外出や通院の際のサポートを依頼するようになり、平成23年9月30日、自宅内で倒れているところをZに発見されて入院（その後に転院）したが、Zは、病院に対して亡fの親族キーパーソンとして振る舞ったようである（XらやXらの母〔亡fの長男の妻〕の存在を知らせていなかった）。

しかしながら、当時88歳であった亡fと75歳であったZの年齢差にYが気づかなかったのか、また、β支店が同じ都内といえども、亡fの自宅から遠方かつ不便な場所に所在することや、従前の取引経緯等のほか、預金の払戻しが本件預手振出という手法によって行われたなど、本件では民法478条の適否が争われるべき事情があった。裁判ではYの主張が全面的に認められているが、本件の具体的な事情の考慮の仕方によっては、Yによる本人確認の程度について、評価が分かれるのではないかと思われた。控訴審の判断に注目したい。

10 消費者契約／リース契約

[31] さいたま地判令2・2・5判時2458号84頁（控訴）は、消費者契約法13条1項所定の適格消費者団体であるXが、Yが不特定かつ多数の消費者との間でポータルサイト「モバゲー」に関するサービス提供契約（以下「本件契約」という）を締結するにあたり、法8条1項に規定する消費者契約

の条項に該当する条項を含む契約の申込みまたは承諾の意思表示を現に行い、または行うおそれがあると主張して、Yに対し、法12条3項に基づき、Yが定める本件規約7条3項および同12条4項の各契約条項を含む契約の申込みまたは承諾の意思表示の停止を求めるとともに、これらの行為の停止または予防に必要な措置として、上記意思表示を行うための事務を行わないことをYの従業員等に指示するよう求めた事案である。詳細は、控訴審（東京高判令2・11・5刊行物未登載、今期対象外）で控訴が棄却されたことも含めて、「注目裁判例研究　取引1」に譲る。

事務機器のリース契約をめぐるトラブルとして、**[32] 東京地判平31・4・11金法2142号70頁**（確定）があった（控訴審。第一審の判決年月日等は不詳）。個人として、yの名マッサージ業を営んでいるY（被告、控訴人）がリース料の支払を怠ったことから、リース業等を目的とするX株式会社（原告、被控訴人）が、期限の利益を喪失したと主張して、リース料残金85万3200円および遅延損害金の支払を求めた事案である。なお、リース物件は、IPフォンアダプタ1台およびVPNルーター1台（以下、これらを総称して「本件リース物件」という）で、本件リース物件の販売店（サプライヤー）である情報通信コンサルティング等を目的とするA株式会社の担当者がYを勧誘した折には、「電話回線とインターネット回線をまとめることで料金が削減される」旨の説明をしたこと、また、担当者からはYに対して、商品（＝本件リース物件）自体の価額が48万3000円であり、工事設定費を含めると合計68万4900円であることを告げて確認を取ったことなども認定されている。

原審は、リース契約の成立を認めた上で、Yが主張する抗弁（クーリングオフ、詐欺取消し、錯誤無効）を排斥し、Xの請求を全部認容した。Y控訴。

控訴審である東京地裁において、Yは、リース物件の引渡しを受けていないという主張のほか、詐欺取消し、錯誤無効、信義則違反の主張をしたが、立証が不十分であったため、Xの主張はことごとく排斥された。ただ、東京地裁は、「A社のYに対する勧誘行為が不適切であった疑いは残る」ことにも言及した。事務機器のリースをめぐるトラブルは少なくないから、今後も同種の事案の動向を見守る必要があるように思われる。

11　保険契約

X損害保険会社は、製紙会社である訴外A社を被保険者として、A社の工場内のボイラーを目的とする利益担保特約付き保険契約（営業損失の一般的な填補を対象として保険給付を行う契約）を締結していたところ、建材事業等を営むY社が、ボイラーの部品の補修工事を実施した際、Y社またはその下請業者の過失により、ボイラーの稼働停止に至る事故を招いたことから、Xは、同事故につき、本件保険契約に基づきAに生じた損害に係る保険金を支払った。その上で、Xは、保険法25条1項により、AがYに対して有する損害賠償請求権を支払保険金額の限度で代位取得したとして、Yに対し、損害金および遅延損害金の支払を求めたのが**[33] 東京地判令2・6・29金法2150号66頁**（控訴・後和解）である。Yは、Xの請求に対し、A社では停止したボイラー以外のボイラーを稼働させて発電するなどしたことによって操業停止を免れており、また、もともと工場の一時停止に備えて見込み生産を行っていたことなどから、A社には「損失」が生じていないなどと反論ししたが、営業損失について保険給付が済んでいたため、裁判所は、喪失利益ないし収益減少防止費用という営業損失内の費目によって保険代位の範囲が制限されることはない等と述べ、Xの保険代位を認めた。

なお、司法書士の損害賠償請求を論じた前掲**[26]**東京地判令2・7・1では、賠償責任保険契約における故意免責条項の適用も問題となった。

（ひらばやし・みき）

担保裁判例の動向

松本恒雄　一橋大学名誉教授

現代民事判例研究会財産法部会担保パート

1　はじめに

本誌 21 号の本欄で大澤慎太郎教授が嘆いていたように、担保裁判例の不作は今期も続いている。担保法の重要な論点に関わるものは [3] のみであり、ほかに担保にも関連する裁判例が数件あるにすぎない。

2　先取特権

先取特権には特別法も含めると多数の種類があるが、商法第三編「海商」に船舶先取特権に関する一連の規定が定められている。すなわち、①船舶の運航に直接関連して生じた人の生命又は身体の侵害による損害賠償請求権、②救助料に係る債権又は船舶の負担に属する共同海損の分担に基づく債権、③国税徴収法若しくは国税徴収の例によって徴収することのできる請求権であって船舶の入港、港湾の利用その他船舶の航海に関して生じたもの又は水先料若しくは引き船料に係る債権、④航海を継続するために必要な費用に係る債権、⑤雇用契約によって生じた船長その他の船員の債権という各債権を有する者は、船舶及びその属具について先取特権を有している（商法 842 条）。船舶先取特権は他の先取特権に優先するが（商法 844 条）、発生後 1 年で消滅するとされており（商法 846 条）、民法上の先取特権が被担保債権から独立して消滅時効にかからないと解されていることと比べて短期間に行使する必要がある。

[1] 東京地判令 2・2・12 金判 1594 号 32 頁（島戸純「不法行為裁判例の動向」[2] 参照）の前提となる事案は、次のようなものである。すなわち、船舶の燃料油の売買等を行っている Y が、コンテナ船を船主から定期傭船し、定期航路を運航している X に対して、X Y 間の船舶燃料供給契約に基づく燃料油の代金債権を有すると主張して、X の傭船中の船舶に対して船舶先取特権（上記商法 842 条 4 号、ただし本件は平成 30 年商法及び海上物品運送法改正前の事件であるため改正前商法 842 条 6 号）の実行前の船舶国籍証書等引渡命令の申立て（民事執行法 189 条・115 条 1 項）をして認められ、その後、船舶先取特権に基づく船舶競売手続が開始された。これに対して、X は、執行異議を申し立て、本件燃料油供給契約の当事者は X ではなく、A であると主張したところ、これが認められて、本件各開始決定は取り消された。その後、X が Y を相手に、誤った事実関係に基づいて手続を行ったという不法行為に基づき損害賠償請求をした。本判決は、違法な船舶国籍証書等引渡命令および船舶競売開始決定に基づく船舶の移動および停泊に要した費用ならびに代理店料については相当因果関係のある損害としてその賠償を認めたが、風評被害による逸失利益の損害は認められないとした。

3　抵当権

[2] 横浜地判令元・10・30 判時 2444 号 3 頁は、法定地上権に関連して、執行法上の不当利得の成否を主たる論点とする。

本件では、X（父）が所有する甲土地上に、X と Y（長男）を共有者とする乙建物が存在していた。乙建物は、非堅固の居宅であり、その共有持分は X100 分の 1、Y100 分の 99 であり、敷地の実体法上の利用関係は、無償の使用貸借であった。東京都は平成 12 年 4 月 28 日、甲土地及び乙建物に、平成 11 年 10 月 29 日付けの X 及び Y を連帯債務者とする金銭消費貸借契約に基づく貸金返還請求権等を被担保債権とする抵当権を設定した。債務が弁済されないために、東京都は担保不動産競売を申し立

て、執行裁判所は、平成30年3月5日、甲乙不動産について担保不動産競売開始決定をした。現況調査報告書では、基礎となる価格として甲土地の建付地価格は9077万円、乙建物の価格は1337万円とされ、乙建物について法定地上権が成立することを前提に、土地利用権等割合を65%、土地利用権等価格を5900万円とし、8掛けをして、甲乙不動産の一括価格は8332万円、甲土地価格は2542万円、乙建物価格は5790万円とされていた。Xは、Yとの間に甲土地の賃貸借契約はなく、無償で貸している旨の上申書を執行裁判所に提出したが、執行裁判所は、上記各価格を売却基準価額とする決定をした。これに対して、Xは執行異議を申し立てなかった。その後、執行裁判所は、甲乙不動産を一括して同一の買受人に対し、1億1360万円で売却する許可決定をしたが、Xはこれに対して執行抗告を申し立てなかった。平成30年11月16日、売却代金から申立債権者である東京都への弁済金等を交付した後の剰余金9522万円について、乙建物の共有持分割合も考慮して、Xに2971万円を、Yに6551万円が分配された。同日、Xは、Yの土地利用権は使用借権であるとして執行異議を申し立てたところ、執行裁判所は申立てを却下した。

平成30年11月20日、XはYに対し、乙建物の土地利用権は使用借権であり、土地利用権等割合を10%として売却基準価額を算出すると、甲土地が6535万円、乙建物が1796万円となるとして、乙建物の共有持分割合も考慮すると、Xの受領する剰余金は7490万円、Yの受領する剰余金は2032万円となり、実際のXの受領額との差額の4519万円を不当利得として返還請求する訴訟を提起した。

本判決は、「共有建物とその敷地（単独所有）が一括売却される際、実体法上の土地利用権は使用借権であるが、担保不動産競売手続の評価上は法定地上権が成立すると扱われて売却基準価額が定められた場合に、弁済金交付手続において、同売却基準価額に応じて売却代金を案分する売却代金交付計算書に基づいて剰余金が分配されたところ、土地所有者兼建物共有者の受領した剰余金が、実体法上の土地利用権を前提として売却代金を案分するとしたときの額よりも少ない場合には、土地所有者兼建物共有者は、その差額を受領した他の建物共有者に対して不当利得返還請求をすることができると解するのが相当である」と述べ、本件における不当利得の要件としての法律上の原因の欠如について、「配当期日において配当異議の申出がされることなく配当表が

作成され、この配当表に従って配当が実施された場合において、同配当の実施は係争配当金の帰属を確定するものではないところ（平成3年最高裁判決参照）、弁済金交付手続は、期日の指定を必要としないなど、配当手続よりも簡易な手続であって、なおのこと係争弁済金、剰余金の帰属を実体法上確定することを目的とするものではないと解される。そうすると、執行裁判所が弁済金交付手続によって剰余金を交付したことによって、交付を受けた所有者が当該剰余金を保持する実体法上の権利を取得することにはならず、弁済金交付手続により剰余金の交付を受けたことをもって、同剰余金の受領に法律上の原因があるということはできない」として、Xの請求を認容した（請求額と認容額との差は、算出過程での端数処理の方法の違いによる）。

本判決の執行手続における不当利得の判断については、異論は出されていないが、傍論としての評価上の法定地上権に関する叙述の部分について、若干の議論がされている（本誌21号の加藤雅信「担保」参照）。

共同抵当が設定されている土地と地上建物が同一の所有者に属しており、一括売却（民事執行法188条・61条）されたために、実体法上の法定地上権が問題とならない場合であっても、各不動産への配当の割り付けにあたって、評価上の法定地上権の成否を考えておく必要がある場合がある。その前提は、個別売却され、土地と建物の所有者を異にする結果となった場合に、法定地上権が成立するかどうかである。

本判決は、乙建物の敷地利用権が使用借権である場合は、評価上の法定地上権を考える必要がないとの前提に立っている。しかし、なぜ評価上の法定地上権を考える必要がなかったのかの理由は、XがYの土地利用権は使用借権であると主張している事実以外、まったく説明されていない。たしかに、乙建物がYの単独所有であった場合はその通りである。本件は、Yが建物所有権の99%を有しているから、実質的にY単独所有であるとの評価をしたうえで、使用借権に基づくものであるから法定地上権は成立しないと考えているもののようにも思われる。

本件ほど極端ではなく、たとえば、XYそれぞれ2分の1ずつの持分での共有であったり、逆にXの持分割合のほうが大きかったような場合は、どうであろうか。そもそも、実体法上の土地利用権が使用借権だという評価は、土地所有者Xと建物共有持分権者Yとの間で使用貸借であったということであ

ろうか、それとも、Ｘと建物共有者ＸＹとの間で使用貸借の関係にあったということであろうか。

この点で、建物の共有者の一人が土地を単独所有している場合について、借地借家法15条１項が、「借地権を設定する場合においては、他の者と共に有することとなるときに限り、借地権設定者が自らその借地権を有することを妨げない」としていることから、自己借地権の設定が可能であり、他の建物共有者と共同で自己借地権が設定され、その対抗要件を満たしていれば、その後に設定された土地の抵当権に対抗できるから、法定地上権による保護は不要となる（松岡久和『担保物権法』（日本評論社、2017年）148頁）。

ここで、自己借地権が設定されていなかった場合には、法定地上権の成否が問題となる。

自己借地権の設定を認める借地借家法の平成３年施行前の判決であるが、最高裁昭和46年12月21日判決（民集25巻９号1610頁）は、建物の共有者の一人が土地を単独所有している場合において土地に抵当権が設定されたという事例で、抵当権設定者は、「自己のみならず他の建物共有者のためにも右土地の利用を認めているものというべきである」として、法定地上権の成立を認める。通説も、建物の共有持分に抵当権が設定された場合をも含めて、他の共有者にとって法定地上権の方が従前の約定利用権よりも有利であることが多いとの理由で、判例の結論を支持している（我妻栄『新訂担保物権法』（岩波書店、1968年）362頁、近江幸治『担保物権〔第２版補訂〕』（成文堂、2014年）193頁ほか）。他方、約定利用権の側面から処理すべしとの主張もある（田中克志「法定用益権の効力とその内容」加藤一郎・林良平編『担保法大系第１巻』（金融財政事情研究会、1984年）506頁）。

個別に売却された場合には法定地上権が成立するケースであって、一括売却においても法定地上権評価による割付けが必要な典型例としては、土地と建物の抵当権者が別人である場合や土地あるいは建物に後順位抵当権者や差押債権者が存在している場合が一般に挙げられる。しかし、本件のように、そのような事情がなく、かつ剰余金まで発生している事例であっても、建物が共有でかつ共有者が被担保債務の連帯債務者であるような場合には、連帯債務者間の求償権（民法442条１項）を考えるにあたって、共同の免責を得るために支出した自己の財産の額を算定するために、評価上の法定地上権を考えておくことが必要となる。

4　譲渡担保

[3] 東京高決令２・２・14金法2141号68頁は、医療機関の診療報酬債権の集合債権譲渡について、真正譲渡であるか、それとも債権譲渡担保であるかが争われた。

病院を経営する医療法人Ａと診療報酬債権の取得、保有、処分及び管理等を目的として平成27年９月30日に設立された合同会社Ｙは、平成28年１月18日付けの債権譲渡契約書において、Ａの国民健康保険団体連合会及び社会保険診療報酬支払基金に対する平成27年12月１日から令和５年２月28日までの間の各月に生じる債権を「譲渡対象債権」と称して有償で、同年３月１日から令和６年２月29日までの間の各月に生ずる債権を「担保債権」と称して無償で、いずれもＹに譲渡する旨の契約を締結した。

譲渡契約の内容としては、①ＡはＹに対し譲渡対象債権をＹに担保の意図ではなく真正に譲渡すること、②譲渡対象債権の譲り受けの対価として、各月の診療報酬債権ごとに設定された債権基準額（月３億5000万円）に一定の掛目（当初98.05％で、２年目以降は漸減）を乗じた額から、一定の割引率（1.25％前後）を乗じた額を減じた額とすること、③譲渡対象債権の譲渡代金の支払期は、平成27年12月１日から同28年２月29日までの３か月間に生ずるものについては同年１月22日とし、その後の譲渡対象債権の譲渡代金については、当該月の２か月前に生ずべき債権につき弁済のあったこと等をＹが確認した日から３営業日以内に支払うこと、④契約締結から２年経過後はＡあるいはＹのいずれからも３か月の予告期間をおいて将来に向けて債権譲渡契約を解約することができ、その場合に、ＡはＹから受領した譲渡代金を直ちにＹに返還する義務を負い、解除された譲渡対象債権は担保債権に組み入れられること等が定められていた。

Ａを再生債務者とする再生手続事件において、再生債務者管財人Ｘは、Ａの診療報酬債権についてＹのために譲渡担保権が設定されているとして、民事再生法148条１項に基づき、5000万円を裁判所に納付して同譲渡担保権を消滅させることの許可の申立てをした。原審はこれを許可し、抗告審も、以下のように述べて抗告を棄却した。すなわち、「本件譲渡契約においては、譲渡の目的債権は基本的に将来発生すべき債権であって、契約締結時には、未発

生ないし支払期日が到来していない３箇月分の診療報酬債権を当初譲渡対象債権とし、本件債権譲渡契約書においその譲渡代金とされる10億円余りが契約締結の当初段階でＡに交付された。そして、以後、Ｙは、譲渡対象債権のうち最初に支払期日が到来するものについて弁済を受け、これを原資に最後に支払期日が到来するものの翌月分の診療報酬債権の譲渡代金を支払うという形で、３箇月分の未発生ないし支払期日未到来の診療報酬債権について代金の支払がされている状態が維持されることとなる」と指摘した上で、「これを経済的にみれば、Ａが診療報酬債権を保有して回収する場合と比較すると、ＡはＹから譲渡代金の支払を受けることにより、自ら診療報酬債権を回収するより１箇月から３箇月早く資金を手にすることができることになるから、Ｙは、ほぼ常時３箇月分の買取債権金額の合計相当額（買取債権残高）についてＡに金融を与えていることとなる」との事情や、「買取債権金額は、２年目までは同一であるが、以後『掛目』の値が漸減するにつれて、徐々に減少していくものとされているから、経済的には、Ａに与えられる金融の額が３年目以降徐々に減少していくことになる」等の事情から、「本件債権譲渡契約が果たすこのような機能を経済的視点から観察すれば、Ａが当初段階で10億円余りの融資を受け、２年間については利息のみを支払い、融資元本は減少しないが、その後は弁済に伴い元本額が徐々に減少すると捉えることと径庭がない。さらに本件債権譲渡契約においては、契約締結から２年を経た後には、Ａの側からも解約を申し入れることができ、その場合にはＡがＹに買取債権残高（原則として３箇月分の買取債権金額の合計額になる。）に相当する金額を支払うものとされており、これは、契約期間の途中でＡの申入れにより契約が終了する場合には、融資残高を返済するものと捉えることと整合」し、「このような理解は、本件債権譲渡契約を含むスキーム全体が、そもそもＡに融資を得させることを目的としていたこととも平仄があうものである」と評価する。

抗告審は、さらに、「本件債権譲渡契約が解除又は解約された場合、譲渡対象債権は、当然に担保債権に組み入れられるものとされている。このように、解除や解約がされた場合に譲渡対象債権が担保債権に転化するとされるのは、そもそも譲渡対象債権の譲渡が、契約が終了する場合にＹにおいて支払（返還）を受けるべき当初譲渡対象債権の代金やその後の買取債権残高に相当する額の支払の担保を目的と

しており、解除や解約がされた場合においては、その担保としての性格が顕在化するものと理解することが可能である」と評価する。そして、「以上のような諸事情に照らし、本件債権譲渡契約の全体を合理的に解釈すれば、譲渡対象債権の譲渡は、ＡがＹに対して与えた当初譲渡対象債権の代金やその後の買取債権残高に相当する額の融資の担保を目的とするものであって、本件債権譲渡契約が解約や解除により終了する場合に発生することとなる買取債権残高に相当する額の返還債務等に係る債権を被担保債権とする譲渡担保の実質を有すると評価することができる」と結論づける。以上のような立論から、抗告審は、「本件譲渡契約は担保を目的とするものであって、その実質においては買取債権残高に相当する額の返還債務等に係る債権を被担保債権とする譲渡担保であると解することができる。そして、民事再生法148条に規定する担保消滅許可は、このような譲渡担保も対象とすると解するのが相当である」として、Ｙの抗告を棄却した。

本決定は、債権譲渡担保とは異なり、民事再生法148条１項の担保権消滅許可の対象とならないファクタリングとの区別に関わるものである。本決定のいう「Ａが診療報酬債権を保有して回収する場合と比較すると、ＡはＹから譲渡代金の支払を受けることにより、自ら診療報酬債権を回収するより１箇月から３箇月早く資金を手にすることができる」という点では両者に違いはないが、上記本件契約内容④の契約締結から２年経過後はＡあるいはＹのいずれからも３か月の予告期間をおいて将来に向けて債権譲渡契約を解約することができ、その場合に、ＡはＹから受領した譲渡代金を直ちにＹに返還する義務を負い、解除された譲渡対象債権は担保債権に組み入れられるという点が、債権譲渡担保という評価にあたって大きな要素とされたものである。

なお、大阪地判平29・3・3判タ1439号179頁は、当事者間のファクタリング取引が、基本的な債権譲渡契約が締結され、それに基づく債権譲渡及びその買戻しの形式に依っていたものの、対象となる債権は１つのみであり、当事者は、これをほぼ毎月のように反復して売買及び買戻しすることにより、金員を授受していたという事案で、金銭消費貸借及びその返済に準じるものとして、利息制限法１条を類推適用した。また、東京地判令2・3・24金法2153号72頁は、給与ファクタリングと称する仕組みが、経済的には貸付による金銭の交付と返還の約束と同様の機能を有するものと認め、債権譲渡代金

の交付は「手形の割引、売渡担保その他これらに類する方法」（出資法7条）による金銭の交付であり、貸金業法や出資法にいう「貸付け」にあたり、貸金業法42条1項をはるかに上回る超高金利であることから無効であるとともに、不法原因給付に該当して、借主は給付を受けた金銭の返還義務も負わないとした。

5　保証

建物の賃貸借契約における賃借人の債務の保証に関連して、次の2件がある。

建物賃貸借において、通常の連帯保証人とは別に、家賃債務保証業者が連帯保証人として加わる、あるいは加わることを賃貸人から要求される例が増えており、追い出し屋問題という負の側面も発生している。[4] 大阪地判令元・6・21判時2448号99頁は、適格消費者団体が、賃借人と保証業者との間の保証委託契約におけるいくつかの条項について、消費者契約法12条3項に基づいて差止めを求めたものである（本誌20号の石田剛「契約1」参照）。

本判決は、賃借人が賃料等の支払を2か月以上怠り、賃料債務保証業者において合理的な手段を尽くしても賃借人本人と連絡がとれない状況の下、電気、ガス、水道の利用状況や郵便物の状況等から賃借物件を相当期間利用していないものと認められ、かつ、賃借物件を再び占有使用しない賃借人の意思が客観的に看取できる事情が存するときに、賃借人において賃借物件の明渡しをしたものとみなす権限を保証業者に付与し、賃借人が賃貸物件内に残置した動産類を賃貸人及び保証業者が任意に搬出. 保管することに賃借人が異議を述べない旨を定める条項について、消費者契約法8条1項3号にいう事業者の不法行為により消費者に生じた損害を賠償する責任を全部免除する条項に該当するとして請求を認めた。しかし、保証業者に賃貸借契約を無催告解除する権限を付与する条項及び保証業者による賃貸借契約の無催告解除権の行使にあたり賃借人等に異議がないことを確認する条項等は、消費者契約法8条1項3号または10号後段に該当しないとされた。

[5] 東京高判令元・7・17判タ1473号45頁は、公営住宅の賃貸借契約における賃借人の連帯保証人からの保証契約の黙示の解除が認められるかが争われた事件である（谷江陽介「契約2」参照）。平成16年3月に、Yは、娘AのX市営住宅入居にあたり、賃料債務等について連帯保証した。Aは本件賃貸借契約前から生活保護受給者であり、当初から賃料の支払を怠っていたが、生活保護による代理納付により滞納額が増えなかったことなどから、Xが特段の措置をとらなかったところ、平成27年4月に生活保護が廃止されたことによって滞納額が累積した。Xは、平成30年2月に、Aに対する明渡しとYに対する滞納賃料の支払を求める訴えを提起した。

原審（横浜地相模原支判平31・1・30判タ1460号191頁）は、Aに滞納賃料を支払う意思がないことは客観的に明らかであり、YがXにAを退去させてほしいと再三要望して保証契約の存続を希望しない旨の意思を表示していたにもかかわらず、長期間賃貸借契約解除等の措置をとらずに滞納家賃を累積させたことには、Xに連帯保証契約上の信義則違反が認められ、YはXに対する一方的な意思表示により、連帯保証契約を解除して保証債務の履行を免れることができるとした上で、YがXに対してAの退去を求めた平成28年5月の時点で黙示の解除の意思表示がなされたものと判断するとともに、解除の有無にかかわらず、同時点以降の保証債務の履行請求は権利濫用にあたるとした。

控訴審は、「連帯保証契約の『解除』という重要な法律効果を発生させる意思表示について、『黙示』の意思表示によりその法的効果を発生させることを許容することになれば、契約の他方当事者にとっていつ契約の解除の意思表示がなされたのか不明になり、その予測可能性を害することになる場合があるから、『黙示の解除の意思表示』が認められるのは極めて限定的な場合に限られる」として、黙示の意思表示による解除を認めなかったが、遅くともAの生活保護が廃止された2年後の平成29年4月分以降の支払をXがYに請求することは権利濫用として許されないとした。控訴審は、原審より1年ほど請求が権利濫用となる時期を遅らせている。

（まつもと・つねお）

不動産裁判例の動向

堀田親臣　広島大学教授

現代民事判例研究会財産法部会不動産パート

はじめに

今期の対象となる裁判例集から、以下では、不動産に関するもの24件を概観する。このうち、最高裁判決は、2件（強制執行費用の損害賠償請求に関する [3]、および中間省略登記にかかわる司法書士の中間者に対する不法行為責任に関する [5]）である（家屋の評価の誤りに基づいて固定資産税等の税額が過大に決定されたことによる損害賠償請求に関する最三判令2・3・24民集74巻3号292頁については、不法行為裁判例 [44] に譲る）。今期は、前記最高裁 [5] があることもあり、地面師詐欺事件に関する裁判例の動向には注目する必要がある。建物賃貸借に関する裁判例も多くみられたことに留意しておきたい。

1　不動産所有権

(1)　土地所有権の取得時効

[1] 東京地判平30・6・29判タ1477号242頁は、東京国際空港の用に供されている土地（共有者の1人がY）について、同空港を設置・管理するX（国）の所有権の取得時効が問題となった事案である（Yの不当利得返還請求に関する反訴あり）。

本判決の判示内容との関係では、次のような事案の特殊性にも注意が必要となる。①Xの占有開始（遅くとも昭和20年9月23日午前0時）が、連合国軍の占領統治（Xを通じた間接統治）下の接収命令等に基づく接収によるものであり、②東京都が、本件接収後、土地所有者との間で各土地の借り上げ契約を締結するなどの方法で補償を行ったが、本件土地については、この補償の期日（昭和22年5月末日。同期日以降、申請を受理しない旨の新聞広告あり）までに補償の申請はなく（都との同契約の締結なし。

この業務は、Xの機関が都から引継ぐ）、③米国との平和条約の締結、発効（昭和27年4月28日）に伴い、東京飛行場の地上施設がXに返還され（運輸省が所管）、Xが、昭和31年7月10日以降は、空港法に基づき同空港を設置・管理したこと（本件土地を含む複数の運輸省告示あり）等である。

本判決は、取得時効の要件について、まず、(i) 前記①③の事実等を総合して、Xが本件接収により遅くとも昭和20年9月23日から占有を開始し、(ii) 本件でも、Xの占有には、民法186条1項による所有の意思の推定は妨げられないとした（Yによる他主占有権原・他主占有事情等についての主張を否定）。本判決で注意を要するのは、Xの本件接収による占有の開始が「平穏な占有」の要件を満たすかである。本判決は、民法186条1項の推定により、本件でのYが「平穏な占有でないこと」を立証する必要があるとし、民法162条2項の「平穏の占有」の意義に関する最二判昭41・4・15民集20巻4号676頁を参照して、確かに「本件接収によるXの占有取得に強制力の行使や強制的な雰囲気があったことは否定し難い」としつつも、「本件接収が連合国軍による日本国占領の一環として国際法上の権利に基づき行われたものであることなどを考慮」して、本件のような占有でも、「Xが占有を取得するに当たり暴行強迫等を用いたと推認することは困難であるし、当該事情それ自体をもって暴行強迫等と同視することもできないというべき」とし、結論として、Xの本件土地の占有が平穏でないことが証明されたとはいえず、民法186条1項による平穏な占有の推定は妨げられないと判示した（Xの20年の所有権の取得時効を認める。控訴）。

判タ1477号の解説（243頁）にもあるとおり、類似事案の先行裁判例として、東京高判平27・9・18訟月62巻6号1026頁（原審：東京地判平24・1・

21 訟月 62 巻 6 号 1042 頁）がある。この原審では、国の占有に他主占有事情のあることが認められ、その所有権の取得時効が否定されたが、控訴審は、本判決と同様、国の「所有の意思」を推定すべきとした。「平穏な占有」についても、本判決と同様の判断が下されており、本判決は、このような先行裁判例（控訴審）の流れに従ったものともいえる。

(2) 建物明渡請求と権利濫用

[2] 熊本地判平 31・4・9 判時 2458 号 103 頁は、Y の父 A から区分所有建物（居室）を買い受けた X（不動産の売買・仲介等を目的とする会社）が、同居室に居住する Y に対し、その所有権に基づき本件居室の明渡し等を求めた事案である。

本判決は、まず、X のこれまでの実績（約 50 回の占有者のある不動産の買い受け、任意交渉による明渡しの実現）、その転売による利益取得という目的に照らし、X が「他人から占有者のある不動産の所有権を譲り受けて、当該不動産の占有者と任意交渉によって不動産の明渡しを実現することを業」とするもので、X のこのような行為が形式的に弁護士法 73 条に該当する旨判示する。その上で、本判決は、同条の趣旨に関する最三判平 14・1・22 民集 56 巻 1 号 123 頁を確認し、競売手続の所定の方法で不動産を買い受けた場合には、「社会経済的に正当な業務の範囲内にあり」、同条に違反するものではないことが多いとする。しかし、本判決は、本件の X の買い受けが、A・Y 間で Y の占有権原の有無について紛争を生じたことに端を発し、A の利益を図る目的で行われたことを前提に、本件居室の X の買い受けによる明渡しの実現が、Y の法律生活上の利益に対する弊害を生ずるおそれのある行為であり、これを業とすることは、上記弊害の発生を防止するといえる事情が認められなければ、社会経済的に正当な業務の範囲内にあるとはいえず、弁護士法 73 条に違反するとし、結論として、本件買い受けにより X が取得した所有権に基づく各請求が権利濫用として認められないと判示した（控訴、和解）。本判決は、訴訟に至る経緯とともに、AY 父娘を含めた家族関係にも注意が必要な事案である（取引裁判例 [3] も参照）。

(3) 所有権の侵害と所有者の各種請求

[3] 最三判令 2・4・7 民集 74 巻 3 号 646 頁は、X（宗教法人）が、その副住職であった Y_1 および Y_2（設立準備中の X から独立した宗教法人）に対し、X に無断で、Y_1 らが X 所有の土地（X が経営許可を受けていた墓地）に観音像を建立したことから、その所有権を侵害されたことを理由に、不法行為に基づく損害賠償を請求し（第 1 事件）、また、Y_1 らが本件墓地内に存在する建物を不法に占拠し、その間、X に帰属すべき墓地管理料等を領得し、明渡しの強制執行が迫ると、X 所有の仏像・仏具を持ち出したなどと主張して、X が、Y_1 らに対し、不法行為に基づく損害賠償を請求した事案（第 2 事件）にかかわるものである。

一審（さいたま地判平 29・11・15 民集 74 巻 3 号 659 頁）は、第 1 事件について、X の損害賠償請求権の消滅時効（（改正前）民法 724 条前段の 3 年）が完成していることを認め、X の請求を棄却した。また、一審は、第 2 事件について、Y_1 らの本件建物の不法占有を認め、建物の賃料相当額など前記 X 主張の損害賠償請求を認めた。なお、最高裁判決との関係で重要となるのは、本件建物の明渡しのための強制執行費用であり、一審は、その執行費用を Y_1 らの不法占有により生じた損害と認め、X の請求を認容した（X、Y_1 らともに控訴）。

原審（東京高判平 30・9・27 民集 74 巻 3 号 719 頁）では、第 1 事件につき、X の損害賠償の請求と観音像の所有権確認の請求を交換的に変更する旨の申立てが許容されたことに注意を要する。この点、原審は、Y_1 らが建立した本件観音像が本件土地に附合したことを認め（Y_1 らの民法 242 条ただし書の権原についての主張を否定）、X がその所有権を有することを確認した。次に、第 2 事件では、Y_1 らが「強制執行費用については、X が、すでに強制執行費用額確定処分により債務名義を得ているから、本訴における請求は、同一の債権についての二重の債務名義を生じることになり、許されない」と主張したことについて、原審は、「強制執行費用額確定処分は執行費用そのものを対象とし、その額を確定するものであり、本件請求は不法行為に基づき損害の賠償を請求するものであるから、X が、同一の債権について二重の債務名義を有することになるとはいえない」として、一審と同様、執行費用の賠償を含めて、X の請求を認容した（Y_1 らが上告受理申立て）。

最高裁は、前記執行費用の賠償を認めた部分につき、原判決を破棄し、一審判決を取り消し、X の請求を棄却した（詳細は、不法行為裁判例 [8] に譲る）。

(4) 区分所有権

[4] 東京高判令元・11・20判時2446号3頁は、分譲マンションの大規模修繕工事等に関し、その管理組合Y₁の理事長であったXが、その退任後、Y₁の前記修繕工事に関する支出がXの背任等の不正行為による支出であり、Y₁においてXの損害賠償債務として計上されたことから、その債務の不存在の確認を求めるとともに、Y₁およびY₂ら（Y₁の役員）に対し、名誉毀損を理由とする損害賠償等を求めた事案である。本判決は、本誌前号・不動産裁判例[6]で紹介済みであり、詳細はそれに譲る。

2　不動産取引

(1) 中間省略登記の中間者に対する司法書士の責任

[5] 最二判令2・3・6民集74巻3号149頁は、中間省略登記の方法による不動産の所有権移転登記の申請の委任を受けた司法書士Yに対し、当該登記の中間者にあたるX（法人）が、Yに司法書士としての注意義務違反があったとして、不法行為に基づく損害賠償を請求した事案の最高裁判決である。本判決の詳細は、今期・不動産の裁判例研究[伊藤栄寿]に譲る（取引裁判例[23]、不法行為裁判例[23]も参照）。

(2) 連件申請の後件申請における司法書士の注意義務

[6] 東京地判令2・1・31金法2152号69頁は、Aの所有する土地について、Aを名乗る者（自称A）からB（法人）に、BからX（法人）に、順次本件土地を売却する契約が締結されたところ、その所有権移転登記については、いわゆる連件申請の方法によることとされた事案である（取引裁判例[24]、不法行為裁判例[24]も参照）。自称AとB、BとXとの間の売買契約は、同じ日に、Xの事務所で締結された上、その日に決済がされるとともに（XはBに代金1億2000万円を支払済み）、同日中に連件登記として同時申請された。なお、自称A・B間の前件登記については自称Aの希望で司法書士Cが担当することとなり、B・X間の後件登記については司法書士Yが移転登記の委任を受けた。本件連件登記は、前件登記にかかわる登記済権利証および登記識別情報がいずれも偽造にかかるものであったことから、前件登記の申請が却下され、最終的に、後件登記の申請も却下された。これにより、Xは、本件土地の所有権を取得できず、支払済みの代金1億2000万円の損害を被ったことから、その損害がYの登記申請書類の調査確認義務の懈怠により生じたと主張し、Yに対し、不法行為に基づく損害賠償の支払を請求した。

本判決も、先行する他の地面師詐欺事件判決（本判決後の前記[5]の最高裁も同じ）と同旨の司法書士の公益的責務について述べた上で、本件でのYが後件登記の申請のみを代理したものであることから、Yの注意（確認）義務については、「前件の登記申請手続を代理する別の司法書士がいるときは、後件の登記申請手続を代理する司法書士は、原則として、前件の登記申請手続書類について必要な書類が揃っているか否かを形式的に確認するという契約上ないしは信義則上の義務を負うにとどまる」と判示した。そして、本判決は、前件申請を代理するCがその職務上の注意義務を果たしていないことを疑うべき事情等の特段の事情がある場合に、Yが、例外的に、前件登記の申請手続書類の真否等につき調査確認すべき契約上・信義則上の義務を負うとしたが、本件では、そのような特段の事情があるとは認められず、Yに注意義務違反はないとして、Xの請求を棄却した（控訴）。

(3) 同一の地面師詐欺事案に関する複数の訴訟

後記[7][8]は、同一の地面師詐欺事案に関する裁判例である。これら2つの判決は、先行する別の2つの訴訟とも関連するものであり、本項では、これら4つの訴訟の相互関係をみつつ、2つの判決を紹介する（この関係で、事案をまとめて説明し、以下の当事者の表記ではX・Yを用いない）。

〈事案の概要〉

①鹿児島県に所在するA（有限会社）は、東京都内にある土地（抵当権等の負担なく、駐車場の経営のため利用）を所有していた。

②氏名不詳のB（地面師）は、Aの代表者を詐称して、C（建設会社）との間で本件土地の売買契約を締結し（代金1億5000万円）、Cは手付金として5000万円を支払った。

③司法書士Eは、AのCに対する所有権移転登記申請の代理人であり、本人確認のためBと面談した際に、Bから偽造された印鑑証明書や運転免許証等の提示を受け（この面談の日時・場所は、平成27年2月16日の14時頃、東京都内のCの事務所であり、Bは、同日に鹿児島市で発行されたとする印鑑証明書

等を提示したことから、移動時間との関係で不審な点があるとされる）、本件土地の登記識別情報については書類を紛失したため提供できないとの説明を受けた（法人であるＡがこの書類を紛失すること自体不自然）。

　④その後、Ｃは、Ｂとの間で、(i) 前記②の契約を第三者のためにする契約とし、(ii) Ｃが所有権の移転先（Ｄ（株式会社））を指定し、その指定および前記代金全額の支払を条件として、Ａからその指定者に直接所有権が移転するとの土地売買変更契約を締結するとともに、(iii) Ｃ・Ｄ間で本件土地の売買契約（代金２億円）が締結された。

　⑤Ｅは、ＢおよびＤから登記申請に必要な書類（Ｂから交付を受けたＡの種類は偽造されたものを含む）の交付を受け、本件土地について、ＡからＤへの所有権移転登記がされた。Ｃ・Ｄの代金決済から登記申請に至る過程でも、(a) Ｂが指定した売買代金の振込口座（代表者の個人名義）、(b) 残代金の送金を確認することなく、ＢがＥに登記申請書類を預けるというリスクのある行動、(c) 登記申請書類がＢの手書きである理由についてのＢの不自然な発言（Ａは休眠会社で、ゴム印がない）という多くの不審な点があった。

〈訴訟の経過〉

　以上の事実関係の下で、次の４つの訴訟が提起された（以下、判決日の順による）。

　第１訴訟：土地所有者Ａの登記名義人Ｄに対する本件登記の抹消手続請求事件（東京地判平27・10・1 LEX/DB：文献番号25531817、Ａの請求認容、確定）。

　第２訴訟：Ｄの司法書士Ｅに対する本件登記申請にあたっての本人確認義務違反を理由とする不法行為による損害賠償請求事件（一審：東京地判平28・9・2判時2387号18頁、Ｄの請求棄却。控訴審：東京高判平29・12・13判時2387号13頁、Ｅの過失を認め、Ｄの請求を認容、確定。詳細は、本誌19号・不動産裁判例[11]および不法行為裁判例[12][13]を参照。なお、ＤはＣに対しても（改正前）民法561条に基づく責任を追及。これについては、控訴審で、訴訟上の和解が成立）。

　第３訴訟：第１訴訟にかかる弁護士報酬等の損害についてのＡのＥに対する本人確認義務違反を理由とする不法行為による損害賠償請求事件。

　[7] 東京地判平31・2・26判タ1474号228頁は、ＡのＥに対する不法行為による損害賠償請求を認めた。そこでは、第２訴訟の控訴審判決（前掲・東京

高判平29年）で示された資格者代理人の本人確認義務と同旨判断が下され、本件のように「依頼の経緯や業務遂行の過程で入手した情報、資格者代理人が有すべき専門的知見等に照らし、当該登記申請人が真正の権限を有する登記名義人であることを疑うに足りる事情（……なりすまし等を疑うに足りる事情）がある場合には、資格者代理人は、登記申請の代理業務を行うに当たり、本人確認のための更なる調査を行うべき注意義務を負う」とした。そして、本件では、前記〈事案の概要〉③⑤において、Ｂの言動等には不審かつ不自然と気づくべき点が多数存在したことから、登記申請の代理業務を行うにあたり、Ｂについてなりすまし等を疑うに足りる事情があったといえ、本判決は、ＥがＢの本人確認のためにさらなる調査をすべき注意義務を負っていたことを認め、その義務違反による第１訴訟にかかる弁護士報酬等の損害賠償の支払を命じた（取引裁判例[25]、不法行為裁判例[25] も参照。確定）。

　第４訴訟：Ｆ司法書士会がＧ保険会社との間でＥを被保険者として締結していた賠償責任保険に基づく保険金請求権について、第２訴訟で確定判決を得たＤが、Ｇに対し、同保険金請求権を差押え、転付命令を得たと主張し、保険金の支払を請求した事件。

　[8] 東京地判令2・7・1判時2464号39頁は、ＤがＥのＧに対する保険金請求権の転付命令を得てその確定後に保険金の支払求めたことに対し、Ｇが、本件賠償責任保険の故意免責条項（約款６条１号）により、保険金支払義務を負わないことを認めたものである（取引裁判例[26] も参照。本判決では、Ｅの故意だけでなく、Ｅが地面師グループの一員であったことも認められている。確定）。

3　不動産賃貸借

(1)　契約締結の準備段階における信義則上の義務と不法行為

　[9] 札幌高判令元・9・3判タ1473号33頁は、商業地区にある建物の所有者Ｘ（法人）と同建物にドラッグストアの出店を計画していたＹ（法人）との間での建物賃貸借契約の締結に向けた交渉において、Ｘがその契約の成立を確実なものと期待するに至った段階で、Ｙの一方的都合（Ｙ内部で決済が得られなかった）により契約交渉が決裂したことから、Ｘが、Ｙに対し、主位的に、本件建物賃貸借契約の成立等を主張し、同契約にかかわる違約金条項に基

づく違約金の支払を、また、予備的に、Yが一方的な都合により本件契約の成立を妨げたことが不法行為にあたるとして損害賠償の支払を請求した事案である。

原審（札幌地判平30・12・25判タ1473号38頁）は、Yの開発本部長（Y内部の仕組みとの関係でその決済が必要）が本件保証金条項等を了承せず、本件契約書への調印に至っていないことから、本件契約の成立を否定し、本件違約金条項についても、同契約の成立後、賃貸期間開始前までの間の解約に適用される条項であるとして、Xの主位的請求を棄却した。一方、予備的請求については、「交渉関係に入った当事者には、契約本来の債務に付随する義務として、交渉の相手方の財産、信用、人格等の権利・利益を害しないように配慮すべき信義則上の注意義務を負い、特に、契約成立への期待が確実なものと評価できるほどの段階に至った場合には、このような期待を保護する必要があり、交渉の相手方に対し、積極的に契約締結に向けた協力をすべき信義則上の義務を負うというべきであり、正当な理由なく、契約の成立を妨げる行為をして、交渉の相手方に損害を生じさせた場合には、不法行為を構成する」とし、本件でのYの行為に正当な理由はなく、Yの不法行為責任を認めた（X・Yともに控訴）。

本判決も、結論は、原判決と同様であり、Xの予備的請求を認容する原判決が維持された（ただ、Yの契約を妨げる行為の不法行為の成否に関する判断については、前述の原判決が改められていることに注意。取引裁判例［14］、不法行為裁判例［26］を参照。確定）。

(2) 敷金の承継

[10] 大阪高判令元・12・26判時2460号71頁は、賃貸建物が相続された場合に、その契約締結時に差し入れられた敷金に関する法律関係を当該建物を相続によって取得した相続人が承継することにかかわるものである。

A（韓国籍）とB（Aの子）が共有する建物（持分割合＝96：20）について、Bが代表取締役を務めるX（法人）が、Aおよび個人としてのBと、建物賃貸借契約を締結した（敷金を3000万円とし、実際には、XのAに対する貸付金から同額を敷金に振り替える処理がされた）。その後、Aが死亡し、Aの子であるB・Yらを含む法定相続人間の訴訟・協議等を経て、本件建物のAの持分権はBが相続によって取得することとなった（その結果、Bが本件建物を単

独所有）。Bが本件建物の1/2の持分権をC（Bの子）に譲渡した後、XとB・C間で、本件建物の賃貸借契約が合意解約され、Xが本件建物を明渡したことから、Xが、Aの相続人の1人であるYに対し、敷金返還債務をその法定相続分に応じて当然に相続により承継し、または、Aの相続人らの間で同旨の合意が成立したと主張して、法定相続分（韓国民法の定めにより7/28）に応じた敷金等の支払を求めた。

原審（大阪地判令元・7・31判時2460号73頁）は、敷金の法律関係に関する最一判昭44・7・17民集23巻8号1610頁を参照し、建物の所有権移転に伴い賃貸人たる地位に承継があった場合、敷金に関する法律関係も当然に新賃貸人に承継され、それは相続による場合にも別異に解すべき理由はなく、建物の単独所有者（賃貸人）となったBが、敷金返還債務を承継すると判示した（合意の成立は、具体的な協議なしとして否定。Xが控訴）。

本判決は、原審の判断を支持すると共に、Xの補充主張に対し、「敷金は、賃貸人が賃貸借契約に基づき賃借人に対して取得する債権を担保するものであるから、敷金に関する法律関係は賃貸借契約と密接に関係し、賃貸借契約に随伴すべきものと解されることに加え、賃借人が旧賃貸人から敷金の返還を受けた上で新賃貸人に改めて敷金を差入れる労と、旧賃貸人の無資力の危険から賃借人を保護すべき必要性とに鑑みれば、賃貸人たる地位に承継があった場合には、敷金に関する法律関係は新賃貸人に当然に承継されるものと解すべき」とし、「このような敷金の担保としての性質や賃借人保護の必要性は、賃貸人たる地位の承継が、賃貸物件の売買等による特定承継の場合と、相続による包括承継の場合とで何ら変わるものではな」く、「賃貸借契約と敷金に関する法律関係に係る上記の法理は、包括承継の場合にも当然に妥当する」と判示した（上告、上告受理申立て）。

本判決の判断を事案に当てはめると、本件では、Xに対し、その代表者でもあるBが、敷金に関する法律関係を承継し、問題は複雑化しない。しかし、X・B間の関係が異なるだけで、状況は変化する。また、賃貸建物が共同相続される場合、敷金に関する法律関係は、同建物の所有者（新賃貸人）となる共同相続人に承継されることになろうが、この賃貸人の地位、敷金の法律関係の承継がいかなるものであるのかといったことを（近時の判例の動向にも留意しながら）考える必要もあろう（敷金に関する権利義務

の共同相続については、判タ 1474 号 11 頁の解説も参照）。本判決の射程を考えるにあたっては、慎重である必要がある（取引裁判例 [18] の解説も参照）。

(3) 相続不動産から生じた賃料と不当利得返還請求

[11] 高松高判平 31・2・28 判時 2448 号 69 頁は、亡 A の 7 人の相続人（X、Y₁ ～ Y₃、他 3 名）のうち、X が、Y₁ らに対し、相続財産に属する本件各不動産から生じた賃料債権について、Y₁ らが法律上の権限なく、弁済を受けたとして、民法 190 条または不法行為に基づき X の法定相続分に応じた金銭の支払等を求めた事案である（本訴。相続税の立替払に関する Y₁ らの不当利得返還請求の反訴あり。上告受理申立、不受理）。本判決については、本誌前号・不動産裁判例 [5] で紹介済みであり、詳細はそれに譲る。原審（高松地判平 30・5・15 判時 2448 号 75 頁）は、本誌 18 号・不動産裁判例 [16] および家族裁判例 [26] を参照。

(4) 転貸借関係

[12] 東京地判平 31・4・25 判タ 1476 号 249 頁は、建物（2 棟）の前所有者 A（その死亡後は、本件建物の遺贈により、X（A の姪）がその地位を承継）と Y との間で、①本件建物を Y が住居として使用するとの目的を定め（A の承諾を得た目的の変更は可能）、②目的外での本件建物の使用を禁じ（A の承諾を得た場合を除く）、③A が Y の転貸をあらかじめ承諾する条項を含んだ建物賃貸借契約を締結していた場合に、Y が A の承諾を得ずに本件建物を民泊の用に供していたこと等が本件建物の用法遵守義務違反にあたることを理由に、X が、Y に対し、本件建物の賃貸借契約の解除、およびその明渡し等を求めた事案である（事案の詳細は、取引裁判例 [20] も参照）。

本判決は、前記①③の条項との関係で、本件建物の民泊としての利用可能性につき、まず、A・Y 間の契約では、本件建物の住居としての使用（特定人による一定期間にわたる住居使用）が基本的に想定されていたと解され、そのような住居使用と民泊としての使用（1 泊単位で不特定の者が入れ替わる宿泊使用）では、使用者としての意識的な面からみても、その使用の態様に差異が生じることは避けがたく、本件契約の前記解釈を踏まえると、転貸可能ということから直ちに民泊としての利用も可能ということにつながらないとした。そして、本判決は、すでに

生じている近隣住民とのトラブル等を考慮して、民泊としての利用が、その使用目的に反し、A との信頼関係を破壊する行為であることを認め、X の解除が有効であるとした（確定）。

民泊については、これまで、区分所有法との関係での議論（例えば、区分所有建物で民泊を可能（または禁止）とする管理規約に関すること等）が先行してきたように思われるが、本判決は、判タ 1476 号 249 頁以下の解説でも指摘されているとおり、借家との関係で民泊が問題となった数少ない（公刊）裁判例の 1 つであり、使用主体と期間に着目して、住居と民泊とではその使用の態様に差異が生じるとすることには留意しておきたい。

[13] 東京地判平 31・1・24 判タ 1472 号 205 頁は、X が建物の地下 1 階部分を Y から賃借し、同 1 階部分を A に転貸していたところ、Y が、X に対しては、A への転貸が無断転貸にあたる等と主張し、また、A に対しては、X には同 1 階部分について何らの処分権もなく、Y との間で新たに賃貸借契約を締結した上で、その賃料の支払を求めたことから、A が、転貸賃料等につき、債権者不確知を理由として供託した供託金（被供託者、X または Y）の還付請求にかかわる事案である。なお、本件では、X の転貸人としての地位との関係で、転貸借契約の終了が争点とされている（取引裁判例 [19] も参照）。

本判決は、まず、最一判平 6・3・10 集民 172 号 55 頁を参照し、（転貸借契約の賃貸人 X が含まれており）本件供託が無効でないことを前提に、Y が X・A 間の転貸借契約の終了を主張したことについて、次のように判示した。つまり、最三判平 9・2・25 民集 51 巻 2 号 398 頁を参照しつつ、本判決は、転貸人の転借人に対する債務の内容、その債務不履行（履行不能）について述べた上で、「賃貸借契約が転貸人の債務不履行を理由とする解除により終了した場合、賃貸人の承諾のある転貸借は、原則として、賃貸人が転借人に対して目的物の返還を請求した時に、転貸人の転借人に対する債務の履行不能により終了する」とし、Y の主張を容れる判断を下した。しかし、本件では、Y は A に賃貸目的物の返還を請求しておらず、引き続き A が占有し、使用収益していることから、本判決は、X の債務はいまだ履行不能になっておらず、転貸借契約は終了していないと判示した（控訴）。

(5) 建物賃貸借契約に基づく賃借人の債務と保証

[14] 大阪地判令元・6・21判時2448号99頁は、住宅等の賃貸借契約（原契約）に基づく賃料等債務にかかわる保証委託契約（本件契約）の複数の条項について、X（消費者適格団体）が、消費者契約法8条1項3号または10条の条項に該当するとして、Y（株式会社）に対し、消費者契約法12条3項に基づき、同契約の申込みまたは承諾の意思表示の差止めを求めた事案である。本判決については、本誌20号・取引の裁判例研究1〔石田剛〕が取り上げており、詳細はそれに譲る（今期・担保裁判例[4]も参照。控訴）。

[15] 東京高判令元・7・17判タ1473号45頁は、X（市）がAに市営住宅を賃貸し、Y（Aの母）がその賃貸借契約上の債務を連帯保証していたところ、Xが、Aの賃料の滞納を主張して、Yに対し本件連帯保証契約に基づき滞納賃料等の支払を求めた事案である。本判決については、今期・取引の裁判例研究2〔谷江陽介〕が取り上げており、詳細はそれに譲る（取引裁判例[21]、担保裁判例[5]も参照。上告、上告受理申立て）。原審（横浜地相模原支判平31・1・30判時2420号96頁）は、本誌19号・担保裁判例[3]を参照。

4 建物の建築と損害賠償責任

[16] 東京地判平31・3・29判タ1477号211頁は、X₁らの自宅の建築にかかわる設計監理契約をX₁らとY₁が締結し、その設計および監理をY₁の代表者であるY₂（一級建築士）が担当したところ、X₁らが建築された自宅(X₁～X₃が持分各1/3で共有)に立替えを必要とする瑕疵があると主張し、Y₁に対しては、設計監理契約の債務不履行、品確法94条もしくはその類推適用、またはY₂との共同不法行為もしくは会社法350条に基づき、そして、Y₂に対しては、不法行為またはY₁との共同不法行為に基づき、立替費用相当額等の損害賠償の支払を求めた事案である（主位的請求。予備的請求は、部分的な補修工事で瑕疵が治癒する場合のその工事費用等の賠償。取引裁判例[22]、不法行為裁判例[27]も参照）。なお、本件では、X₁らの申出により、本件建物の安全性を確認するための鑑定がなされ、同鑑定書では、①本件建物にかかわる建築物の安全上必要な構造方法に関して建築基準法施行令81条以下に定め

る技術的基準に適合しない部分のあること、②本件建物の梁の一部についても同基準に適合しないことが認められている。

まず、本判決は、Y₁の責任のうち、本件設計監理契約の「設計」について、本件建物に前記①②の不適合がある点に、Y₁の「設計」の債務不履行があることを認めた（「工事監理」については、本件設計監理契約にかかわる約款の定め（7条3項）を工事監理に関する損害賠償請求権の除斥期間を定めたものと解し、同請求権の保存のためにはXがY₁に対しその責任を問う意思を明確に告げる必要のあったところ（最三判平4・10・20民集46巻7号1129頁参照）、その主張立証がないとして、除斥期間による消滅を認めた。品確法94条の（類推）適用については、請負契約の締結がないことから否定）。

次に、Y₂の不法行為責任について、本判決は、建物の建築に携わる設計者・工事監理者の不法行為責任に関する最二判平19・7・6民集61巻5号1769頁、および建物としての基本的な安全性を損なう瑕疵の意義等に関する最一判平23・7・21集民237号293頁を前提に、前記①②の不適合が建物の基本的な安全性を損なう瑕疵にあたることを認めた。そして、Y₂がそのような安全性の欠けることのないよう配慮すべき注意義務を尽くしたかについて、本判決は、本件事情の下で、Y₂がその構造計算にも関与してその責任を負う立場にあった以上、前記①②の不適合について（自ら）構造計算をしてその構造的安全性を確認する義務を負っていたが、構造計算することなく本件建物にかかわる確認申請をしたこと等からY₂の注意義務違反を認め、その不法行為責任を肯定した（なお、本件建物の設計をY₂が職務として行ったことも認め、Y₁の会社法350条の責任を肯定。本件では、Y₂が、訴外Aに、一部業務を委託していたようであるが、そのような事情をもって、Y₂の責任に消長を来すことはないとした点にも注意。具体的損害としては、予備的請求を認容。控訴）。

[17] 東京地判平31・3・13判タ1477号226頁は、Xの経営するゴルフ場のロッジ棟（本件建物）が、東北地方太平洋沖地震により半壊し建替えを要する状態になったことから、Xが、本件建物の建築請負契約を締結しその設計・施工をしたYに対し、Yに設計または施工上の過失があり、その結果Xに建替費用相当額の損害が発生したとして、不法行為に基づく損害賠償の支払を求めた（一部請求）事案で

ある。

本判決も、前記[16]と同様、前掲・最二判平19年を引用し、まず、(i) 本件建物の損傷が建物の基本的な安全性を損なう瑕疵によって生じ、(ii) 設計施工者であるYに同建物の基本的な安全性が欠けることのないように配慮すべき注意義務の違反が認められるのであれば、その損傷によってXに生じた損害について、Yは不法行為責任を負うとの判断枠組みを示した。本判決は、(i) について、本件建物の基礎の多くの部分が脆弱な埋土のローム層にとどまっていたことが原因で、地震の揺れにより同建物が不同沈下し、それに伴う損傷が発生したこと、そして、そのような本件建物の基礎の状態が、不同沈下をもたらす限度で、建物の基本的な安全性を損なう瑕疵にあたることを認めた。次に、(ii) について、本判決は、本件の諸事情を考慮して、Yは、本件建物の基礎を施工するに際し、基礎底面直下の地盤の土質を慎重に確認する等の状況に応じた義務を負い、これを怠ったことにYの過失を認めたが、結論としては、不法行為に基づく損害賠償債務が（改正前）民法724条前段により時効消滅したとした（詳細は、不法行為裁判例[28]も参照。控訴棄却、上告）。

[18] 東京地判令元・6・7判時2450・2451号34頁は、Aの経営する店舗建物（本件建物）の車路スロープが東北地方太平洋沖地震により崩落し2名が死亡した事故について、Aと企業財物総合保険契約を締結していたX₁および損害賠償責任保険を締結していたX₂（ともに保険会社）が、保険法25条に基づく保険代位により、Y₁らに対し損害賠償等の支払を求めた事案である。なお、本件建物は、Y₁を設計監理の統括責任者、Y₂を構造設計変更前の構造分野の設計および工事監理の担当者、Y₃（その代表者Y₄を含む）を構造設計変更後の構造分野の設計監理の担当者、そして、Y₅を施工者として建築されたものである。

本判決は、本件建物の構造設計が途中で変更された（Y₁による建築確認申請後、Aの担当者B（一級建築士の資格あり）が変更することとし、Y₃にその業務を依頼）等の事情の下で、本件建物と車路スロープとの接合部の変位差の増大とその接合部の脆弱性という複数の原因が競合して崩落事故が発生したとし、Y₁〜Y₃の本件建物の建築にかかわる立場に応じた過失を認め、その不法行為責任を肯定した（共同不法行為も肯定。なお、本件建物の前記構造変更に関する4割の過失相殺、施工者Y₅の不法行為責任の

否定、および民法717条3項の求償権の行使とその消滅時効については、不法行為裁判例[29]に譲る。控訴）。

[19] 東京地判平31・3・8判タ1475号193頁は、X所有の各建物の屋内排水管と屋外塩ビ管の接合部分の沈下・破断がYによるマンションの新築工事により生じたとして、Xが、Yに対し、不法行為に基づく補修費用等の損害賠償を求めた事案である。

本判決は、Y施工の山留親杭から前記屋外塩ビ管付近の地盤が軟弱であり、前記排水管の接合部分の強度に問題があること（現在の標準的な仕様でなく強度が低い）等を考慮し、Yの作業・工事が原因で本件沈下・破断が生じたことを認めた。その上で、本判決は、Yが本件排水管の存在と地盤の軟弱性を認識していたことから、Yが新築工事の排水管への影響を検討し、影響可能性がある場合のXへの説明義務を認め、本件のYにはその注意義務違反があるとし、この義務違反によってXに生じた損害の範囲で不法行為に基づく損害賠償を認めた（ただ、本判決は、接合部分の強度の問題について、Yがそれに対応する義務を負うことを否定（これへの対応は、Xの費用負担とする）。また、最一判平4・6・25民集46巻4号400頁で示された理が本件にもあてはまることを前提に、民法722条2項の（類推）適用により5割の減額を認めたことについては、不法行為裁判例[43]を参照。確定）。

5 その他

(1) 法定地上権の成否と不当利得返還請求

[20] 横浜地判令元・10・30判時2444号3頁は、抵当権の設定された建物（X・Y（Xの子）の共有、持分割合は1：99）とその敷地（Xの単独所有）について、担保不動産競売手続において一括競売されることから実体法上は法定地上権が成立しない（実体法上の土地利用権は使用借権）場合に、担保不動産競売手続の評価上は法定地上権が成立すると扱われて売却基準価額が定められ、それに応じて売却代金を案分する売却代金交付計算書に基づき剰余金がXおよびYに分配されたことを理由に、Xが、Yに対し、実体法上の権利の価値よりも高額の剰余金を取得したことが不当利得にあたるとして、剰余金の一部の返還を求めた事案である（本判決の詳細な研究は、本誌前号・担保の裁判例研究〔加藤雅信〕に譲る。また、今期・担保裁判例[2]も参照）。

本判決は、まず、本件事案のような剰余金の分配

がなされたところ、土地所有者兼建物共有者（本件ではX）の受領した剰余金が、実体法上の土地利用権を前提として売却代金を案分するとしたときの額よりも少ない場合には、Xは、その差額を受領した他の建物共有者（本件ではY）に対して不当利得返還請求をすることができるとする。この理由について、本判決は、不当利得の要件に対応させて、概略、次のように述べる。まず、①損失・利得・因果関係について、担保不動産競売手続で剰余金が発生した場合、担保不動産の（元）所有者は、剰余金が担保不動産（建物は敷地の利用権を含む）の価値代替物であることから、これを取得する実体法上の権利を有するために、剰余金を受領する権利を有し、これを基礎に、複数の担保不動産の所有者に対して剰余金が分配される場合、各所有者は、各自が担保不動産の上に有した実体法上の権利の価値に応じて、剰余金を受領する権利を有するとする。ここで、弁済交付手続で交付された剰余金について、所有者の中に、実体法上の権利の価値よりも低いと評価できる者がいる一方で、高いと評価できる者がいる場合に、本判決は、前者の損失と後者の利得の間に因果関係があることを認める。次に、②法律上の原因について、本判決は、「配当の実施が係争配当金の帰属を確定するものではない」として不動産競売手続で債権または優先権を有しないにもかかわらず配当を受けた者に対する抵当権者の不当利得返還請求を認めた最二判平3・3・22民集45巻3号322頁を参照し、配当手続よりも簡易な手続である弁済金交付手続も、「係争弁済金、剰余金の帰属を実体法上確定することを目的とするものではない」と解し、同手続で剰余金の交付を受けたことをもって、法律上の原因があるということはできないとする。

以上を前提に、本判決は、本件でのX・Yの有する実体法上の権利を踏まえ、実際にX・Yが交付を受けた剰余金が法定地上権の成立を前提としたものであることから、Xはそれに応じて少なく、Yは同額多く剰余金の交付を受けており、Yの利得には法律上の原因がないとし、XのYに対する剰余金の一部についての不当利得返還請求を認めた（控訴）。

(2) 不動産に関する遺言の効力

[21] 東京地判平30・12・10判タ1474号243頁は、A所有の複数の不動産をその親族（Bら5名）に遺贈する旨の自筆証書遺言をAが作成していたところ、その後、Aが、本件各不動産を売却するため、C（不動産業者）と専任媒介契約を締結・更新を繰り返し、本件各不動産を売却する意思を示したことが、民法1023条2項のいう「抵触」にあたるかどうかが争われた事案である（訴え自体は、Aを相続したXが、本件遺言の遺言執行者Yに対し、相続による取得を理由に、本件各不動産の所有権確認を求めたもの）。

本判決は、従来の民法1023条2項に関する判例の判断枠組みを踏まえ、本件事情の下で、Xの請求を棄却した。具体的には、A・C間での本件各不動産の売却に関する媒介契約の締結について、(i) Cによる買主の発見・媒介を通じ、Aとの間で売買契約が締結された場合に、同売買契約の締結が本件遺言に抵触することになることを認めつつも、(ii) 当該媒介契約の締結等は、必ずしも売買契約の成約をもたらすものではなく、成約なしに有効期間を経過することもあり、(iii) その場合は、本件遺言の執行は客観的に不能とならないことから、本件遺言と両立せしめない趣旨のもとにされたことが明らかとなる他の事情の認められない限り、本件媒介契約の締結等が本件遺言に抵触するとはいえないとした。また、本判決は、本件遺言の後、AがBに対し絶縁する旨の通知等をしており、このことから「本件遺言と両立させない趣旨」等が明らかとなるかについても検討し、それらの行為が事実行為にすぎず（民法1023条2項の法律行為に該当せず）、そして、本件の諸般の事情（XによるAの遺産（2000万円超）の相続、Aと親族（Bを含む）との交流関係、Aが本件各不動産を所有することになった経緯等）、さらには前記絶縁等を考慮しても、本件媒介契約の締結等をもって、本件遺言と両立せしめない趣旨のもとにされたことが明らかであると断ずることは困難であり、民法1023条2項の「抵触」にあたらない以上、本件遺言が撤回されたとは認められないと判示した（確定）。

(3) 開発行為の差止めとまちづくり権等

[22] 神戸地尼崎支判令元・12・17判時2456号98頁は、5筆の土地の開発工事（宅地開発）の差止請求等に関するものである。Xらは、近隣に居住し、あるいはその一帯の自然環境や文化財を研究する者であり、Y_1（事業主）およびY_2（工事施工者）に対し、人格権から導かれるまちづくり権、自然文化環境享受権および平穏生活権といった法的権利ないし法的利益が本件開発工事によって侵害されたとして、主

位的に、開発行為の差止めを、予備的に、共同不法行為に基づく損害賠償を請求した。Xらの主張では、まちづくり権とは「より暮らしやすい、自らの幸福を追求し得る生活環境を自ら決定する権利、自らの住む地域のあり方を自らが決定する権利であり、人格権に基づいて認められる法的権利」とされ、景観利益に関する最一判平18・3・30民集60巻3号948頁を参照して、その保護の要請があるとの主張等がなされたが、本判決は、上記いずれの権利についても差止請求および損害賠償請求が認められないとし、Xらの請求を棄却した（不法行為裁判例[20]も参照。控訴）。

(4) 建物の使用禁止仮処分の当事者適格

[23] 京都地決令元・9・20判時2459号11頁は、「暴力団員による不当な行為の防止等に関する法律」に基づく認定を受けた適格都道府県センターであるXが、本件建物の付近に居住する者の委託に基づき、暴力団であるAが本件建物をその事務所として使用していることにより、前記委託者らの平穏に生活する権利が侵害されている等と主張して、A会長であるYに対して、前記委託者らの人格権に基づき、本件建物をAその他の暴力団の事務所等として使用することの禁止の仮処分を求めた事案である。

本件は、同法32条の4の適用のない事案であったことから、Xが、任意的訴訟担当として、前記委託者らから委託を受けて、その人格権に基づく妨害排除請求権の行使を許容されるかが争点の1つとなった。本決定は、最大判昭45・11・11民集24巻12号1854頁で示された任意的訴訟担当の許容性の判断枠組みに従い、Xの当事者適格を認める判断を下した（なお、過去の経緯等に照らし、前記委託者らの受忍限度を超える人格権の侵害があるとして、使用禁止の仮処分を認容。確定）。

(5) 建物の実質的所有者による保険事故の招致

[24] 東京高判令2・2・27金判1594号8頁は、X₁の所有する建物について、X₁がYと締結した火災保険契約に基づき、同建物の一部が何者かの放火によって焼損したことから、X₁らが、Yに対し、その保険金等の支払を請求した事案である。X₁は、本件建物およびその敷地を前所有者から購入するにあたり、X₂（銀行）から融資（5800万円）を受け（X₁の父および兄が連帯保証）、同融資にかかわる貸金債権を被担保債権とする抵当権を本件土地建物に設定

した。また、X₁は、本件建物を目的とする前記火災保険契約をYと締結し、同保険契約に基づく保険金請求権についてX₂に対し質権を設定した（Y承認）。本件の第1事件は、被保険者であるX₁が、また、第2事件は、保険金請求権に質権の設定を受けたX₂が、Yに対し、保険金の支払を請求したものである。ここで、本件建物の登記名義人はX₁であるが、本件土地建物の購入、そのための融資の交渉は、X₁の姉の内縁の夫であるAの主導で行われ、その購入後は、主にAが本件建物の使用・管理をし、前記融資の返済金の大半のほか、不動産取得税等の支払をしてきたことにも注意する必要がある。

原審（水戸地土浦支判令元・10・23金判1594号16頁）は、まず、X₁の本件保険契約における被保険利益について、X₁が本件融資金の法的返済義務を負い、その父・兄が連帯保証人であることから、本件建物に保険事故が発生した場合のX₁の経済的損害の発生を前提に、X₁に被保険利益があることを認めた。そして、Yによる本件保険契約約款の免責条項（保険契約者等の故意による場合の免責を含む）の適用の主張について、本判決は、本件事情の下で「本件放火がAないしX₁の故意による関与の下でなされた」と推認し、故意免責条項の趣旨について判示した最高裁判決を参照して、X₁が保険金を入手できるとすることは、公益に反し、信義則に反するとして、本件免責条項の適用を認めた（X₁ら控訴）。

本判決も、結論は、原審と同様であるが、本件免責条項の適用については、次のように改められた。まず、本判決も、X₁に被保険利益があることを前提に、本件事情下でのAについて、「本件建物の実質的所有者であるか又は本件建物の利用ないし処分に係わる経済的利益を有する者」であるとする。そして、故意免責条項の趣旨に関する最高裁判決（最三判平5・3・30民集47巻4号3262頁、最一判平16・6・10民集58巻5号1178頁を挙げるが、原審とは異なる最高裁判決である）を参照し、本判決は、本件放火が前示のようなAの関与の下でなされたものであることを認め、Aの故意による保険事故の招致は、AとX₁との関係から、信義則上、被保険者X₁の故意による保険事故の招致と同視しうるものといえ、そうすると、X₁に保険金請求を認めることは保険契約当事者間の信義則に反し、または公序良俗に違反し、本件免責条項が適用されるとした（確定）。

（ほった・ちかおみ）

不法行為裁判例の動向

島戸　純　東京高等裁判所判事

現代民事判例研究会財産法部会不法行為パート

1　今期の注目すべき裁判例

　今期は、これまで法解釈に争いがあったり、判断が分かれたりしていた点に関する最高裁判例が6件ある。交通事故に係る後遺障害による逸失利益と定期金賠償 [7]、民事手続費用に関する不法行為による損害賠償の該当性 [8]、中間省略登記の方法による不動産の所有権移転登記の申請の委任を受けた司法書士についての注意義務 [23]、被用者が使用者の事業の執行について第三者に加えた損害を賠償した場合における被用者の使用者に対する求償（いわゆる逆求償）[40]、家屋の評価の誤りに基づき固定資産税等の税額が過大に決定されたことによる損害賠償請求権の除斥期間の起算点 [44]、国家賠償法における国又は公共団体の公権力の行使に当たる複数の公務員が、その職務を行うについて、共同して故意によって違法に加えた損害に関し、国又は公共団体がこれを賠償した場合における求償権に係る債務の性質 [58] に関するものがある。

2　不法行為一般

(1)　権利侵害・違法性
(a)　法的手続の申立て
　訴えの提起等の法的手続の申立ての不法行為該当性が問題とされた事例について、今期は2例が加わった。

　金融機関が、融資先との間で、融資契約について誓約に反しているとして期限の利益を喪失させ、融資先を更生会社とする会社更生手続開始の申立て（会社更生法17条）等について不法行為の成否が問題となった事案において、[1] 東京地判令元・5・31判タ1477号194頁（控訴、控訴棄却、確定）は、融資先において重要な事項に関する誓約の違反が認め

られ、期限の利益の喪失事由があるから、上記申立てについて、更生手続開始の原因となる事実がないにもかかわらず行われたものではないなどとして、不法行為の成立を否定した。

　燃料油の売買代金債権に基づく船舶先取特権（商法842条）の実行において、船舶国籍証書等の担保権実行前の引渡命令（船舶国籍証書等引渡命令）を求める申立て（民事執行法189条、115条1項）及びその執行について、債務者の特定に関し誤った事実関係に基づき行われたものであるとして不法行為に該当すると認定されたものとして、[2] 東京地判令2・2・12金判1594号32頁（控訴）がある。同判決は、船舶燃料油供給契約（供給者Y）の当事者が、定期傭船をしていたXではなく、A社であったことから、被担保債権である燃料油の売買代金債権は、Xに対するものではなく、A社に対するものであったというべきであって、本件各代金債権を被担保債権等とする本件各引渡命令の申立ては、被担保債権等を有していないのに、これを有するという誤った事実関係に基づき行われたものである、とした上、当該事実関係の下では、Yは、上記供給契約の契約当事者については、A社であると認識していたのではないかとうかがわれるところであり、そうでなくとも、このように認識することは容易なものであり、Yにおいて当該契約当事者を誤認していたとすれば少なくとも同誤認につき過失がある上、本件各引渡命令の執行の結果、Xは、本件各船舶の足止めを余儀なくされるなどしたという権利侵害を被ったといえるとして、船舶の移動及び停泊に要した費用並びに代理店料、傭船等に要した代船費用の支出について相当因果関係がある損害があったと認め、この点の損害賠償を命じた。

　なお、弁護士が第三者の代理人として刑事告訴をし、訴えを提起した行為の不法行為該当性が争われたものとして、後記 [22] 参照。

(b)　その他

[3] 東京地判平31・4・26金法2142号57頁（確定）は、取締役及び監査役が合弁会社の事業を7100万円で第三者に売却し、その代金のうち6700万円を他社名義の業務委託料として受領して合弁会社に取得させなかったことは、合弁会社に対する不法行為を構成するとした（使用者責任について後記）。

河川洪水による流域住民の浸水被害に関し、利水ダムの設置・管理をしていた電力会社について、ダム設置当時の河床の高さまで浚渫する義務の違反があったか否か争われていた事案に関するものとして、[4] 仙台高判平31・3・15判時2448号55頁（確定）がある。同判決は、ダム設置者は、設置当時のダムの機能を維持することが求められるものの、その管理権限が及ぶのはダムにとどまり、浚渫作業もそのための方策であって、河川にまで及ぶものではなく、侵食等により土砂の堆積が進み河道や河床の状況は変化していくこと等から、河川の従前の機能を維持する義務を負うものではないとして、流域住民に対する709条に基づく責任を否定し、福島地会津若松支判平30・3・26判時2391号36頁（本誌第19号不法行為裁判例の動向〔前田太朗〕[18]で紹介）の判断を維持した。

研究者Yが、その研究資金として交付され、所属する国立大学法人Xが管理する科学研究費補助金（科研費）を、正規の手続によらずに支出し、研究用の資材を販売等する業者にいわゆる預け金として約1億8000万円を預託していたところ、その業者が倒産して預け金の回収が事実上不可能になった場合において、研究費の帰属がXにあるかYにあるか争われた。[5] 京都地判令元・11・5判時2454号42頁（控訴）は、預け金の原資となった研究費は、科研費及びそれ以外の補助金を問わず、いったん国立大学法人Xに帰属するほか、本件では、業者が倒産して約1億8000万円の預け金が事実上回収不能となり、また、国立大学法人Xは、科研費を預かる機関として、国及び独立行政法人日本学術振興会から多額の返還要求を受け、これに応じたから、実質的にも国立大学法人Xに損害があり、Yの行為に違法性があるとした上、研究者は、研究機関に対し、適正な手続を経て研究機関が管理する預金から払出しを受ける権利及び他の目的に流用されない権利を有するが、架空の売上げによる払出し等、ルールに従わない払出しを受ける権利はなく、その意味で研究者個人に当然帰属するものではない、などとして、不法行為による損害賠償請求を認めた。

(2)　因果関係

約1年間にわたり著しい長時間労働に従事していた調理師が、劇症型心筋炎を発症して最終的に死亡した事案について、[6] 大阪地判令2・2・21判時2452号59頁（控訴）は、長時間労働による過労状態と死亡との相当因果関係を肯定して、使用者及びその代表者に対する損害賠償請求を認容した。

(3)　損害

(a)　後遺障害による逸失利益と定期金賠償

定期金賠償を命じる判決について、民事訴訟法117条において、その確定判決の変更を求める訴えに関して規定されるようになっていたものの、どのような場合に定期金賠償が認められるのか、また、その終期について、死亡時期とする考え方（切断説）と、当初定めた期限とする考え方（継続説）の争いがあった。

[7] 最一判令2・7・9民集74巻4号1204頁（本号不法行為裁判例の研究2〔白石友行〕で紹介）は、原審（札幌高判平30・6・29判時2420号78頁。本誌第20号不法行為裁判例の動向〔杉山真一〕[55]で紹介済み）の判断を維持したものである。

同判決は、まず、不法行為に基づく損害賠償制度の目的及び理念に照らすと、「交通事故に起因する後遺障害による逸失利益という損害につき、将来において取得すべき利益の喪失が現実化する都度これに対応する時期にその利益に対応する定期金の支払をさせるとともに、上記かい離が生ずる場合には民訴法117条によりその是正を図ることができるようにすることが相当と認められる場合があるというべきである。」と説示した。そして、同判決は、事故当時4歳の幼児で、高次脳機能障害という後遺障害のため労働能力を全部喪失した事案において、同逸失利益の現実化が将来の長期間にわたり逐次現実化するものであるといえ、後遺障害による逸失利益を定期金による賠償の対象とすることは、損害賠償制度の目的及び理念に照らして相当と認められるというべきである、とした。

さらに、同判決は、「交通事故の被害者が事故に起因する後遺障害による逸失利益について一時金による賠償を求める場合における同逸失利益の額の算定に当たっては、その後に被害者が死亡したとしても、交通事故の時点で、その死亡の原因となる具体的事由が存在し、近い将来における死亡が客観的に予測されていたなどの特段の事情がない限り、同死亡の事実は就労可能期間の算定上考慮すべきもので

はないと解するのが相当である。」と述べ、継続説に立ち、被害者が求めた就労可能期間終期までの定期金賠償を認容した。

(b) 損害の内容

不法行為に基づく損害賠償請求において、訴訟費用や執行費用をも損害として請求することができるか否かについては、かねてから下級審裁判例においても争いがあった。**[8]** 最三判令2・4・7民集74巻3号646頁は、この点について判断を示したものである。

事案は、Xが、Yに対して建物の明渡しを命ずる仮執行の宣言を付した判決に基づく強制執行について、支出した強制執行の費用（民事執行法42条1項）を建物の占有に係る不法行為による損害として主張し、Yに対し、不法行為に基づき、その支払を求めた、というものである。

同判決は、強制執行に要した費用のうち民事訴訟費用等に関する法律2条各号に掲げられた費目のものを損害として主張することができない、と判断した。その理由として、「民事執行法は、強制執行の費用で必要なものを債務者の負担とする旨を定め、このうち同条2項の規定により執行手続において同時に取り立てられたもの以外の費用については、その額を定める執行裁判所の裁判所書記官の処分（以下「費用額確定処分」という）を経て、強制執行により取り立て得ることとしている。また、同法42条1項にいう強制執行の費用の範囲は、民事訴訟費用等に関する法律（以下「費用法」という）2条各号においてその費目を掲げるものとされ、その額は、同条各号に定めるところによるとされている。このように、費用法2条が法令の規定により民事執行手続を含む民事訴訟等の手続の当事者等が負担すべき当該手続の費用の費目及び額を法定しているのは、当該手続に一般的に必要と考えられるものを定型的、画一的に定めることにより、当該手続の当事者等に予測できない負担が生ずること等を防ぐとともに、当該費用の額を容易に確定することを可能とし、民事執行法等が費用額確定処分等により当該費用を簡易迅速に取り立て得るものとしていることとあいまって、適正な司法制度の維持と公平かつ円滑なその利用という公益目的を達成する趣旨に出たものと解される。そうすると、強制執行においてその申立てをした債権者が当該強制執行に要した費用のうち費用法2条各号に掲げられた費目のものについては、民事執行法42条2項により債務者から執行手続において取り立てるほかは専ら費用額確定処分

を経て取り立てることが予定されているというべきであって、これを当該強制執行における債務者に対する不法行為に基づく損害賠償請求において損害として主張し得るとすることは上記趣旨を損なうこととなる。」と判示した。

宇賀克也裁判官の補足意見は、その理由について「民事執行法42条4項以下に定める執行費用額確定手続は、裁判所書記官が費用法2条各号所定の費用の額のみを計算して債務名義とするものであり、訴訟手続と比較して簡易迅速であり、かつ申立手数料も不要とされている。……費用法2条は、民事執行法42条4項以下に定める執行費用額確定手続、民事訴訟法71条が定める訴訟費用額確定手続等とあいまって、償還請求が可能な費用を当該訴訟等の手続により生じた一切の費用とせず、一般にそれらの手続において必要とされる類型の行為に要した費用を公平に当事者双方に負担させることにより、当事者が訴訟制度等を躊躇なく利用し、適正な立証活動等を可能にすることを意図したものといえる。したがって、それは、裁判を受ける権利を実効的なものとするという意味において、司法制度の基盤の一環をなすものといえ、公益性を認めることができ、手続の排他性を認めることが正当化されると考えられる。」とされている。

上記の最高裁判決の考え方に従えば、執行費用に限らず、民事訴訟費用等に関する法律2条所定の訴訟費用及び訴訟費用額確定手続においても、同様に、訴訟に要した費用を不法行為による損害として請求することはできないものと思われる。

(c) 企業損害

いわゆる企業損害の請求が問題となった事例として、**[9]** 大阪高判令元・9・25判時2446号32頁（確定）がある。事案は、高速道路警備業務を遂行中の警備会社の作業員ら及び作業車両にトラックが衝突し、警備会社の多数の従業員が死傷した事故について、この業務を請け負っていた法人が、衝突事故を起こしたトラック運転手等に対し、当該事故を契機として、事故に遭わなかった従業員の多数が退職等を希望するようになって企業としての事業遂行が困難になった、と主張したものであった。同判決は、同警備会社の警備業務の遂行に中断が生じた原因について、事故を契機として従業員らの多数が危険性のある高速道路警備業務につくことを嫌悪し、退職ないし異動を希望するようになり、そのため余裕があったはずの警備業務態勢が崩壊したという特別事情にあると判断し、そのような事情がなければ同警

備会社は事故当時であっても他の従業員等によって事業の継続が可能であったとして、原判決である京都地判平31・3・26判時2423号89頁（本誌第21号不法行為裁判例の動向〔新堂明子〕[1]で紹介）を取り消し、前記の事情は予見不可能な事情であるから、当該事故と事業遂行ができなくなったことで企業に生じた損害との間に相当因果関係は認められないとした。研究会の議論では、企業損害が問題となった最二判昭43・11・15民集22巻12号2614頁のような事例とは相当異なることが指摘され、本件のような事故が生じた場合における他の従業員らに対する心理的影響が相当因果関係の有無の判断においてどのように評価するかの問題として考えれば、原判決の認定がいささか広すぎたのではないかと思われる。

(4) その他

殺人被告事件について損害賠償命令（犯罪被害者等の権利利益の保護を図るための刑事手続に付随する措置に関する法律32条）が認可（同法37条）されたものとして、[10] 京都地判令元・10・29判時2455号67頁がある。不法行為裁判例として特段目新しいものはない。

3　自己決定権・人格権・人格的利益

(1) 自己決定権

夫婦であった男女が受精卵を凍結保存させていた後に離婚し、別居中の元妻が、元夫の意思を確認しないまま融解胚移植の方法により子を出産した事例において、[11] 大阪地判令2・3・12判時2459号3頁（控訴）は、元夫は移植に同意しておらず、元妻もこのことを容易に認識し得たところであって、元夫の自己決定権が侵害されたとして、元妻の責任を肯定した。他方、クリニックの責任について、元夫は、クリニックにおいて移植に同意しているのか否かの意思確認を慎重に行うべきであったのにこれを怠ったと主張していたが、同意書の署名以外に、元夫に対して直接意思確認すべき義務まではない、なとして、その責任を否定した。

(2) 名誉

週刊誌の記事に関し、公立女子大学が男性であることを理由に入学願書を不受理としたことについて訴訟を提起した男性に関する週刊誌の記事が問題となったものとして、[12] 福岡地判令元・9・26判

時2444号44頁（控訴）（本号不法行為裁判例の研究1〔竹村壮太郎〕で紹介）がある。同判決は、社会的評価の低下を否定して名誉毀損の成立を否定した一方、社会通念上許容される限度を超える侮辱行為に当たるとして名誉感情侵害の成立を認め、55万円及び遅延損害金の限度で損害賠償請求を認容した。

韓国人従軍慰安婦に関する新聞記事の内容が捏造されたものであるとして、その記事を執筆した記者を批判する論文を執筆したことが名誉毀損による不法行為に該当するか否か争われた事案において、[13] 札幌高判令2・2・6判タ1477号48頁（上告、上告受理申立）は、この論文中、記事を捏造した旨の記述は、記者の社会的評価を低下させるものであるが、論文を執筆したジャーナリストにおいて、摘示事実が真実であると信じたことに相当な理由があり、また、上記記者に対する人身攻撃に及ぶなど意見ないし論評としての域を逸脱したものはなく、従軍慰安婦に関する問題は国際的なものであって、論文は公共の利害に関する事実に係るものといえ、上記記者に対する批判について目的の公益性が認められる、などとして、名誉毀損による不法行為の成立を否定して、第一審判決である札幌地判平30・11・9判タ1477号57頁に対する控訴を棄却した。上告審である最二決令2・11・18公刊物未登載も、上告を棄却している。なお、次期対象である東京地判令元・6・26判タ1479号217頁も、同種の論文について別の出版社を被告とするものであり、結論同旨である。

(3) プライバシー

(a) インターネット関連以外のもの

通信教育等を目的とするY会社において管理していた顧客Xの個人情報（10歳に満たない者の氏名、性別、生年月日、郵便番号、住所、電話番号、保護者氏名）について、Y社がシステム開発を委託していたD会社の業務委託先の従業員が不正に取得して外部に漏えいした事案について、最二判平29・10・23判時2351号7頁（本誌第17号注目裁判例研究不法行為2〔加藤新太郎〕で紹介）は、この個人情報がXのプライバシーに係る情報として法的保護の対象になり、この漏えいについてXがそのプライバシーを侵害されたと認め、漏えいについてのY社の過失の有無、Xの精神的損害の有無及びその程度等について更に審理を尽くさせるとして差し戻したところである。その差戻審である [14] 大阪高判令元・

11・20判時2448号28頁（上告・上告受理申立て）は、差戻し前の原判決（大阪高判平28・6・29判時2351号9頁）を変更し、損害賠償を認めた。本判決は、まず、Y社及びD社の漏えいの予見可能性について、Y社及びD社は、執務室内で個人情報にアクセスし得る業務に従事する従業員が、セキュリティソフトによって書出し制御の措置のとられていないMTP対応スマートフォンを執務室内に持ち込んで業務用PCのUSBポートに接続することにより個人情報を不正に取得される可能性があることを認識し得たもので、そのリスクの有無を日常的に調査確認することで、そのリスクのあること及びこれを防止する措置を講ずる必要性があることを認識できたものと認められるとした。そして、本判決は、D社は、MTP対応スマートフォンを執務室内に持ち込んで個人情報に接することのないようにするなど適切な措置を採るべき注意義務を怠っていたといえ、また、Y社は、個人情報提供者から提供を受けた個人情報を適切に管理すべき立場にあるところ、漏えいのリスクを予見できたのに、Y社の管理する個人情報の利用を認めたD社に対する適切な監督義務に違反した結果、Bによる漏えいを生じさせたものと認められるとし、Y社とD社の不法行為は、Y社が保有し、その管理をD社に委託して管理させていた個人情報の漏えいに関するものであって、情報管理義務のあるY社とD社の共同不法行為に当たるとした。また、本判決は、上記の従業員は、故意にXの承諾もないまま個人情報を回収不能なほどに流失させたもので、これは一般人の感受性を基準にしてもその私生活上の平穏を害する態様の侵害行為であるとし、これによるXの慰謝料として1000円が相当であるとした。この点は、差戻し前の原判決が、Xが不快感や不安を抱くことがあるとしても、これを被侵害利益として直ちに損害賠償を求めることはできず、不快感等を超える損害を被ったことについての主張、立証がない、とした点から変更されている。なお、同種の事案が他にも係属していたところであり、前期の東京高判令元・6・27判時2440号39頁（本誌第21号不法行為裁判例の動向〔新堂明子〕[17]で紹介）は、共同不法行為の成立を認めたが、慰謝料額については、実害が発生したとは認められないこと、直ちに被害の拡大防止措置が講じられていること、顧客の選択に応じて500円相当の金券を配布するなどして事後的に慰謝の措置が講じられていることを総合的に考慮して、2000円とし、東京高判令2・3・25公刊物未登載は、慰謝料額について

3000円としている。地裁レベル（上記東京高判令2・3・25の原審である東京地判平30・6・20等）では、慰謝料が発生するほどの精神的苦痛があるとは認められないなどとして請求を棄却していた例もあり、この点の評価は分かれている。

(b)　インターネット関連のもの

今期も、インターネット上に個人に関する情報が掲げられている場合における差止め、削除等を求めた事案に関するものが新たに加わった。人格権としてのプライバシー権に基づく請求と、名誉権に基づく請求とで区別する考え方が、東京及び大阪の両控訴審において示されている点が注目される。

(i)　削除請求

人格権としてのプライバシー権に基づく検索結果の削除に関し、利用者の求めに応じてインターネット上のウェブサイトを検索し、ウェブサイトを識別するための符号であるURLを検索結果として当該利用者に提供する事業者（グーグル）が、ある者に関する条件による検索の求めに応じ、その者のプライバシーに属する事実を含む記事等が掲載されたウェブサイトのURL並びに当該ウェブサイトの表題及び抜粋を検索結果の一部として提供する行為の違法性の有無について、最三決平29・1・31民集71巻1号63頁が示した判断基準に沿った下級審裁判例の集積が続いている。

今期は、Xが有名企業の副社長を恐喝した事件及び同和利権問題を起こした団体の理事であったこと並びに約50年前に元暴力団構成員であったことを示す検索結果が表示されていた事案において、[15]大阪高判令元・5・24判時2452号43頁（上告・上告受理申立て）は、人格権としてのプライバシー権に基づく検索結果の削除請求について、なお社会の関心が薄れていないことなどから直ちに公表の必要性が失われるとまではいえないとして、これを棄却した。なお、この事案では、人格権としての名誉権に基づく検索結果の削除請求もされており、これについては、上記最三決平29・1・31も判断を示していなかったところであるが、本判決は、プライバシー権と名誉権の違いに着目し、検索結果の削除請求は、事後的な差止めではあるが、今後は同様の内容の検索結果を得られなくなるという点で表現行為に対する強い制約となることから、名誉権に基づく差止めに関する最大判昭61・6・11民集40巻4号872頁（北方ジャーナル事件）に準じて判断し、恐喝問題及び同和利権問題により重大な損害を被るとはいえないとして、削除請求を棄却した。もっと

も、研究会の議論では、公職選挙の立候補者に関する雑誌記事についての最大判昭61・6・11に準じた基準（出版の事前差止めについて、その表現内容が真実でないか又は専ら公益を図る目的のものでないことが明白であって、かつ、被害者が重大にして著しく回復困難な損害を被るおそれがあるときに限り、例外的に許されるとするもの）が本件のような事例においても妥当するのか疑問視する意見も出された。

名誉権に基づくインターネット検索結果の削除が問題となった事例として、[16]東京高決令元・7・19判タ1475号59頁（確定）がある。事案は、Yが運営するインターネット情報検索サービス（グーグル）において、インターネット上のショッピングモールを運営するXの名称を入力して検索すると、検索結果の表題（タイトル）及び抜粋（スニペット）には、詐欺等の文言が表示され、検索結果に表示されるURLのウェブサイト（詐欺被害に関する情報を共有するというもの）は、Xとの取引において詐欺の被害に遭ったと訴える者による投稿が多数掲載されていた、というものである。Xは、これらの記載内容がXの名誉権を侵害すると主張して、収集元ウェブサイトに係るURL、表題及び抜粋の仮の削除を求める仮処分を申し立てた。原決定（東京地決平31・4・19判タ1475号63頁）は申立てを却下し、本決定も即時抗告を棄却した。本決定は、検索結果の提供は、検索事業者自身による表現行為という側面を有するものであるし、検索事業者による検索結果の提供は、現代社会においてインターネット上の情報流通の基盤として大きな役割を果たしているから、検索事業者による特定の検索結果の提供行為が違法とされ、その削除を余儀なくされるということは、検索事業者の方針に沿った一貫性を有する表現行為の制約であることはもとより、検索結果の提供を通じて果たされている上記役割に対する制約でもあるとした上、このような検索事業者による検索結果の提供行為の性質を踏まえると、名誉毀損を理由とするURL等情報の削除請求については、原則として、独立の表現行為に当たる検索結果自体に関し、これによる社会的信用の低下が認められるか否かについての名誉毀損該当性を問題とすべきであり、URL情報に基づき更に操作をした結果として表示される個々の具体的投稿自体の名誉毀損該当性が判断の対象となるものではないと解すべきところ、本件では、検索結果と個別の投稿が実質的に一体とみられるような特段の事情は見当たらないとし、仮に、検索結果の削除の可否を判断する上で、収集元

ウェブサイトの投稿内容の名誉毀損該当性を考慮の対象とするとしても、収集元ウェブサイトが詐欺被害に関する情報を共有するといった公益目的のウェブサイトであり、多くの投稿については違法性阻却事由の存在が認められるものである上、Xの指摘する一部の投稿についても、それらは、各投稿者が実際に体験したXとの間のトラブルに基づき、各人の認識している内容等を比較的穏当な表現ぶりで記載したものであって、少なくとも、名誉毀損に該当することが明らかであるとか、権利侵害の程度が高いといった評価をすることはおよそできないとして、検索結果の削除請求が認められる余地はないとした。なお、本決定も、抗告人が引用した前記最三決平29・1・31について、名誉毀損が問題となる本件には適切でない、と述べ、プライバシー権に基づく場合と異なり、収集元ウェブサイトとURL等情報は、原則として、別々の表現行為として、それぞれに削除の可否を検討すべきものと述べている。

また、建造物（旅館の女湯脱衣場）の侵入の逮捕歴を記載したインターネット上のウェブサイトへの投稿記事の削除を、当該ウェブサイトを運営するプラットフォーマー（ツイッター）を被告として請求した事例において、[17]東京高判令2・6・29判時2462号14頁（上告、上告受理申立て）は、事実を公表されない法的利益が投稿記事を一般の閲覧に供し続ける理由に関する諸事情よりも優越することが明らかであるとはいえないとして、削除請求を棄却した。この中で、同判決は、ツイッターが世界で6番目にアクセスの多いウェブサイトであり、官民の著名人・著名企業が情報発信し、その検索機能も重要であり、インターネット上の情報流通の基盤として大きな役割を果たしていると述べた上、投稿内容である事実が軽微な犯罪ではないこと、ツイッター検索の利用頻度はグーグル検索ほどではなく、インターネット上の報道記事は削除され、原告が被害を受ける可能性が低下していることなどなどの諸事情を考慮したものである。

(ii) 損害賠償

[18]松山地宇和島支判令元・9・26判タ1473号161頁（確定）は、インターネット上の電子掲示板への上場会社A社に関する投稿によってA社（医薬品の開発を業とする新興企業）の株価が下落したとして、A社株主Xが、投稿を削除しなかった電子掲示板運営者Y社（インターネット上で、上場企業の株価、財務状況等の投資情報に関するサービスを提供していた）に損害賠償を求めた事案において、上

場会社の株価は、一般に、当該会社の業績、国内外の政治経済情勢等の多くの諸事情を勘案した投資家の判断に基づく株式の需要と供給のバランスによって決まるところ、Y社が提供する電子掲示板のスレッドで利用者が交換する情報は、投資家の判断の一材料となり得るものにすぎず、スレッドへの匿名の投稿に接する投資家は、その信用性を相当程度割り引いて判断の材料とするのが通常であり、問題とされた投稿により株価が下落したとはいえず、株主の権利侵害は認められないとした。

名義人の意図しない電子メールアドレスが伝播した事例に関し、[19] 東京地判平 29・11・21 判タ 1472 号 216 頁（確定）は、ヘッジファンドに所属する X が、その知人 Y において、X のトレーディング業務上のログイン認証に使用するキーワードがその一部となっている電子メールアドレスを、X に無断でソーシャルネットワーキングサービス「LINE」の入会手続において使用したことにより、この電子メールアドレスの一部と同一の文字列から成るキーワードが不特定多数の者の目に触れる状態になったため、認証方法の変更等を余儀なくされて精神的苦痛を被った、とされた事案において、Y において、X のニックネーム、そのニックネームのアルファベット表記及びメールアドレスを第三者に対して秘匿すべき義務までは負っておらず、Y が前記手続で X の電子メールアドレスを入力したことも単なる誤入力である、などとして、Y の行為は違法な行為であるとはいえない、などとして、不法行為の成立を否定した。

(4) その他の人格権

周辺住民らが、人格権から導かれる法的権利であるとする「まちづくり権」、「自然文化環境享受権」、「平穏生活権」等を根拠として、開発工事の差止め等を求めた事案において、[20] 神戸地尼崎支判令元・12・17 判時 2456 号 98 頁は、これらについて、権利性を有し、これに基づく工事の差止め等が認められるというためには、土地所有者が有する所有権等の権利を制約するものであることに鑑みても、権利として客観的に認知されており、その内容や効力が及ぶ範囲、発生の根拠、権利主体などについて、一義的な判断を下すことができる程度の明確な実体を有するものである必要があるなどとし、法的な権利性を有するものとは認められないなどとして、請求を棄却した。これは、最一判平 18・3・30 民集 60 巻 3 号 948 頁と同様の枠組みに立つものである。

4 説明義務・適合性原則

ソーシャルレンディング（インターネットを用いてファンドの募集を行い、投資者からの出資を、ファンド業者を通じて企業等に貸し付けるもの）の仲介業者による投資の勧誘が不法行為に該当するとされた事例として、[21] 東京地判令 2・6・30 金判 1599 号 18 頁（控訴）は、ホームページにおいて「分散投資」との表示をして匿名組合の出資持分の取得が勧誘されていたところ、その記載内容等からすれば、これを閲覧した一般の投資家は、信用リスクを分散するために複数の多様な投資対象案件が用意されており、その中から投資先を選ぶことが可能であるという意味に理解するものと認められるとした上、実際には、出資金の大部分が経済的一体性を有するグループ会社に貸し付けられていたなどの事実関係のもとにおいては、信用リスクが分散されていなかったと判示し、「分散投資」との表示は、真実に反し、投資家に誤解を与えるものであったとし、さらに、仲介会社が、当初から大部分の資金をグループ会社に融資する計画であったことを認定し、故意で上記のような表示を行ったと判断し、上記勧誘は不法行為に該当する、とした。同判決は、過失相殺の主張も排斥している。

5 専門家責任

(1) 弁護士

弁護士が第三者の代理人として刑事告訴をし、訴えを提起した行為の不法行為該当性が争われたものとして、[22] 東京地判令元・10・1 判時 2448 号 93 頁（確定）がある。事案は、弁護士 X が、ブログにおいて、A 社の事業には実体がなく、資金提供を持ちかけられてもそれは詐欺話であると指摘したことについて、弁護士 Y が告訴及び X に対して損害賠償請求訴訟を提起したことが問題とされた。同判決は、刑事告訴について、弁護士は法律の専門家として告訴に主体的に関わり、事実関係を十分調査し、証拠を検討した上で告訴の当否を第 1 次的に検討する立場にある以上、犯罪の嫌疑をかけることを相当とする客観的根拠を自ら確認した上で告訴状を提出すべき注意義務を負うとした上で、Y において、X に犯罪の嫌疑をかけることを相当とする客観的根拠の有無を確認すべき注意義務を怠った過失は認められないとし、また、訴えの提起について、最三判昭

63・1・26民集42巻1号1頁の枠組みに沿い、A社の事業に係る契約書や協定書等を受領していたYについて、事業に実体がないことを見抜くことができなかったとしてもやむを得なかったとして、いずれもYの不法行為責任を否定した。

(2) 司法書士

登記申請における実体的権利関係に問題がある場合の司法書士の専門家責任について、近年下級審判決が続いていた（最近のものとして、①東京高判平30・9・19判時2392号11頁。本誌第19号取引裁判例の動向〔熊谷士郎〕[5]、不動産裁判例の動向〔伊藤栄寿〕[14]及び不法行為裁判例の動向〔前田太朗〕[7]で紹介）、②東京高判令元・5・30判時2440号19頁。本誌第21号取引裁判例の動向〔中野邦保〕[28]、不動産裁判例の動向〔松尾弘〕[14]及び不法行為裁判例の動向〔新堂明子〕[26]で紹介。原審東京地判平30・9・13判時2440号27頁）。

[23] 最二判令2・3・6民集74巻3号149頁（本号不動産裁判例の研究〔伊藤栄寿〕で紹介）は、司法書士について注意義務違反があるとした原審（上記①判決）の判断に違法があるとした。

同判決は、まず、「登記申請等の委任を受けた司法書士は、その委任者との関係において、当該委任に基づき、当該登記申請に用いるべき書面相互の整合性を形式的に確認するなどの義務を負うのみならず、当該登記申請に係る登記が不動産に関する実体的権利に合致したものとなるよう、上記の確認等の過程において、当該登記申請がその申請人となるべき者以外の者による申請であること等を疑うべき相当な事由が存在する場合には、上記事由についての注意喚起を始めとする適切な措置をとるべき義務を負うことがあるものと解される。」とした。そして、同判決は、「上記義務は、委任契約によって定まるものであるから、委任者以外の第三者との関係で同様の判断をすることはできない。もっとも、……、登記申請の委任を受けた司法書士は、委任者以外の第三者が当該登記に係る権利の得喪又は移転について重要かつ客観的な利害を有し、このことが当該司法書士に認識可能な場合において、当該第三者が当該司法書士から一定の注意喚起等を受けられるという正当な期待を有しているときは、当該第三者に対しても、上記のような注意喚起を始めとする適切な措置をとるべき義務を負い、これを果たさなければ不法行為法上の責任を問われることがあるというべきである。」とした。詳細は前記研究に譲る。

上記最高裁判決に先立つものとして、前件の登記手続を代理する別の司法書士がいるときの、後件の登記手続を代理する司法書士の注意義務の範囲が問題とされた事例として、[24] 東京地判令2・1・31金法2152号69頁（控訴）がある。同判決は、前件の登記手続を代理する司法書士がいる場合においては、前件の登記手続書類の真否等については前件の登記手続を代理する司法書士が一定の場合に調査確認すべき義務を負っており、後件の登記手続のみを代理する司法書士については、前件の登記手続について何らかの代理を受けているわけではないのであるから、そのような特段の委任を受けている場合を除いて、前件の登記手続を代理する司法書士と同様に前件の登記手続書類の真否等について調査確認すべき義務を負うと解するのは相当とはいえないが、連件登記申請においては、前件登記が何らかの理由で実現しない場合、後件登記申請についても却下されるなど登記が実現できないという関係に立つのであり、前記司法書士に求められる専門性及び使命にも鑑みると、一定の場合においては、その例外も認められるものと解さざるを得ないことから、「登記手続が連件登記申請の方法により行われる場合において、前件の登記手続を代理する別の司法書士がいるときは、後件の登記手続を代理する司法書士は、原則として、前件の登記手続書類について必要な書類が揃っているか否かを形式的に確認するという義務を負うにとどまるが、前件の登記手続を代理した司法書士が、その態度等からおよそ司法書士としての職務上の注意義務を果たしていないことを疑うべき事情等の特段の事情がある場合については、例外的に、前件の登記手続書類の真否等について調査確認すべき義務を負うと解するのが相当である。」と述べた上、この事案において、司法書士としての職務上の注意義務を果たしていないと疑うべき事情があるとは認められず、その他の事情を考慮しても、特段の事情があると認められないから、前件登記に関する書類の真否確認等について、調査確認すべき義務を負わない、とした。

また、不動産の所有者になりすまして他人の土地の売却代金をだまし取る、いわゆる地面師による詐欺行為が行われた事案において、司法書士が本人確認情報提供制度の資格者代理人（不動産登記法23条4項1号）として登記官に対して本人確認情報の提供をしたことについて、本人確認義務違反の有無が問題となった事例において、[25] 東京地判平31・2・26判タ1474号228頁（確定）は、資格者代理

人が登記申請人である者と面識がない場合に負うべき本人確認義務の内容について、原則として、同号の規定を受けた不動産登記規則72条2項に定められた方法による本人確認を行えば足りるとしつつも、本人確認情報提供制度の趣旨を踏まえ、登記申請人になりすまし等を疑うに足りる事情がある場合には、資格者代理人が本人確認のための更なる調査を行うべき注意義務を負うとした上で、具体的事情（印鑑登録証明書の問題点、売買代金の振込先、送金事務及び関係書類の所在に関する問題点、所有者のゴム印がないこと）を考慮し、上記司法書士について、登記申請人の言動に不審かつ不自然と気付くべき点が多数存在したのであるから、登記の申請の代理業務を行うに当たり、なりすましを疑うに足りる事情があったというべきであり、本人確認のための更なる調査を怠った過失があるとして、損害賠償責任を認めた。

なお、司法書士の本人確認義務について、加藤新太郎『司法書士の専門家責任』（弘文堂、2013年）181頁以下参照。

6 取引・契約に関わる不法行為

(1) 契約締結上の過失

[26] 札幌高判令元・9・3判タ1473号33頁（確定）は、商業地区にある建物を利用してドラッグストアを営もうとする法人Yが同建物で店舗を営んでいた所有者X（法人）と同建物の賃貸借契約締結に向けて交渉をしていたが、最終的にYの内部決裁が得られず契約締結に至らなかった場合において、「契約法を支配する信義誠実の原則は既に契約を締結した当事者のみならず、契約締結の準備段階においても妥当するものであり、当事者間において契約締結の準備が進捗し、契約締結交渉が大詰めに至って、形式的作業を残すのみになり、相手方において契約の成立が確実なものと期待するに至った場合には、このような期待を保護する必要があり、その一方当事者としては相手方の期待を侵害しないよう誠実に契約の成立に努めるべき信義則上の義務がある。正当な理由なく、契約の成立を妨げる行為をして交渉の相手方に損害を生じさせた場合には、不法行為を構成するというべきである」との一般論を示した上、Yの行為について、「本件契約締結に向けて誠実に交渉を継続したとはいい難いし、本件建物の引渡しの中止や本件賃料保証条項の見直しの求めには正当な理由があったとも認められない」との評価に基づ

き、それまでの交渉経緯に照らし、正当な理由なく契約の成立を妨げる行為をしてXに損害を生じさせたとして不法行為に基づく損害賠償責任を負うとした。

(2) 建物設計における瑕疵

建物の建築において瑕疵が存在した場合において設計監理又はその施工等の責任が問題となった事例が、今期は3例ある。東北地方太平洋沖地震を契機として建築上の瑕疵が問題とされる例も続いており、このうち2例がこれに当たる。

[27] 東京地判平31・3・29判タ1477号211頁（控訴）は、設計業務を受託した一級建築士が設計業務の一部である構造設計を第三者に再委託した場合の構造設計瑕疵について、この一級建築士が、建物の建築に携わった設計者であり、一級建築士として構造計算書の表紙に記名押印するなど、構造計算にも関与してその責任を負うべき立場にあった以上、本件において問題とされた瑕疵についても構造計算をしてその構造的安全性を確認する義務を負っていたと認められるのに、これらについて構造計算をすることもなく、漫然と本件建物に係る確認申請をしたことから、本件建物に建物としての基本的な安全性が欠けることのないように配慮すべき注意義務を怠ったとして、不法行為責任を認めた（設計に関する債務不履行責任及びその約款上の除斥期間の定めの解釈に関して、本号取引裁判例の動向〔平林美紀〕[22]に委ねる）。

同地震によりゴルフ場ロッジ棟が半壊したことについて、[28] 東京地判平31・3・13判タ1477号226頁（控訴）は、その原因に関し、建物の基礎の一部が埋土にとどまっていたことが建物の基本的な安全性を損なう瑕疵に該当し、設計施工の担当者に土質を確認して基礎が埋土にとどまる事態を回避する義務の懈怠があるとして、ゴルフ場経営者のロッジ棟の設計施工者に対する不法行為の存在を認定した。なお、控訴審判決である東京高判令2・1・30公刊物未登載は、瑕疵の存在を認めず、控訴を棄却したようである。消滅時効について後記参照。

また、同地震により建物の車路スロープが崩落したことによる死亡事故に関して同建物の建設工事に関わった各立場の者の不法行為責任が問題となったものとして、[29] 東京地判令元・6・7判時2450＝2451号34頁（控訴）は、店舗と車路スロープとの接合部の変位差の増大及び整合部の脆弱性の双方の原因が競合して事故が発生したと認定した上、建

物の構造設計監理者及び意匠設計監理者について、設計の齟齬や工事監理の範囲等の調整を怠ったことについての不法行為責任を肯定した一方、施工者の不法行為責任については、設計上の問題点を認識することは困難であったとして否定するとともに、施主の店舗建設担当者が事故の発端を作り、構造設計管理者及び意匠設計管理者が注意義務違反を犯しやすい環境を作ったとして、4割の過失相殺をした（求償権及びその消滅時効について後掲）。

(3) 競争上の不法行為の成否

LPガス供給業者の切替え営業について紛争が起こることは長年続いている。不法行為該当性が問題とされたものとして、[30] 東京地判平30・5・10判タ1473号228頁（控訴、東京高判平30・10・25公刊物未登載において控訴棄却）がある。LPガスの供給、販売等を行うX会社が、建物にLPガスを供給していたところ、同じくLPガス供給事業を営むY会社が、建物所有者の了承の下でXの設置したLPガス供給設備を撤去し、代わりに別のLPガス供給設備を設置するという切替工事をした、という事案である。同判決は、Xが主張するLPガス供給上の地位が建物管理者との間での債権的なものにすぎず、競争相手であるY等の第三者に対してまでその主張する法的利益に対する侵害の回復を求めるものではないことを理由に、Yらに不法行為責任が成立するためには、この切替工事が自由競争を逸脱するような違法、不当なものであることが必要であるとした上、①切替工事の実施状況、②切替工事に至る経緯、③Yの営業活動の態様を指摘して、「Yによる切替工事は、自由競争を逸脱する違法、不当なものとはいえず、これがXに対する不法行為に該当するということはできない」として、不法行為責任を否定し、また、不公正な取引方法としての「競争者に対する取引妨害」（私的独占の禁止及び公正取引の確保に関する法律2条9項6号ヘ、一般指定14項）に当たらないとした。

(4) 販売方法の適合性

[31] 大阪高判令元・12・25判時2453号23頁（確定）は、高額な天珠と称する商品（天然石であるメノウを原材料として模様を染み込ませて焼成させた商品）を、短期間に6回にわたって購入させた販売店長等の販売行為等について、原判決（大阪地堺支判令元・5・27判時2435号62頁は、本誌第21号取引裁判例の動向〔中野邦保〕[40]及び不法行為裁判例の動向〔新堂明子〕[35]で紹介）が不法行為を認めた判断を変更して不法行為を否定するとともに、原判決が不法行為を否定した判断の一部を変更して不法行為を認め、最初の2回は違法な勧誘行為等によるものとは認められないが、3回目以降の取引については、商品に関心を持つ気持ちに付け入って、自己の支払能力についての判断能力が低下していることに乗じて、販売店が勧めるクレジットカードを利用して商品を購入させることを繰り返し、既に代金の支払能力を超える債務を負っていることを認識しながら、その後も、医師が経を聞いて強い力を持っているなどと虚偽を告知したり、商品の価格が400万円であると説明しつつ100万円で契約を成立させるなどの社会的相当性を欠く販売方法で商品取引を行ったとして、不法行為の成立を認めた。

7 会社関係

有価証券報告書等の金融商品取引法上の開示書類に虚偽記載等が存すること等を理由とする損害賠償請求について、最三判平23・9・13民集65巻6号2511頁、最三判平24・3・13民集66巻5号1957頁、最二判平24・12・21判タ1386号169頁を始めとして、裁判例が集積されていたところであるが、今期は、虚偽記載の可能性があることを警告していた事案についての下級審の判断が加わった。[32] 大阪地判令2・3・27判時2455号56頁（確定）は、上場株式の発行者が、公衆の縦覧に供されている有価証券報告書等に関し、従前の会計処理について問題が判明したこと及び過年度決算修正の可能性があることなどの虚偽記載等が存する可能性があることによる株価下落のリスクを一般投資家にあらかじめ警告していたとの認定を前提として、流通市場における同株式の取得者が、上記の株価下落のリスクを引き受けており、現実に生じた損害は上記の株価下落のリスクが現実化したものであるとして、同株式取得者の主張する虚偽記載等と株価下落による損害との相当因果関係を否定した。

差押命令により差し押さえられた振替株式が、民事執行規則150条の7に規定する譲渡命令又は売却命令を得ないまま換価されたことが問題とされた事例として、[33] 東京地判令2・3・18金法2151号67頁（控訴）は、証券会社Xの開設する加入者（顧客）の取引口座に保有された振替株式に対する差押命令を受けた差押債権者Yが、譲渡命令又は売却命

令を受けないままＸに対して上記振替株式の売却及び売却代金の振込みを依頼し、Ｘが譲渡命令等によることなく上記振替株式を売却し、Ｙに対して売却代金等を支払ったところ、後にＸがＺから無断売買を主張され、金員を支出して株式を買い戻したとの事実関係のもとで、Ｘは、Ｙの行為により、民事執行法上、差し押さえられた振替株式の換価は、譲渡命令等によらなければならないのに、Ｙから本件各差押命令に基づく取立てを受けたものとして、本件売却をしたものといえ、また、Ｙは、Ｘが譲渡命令等によらずに株式を売却すれば、Ｚとの関係で法的責任を負うなどの不利益を被る可能性があることを容易に予見し得たにもかかわらず、譲渡命令等を得ることなく、Ｘに対し株式の売却を求める依頼を行い、これによりＸにＺとの関係で無断売買に当たる売却をさせたものであり、以上のような依頼は、取立権の行使名下に、Ｘによる株式の無断売買行為を過失により教唆した点において違法であり、不法行為を構成するとして、差押債権者ＹのＸに対する不法行為責任を認めた。その上で、同判決は、Ｘが買戻しにより支出した買戻代金等は、Ｙの不法行為と相当因果関係のある損害であると認められるが、Ｘが上記損害を被ったことについてはＸにも過失があり、ＸとＹの過失割合は５対５と認めるのが相当である、とした。

前掲[3]東京地判平31・4・26金法2142号57頁は、取締役及び監査役が会社の事業を第三者に売却し、その代金を領得したことが当該会社に対する不法行為に該当するとされた（使用者責任について後掲）。

8　学校関係等

(1)　学校

防衛大学校の元学生が、在校中に上級生や同級生から暴行、強要、いじめ等の行為を受けたことについて防衛大学校の組織上の安全配慮義務の違反や教官らの安全配慮義務の違反が問題とされた事例判断として、[34]福岡地判令元・10・3判時2455号16頁（控訴）がある。同判決は、防衛大学校における学生間指導の特殊性に着目し、教官らが常に個別の学生間指導に介入する組織的体制を構築する義務を負うものでなく、予見可能性もなかったなどとして、国の安全配慮義務違反を否定した。もっとも、控訴審判決である福岡高判令2・12・9公刊物未登載（今期対象外）は、原判決を変更し、国の安全配慮義務違反を認め、損害賠償を命じた。

(2)　保育園

3歳の保育園児が雲梯で遊戯中に頸部が雲梯に挟まれて死亡した事故に関して、園長、担任保育士及び保育所を運営する法人に対して賠償請求がされた事案において、[35]高松地判令2・1・28判時2458号93頁（確定）は、雲梯の危険を解消することなく放置していたとして保育所を運営する法人の組織体としての過失責任を認めたが、園長（就任後2日目に発生した事故であった）及び担当保育士（動静把握義務違反までは認められない）の過失は否定した。

(3)　課外行事

法人が主催するキャンプ行事において、川遊びに参加した児童が溺死した事故について、[36]佐賀地判令元・12・20判時2460号76頁（控訴）は、川遊びが予定されていた場所は流れが早くなる場所、水深が2メートルを超える場所もあるなど溺水の可能性のある危険な場所であって、大人が全員で参加児童を監視することになっていたものの、同法人のスタッフ1名において、監視体制が整っていることを確認しないまま、児童が川遊びをするのを制止せずに、漫然と浮き輪を膨らませる作業を継続し、自ら監視にも当たっていなかったことについて、注意義務違反があるとして、同法人の使用者責任を認めた。

(4)　試験事務

能力検定試験に関するものとして、試験中にトイレに行く目的で途中退室をした場合の再入室を認めない受験ルール及び試験開始後一定時間が経過するまでは途中退室自体を認めない受験ルールの定めがあったため、途中退室の機会が違法に制限されたと主張された事案において、[37]東京地判平31・1・10判タ1473号217頁（確定）は、受験ルールの定め方については、事柄の性質上、試験実施者が広い裁量を有しており、いずれも試験実施者に委ねられた合理的な裁量の範囲内にあるとして、これらの機会を違法に制限されたと主張する受験者の試験実施者に対する債務不履行及び不法行為に基づく損害賠償請求がいずれも棄却された。

9　安全配慮義務

工場勤務中のアスベスト等による被害に関し、なお裁判例の集積が続いている。[38]大阪高判令元・

7・19判時2448号5頁（確定。本誌第20号環境裁判例の動向〔大塚直＝越智敏裕〕[2]及び第21号労働裁判例の動向〔沢崎敦一〕[56]で紹介済み。原判決である神戸地判平30・2・14判時2377号61頁は、本誌第18号不法行為裁判例の動向〔白石友行〕[56]、本誌第21号労働裁判例の動向〔沢崎敦一〕[55]で紹介済み）がある。事案は、タイヤの製造工程で使用するタルクに含まれるアスベスト等が原因で従業員らが肺がんや中皮腫を発症したというものであった。本判決は、原判決が因果関係を否定した者を含め、アスベストに大量に曝露されたとし、原発性肺がんとの間に因果関係を認め、タイヤ製造業者の当該従業員らに対する安全配慮義務違反及び不法行為に基づく請求を認めた（消滅時効の援用に関して後記）。

遊園地内のゴーカート場で、カートに乗車して待機中、小学校高学年程度の児童が運転するカートに追突され、頚椎捻挫及び腰椎捻挫等の傷害を負った事故について、[39] 福岡地判令2・3・17判時2460号84頁（控訴）は、遊園地を経営する会社について、運転に不慣れな子供が操作することによって追突事故が発生し得ることは十分に予見でき、すべての利用者に対し、利用契約上の義務として、追突事故の発生を防止する措置を講じ、利用者の生命及び身体を危険から保護する義務を負っており、発進地点から約3.4メートル後方で周回を終えたカートを停止させるという運用が、ブレーキとアクセルの踏み間違いによる追突事故を防止するには不十分であって、事故防止のための措置を怠ったとして不法行為責任を認めた。

10　特殊不法行為

(1)　土地工作物責任

東北地方太平洋沖地震により建物の車路スロープが崩落した事故に関し、土地工作物責任者の過失が競合する場合について、前掲 [29] 東京地判令元・6・7は、土地工作物責任者の過失が競合する場合、土地工作物責任者と損害の原因につき他に責任を負う者との間の求償関係が、共同不法行為者間の求償関係に類似し、不当利得返還請求権に準ずる性質を有することを理由に、各責任者の負担部分の限度で行使することができるとし、施主に4割の過失相殺をした上で、意匠設計及び監理の統括会社の責任を1割5分、設計変更前の構造設計及び構造監理の一部の担当会社の責任を2割、設計変更後の構造設計及び構造監理の一部の担当会社（及びその代表取締役）

の責任を2割5分とした。

(2)　使用者責任

使用者責任が認められたものとして、前掲 [3] 東京地判平31・4・26は、取締役及び監査役が会社の事業を第三者に売却し、その代金を領得した事案において、3社の出資により設立された合弁会社に、当該出資をした会社の意向を反映させるため当該出資会社の従業員としての身分を保有したまま当該合弁会社の取締役及び監査役に就任した者の不法行為について、当該出資会社は使用者責任を負うとされた（取締役及び監査役が、上記合弁会社に、当該出資会社から派遣された従業員であること、上記合弁会社の経営は出資した3社が共同で行うものとされていたことから、取締役及び監査役は上記合弁会社の利益を代表する権限を有していたとして、本件譲渡契約の締結及びその代金の受領は上記合弁会社の従業員としての職務権限の範囲内であるとした。上記合弁会社が非常に小規模で、出資会社がその意向により当該合弁会社を経営するために従業員を取締役及び監査役に就任させたというやや特殊な事情があった）。

被用者が使用者の事業の執行について第三者に加えた損害を賠償した場合における被用者の使用者に対する求償（いわゆる逆求償）に関し、かねてから学説でも活発な議論がされてきたところであるが、[40] 最二判令2・2・28民集74巻2号106頁が最高裁としての初の判断を示した。

事案は、Xの被用者であったYが、Xの事業の執行としてトラックを運転中に起こした交通事故に関し、第三者に加えた損害を賠償したことにより、Yに対する求償権を取得したなどと主張して、Yに対し、求償金等の支払を求めた、というものである。

同判決は、「民法715条1項が規定する使用者責任は、使用者が被用者の活動によって利益を上げる関係にあることや、自己の事業範囲を拡張して第三者に損害を生じさせる危険を増大させていることに着目し、損害の公平な分担という見地から、その事業の執行について被用者が第三者に加えた損害を使用者に負担させることとしたものである。このような使用者責任の趣旨からすれば、使用者は、その事業の執行により損害を被った第三者に対する関係において損害賠償義務を負うのみならず、被用者との関係においても、損害の全部又は一部について負担すべき場合があると解すべきである。」とした上、使用者が第三者の被った損害を賠償した場合と被用者が第三者の被った損害を賠償した場合とで、使用

者の損害の負担について異なる結果となることは相当でない、として、被用者が使用者の事業の執行について第三者に損害を加え、その損害を賠償した場合には、被用者は、使用者の事業の性格、規模、施設の状況、被用者の業務の内容、労働条件、勤務態度、加害行為の態様、加害行為の予防又は損失の分散についての使用者の配慮の程度その他諸般の事情に照らし、損害の公平な分担という見地から相当と認められる額について、使用者に対して求償することができる、とした。本判決の結論については、既に、最一判昭51・7・8民集30巻7号689頁が、使用者が賠償して被用者に求償した事案において、求償が可能なのは上記の諸事情に照らし損害の公平な分担という見地から信義則上相当と認められる限度であると判示していることとの関連でいえば、使用者と被用者との損害負担の結果を統一させておくものであると考えられる。

なお、菅野博之裁判官及び草野耕一裁判官の原審に差し戻した趣旨に関する補足意見並びに三浦守裁判官の貨物自動車運送事業に関し被用者が使用者に対して求償することができる額の判断に当たり考慮すべき点についての補足意見がある。この中では、使用者において保険によるリスク対応が可能であることから、被用者の負担を低減させる観点が示されている。

(3) 責任無能力者の監督義務者の責任

統合失調症等の精神疾患があった者Aが、その居住するマンションの非常階段において、管理人を突き飛ばして転落死させた事案において、Aの両親について714条1項の法定の監督者又はそれに準ずべき者として負う監督義務の違反の有無が問題となったものとして、[41] 大分地判令元・8・22判時2443号78頁（控訴）がある。同判決は、この両親について、精神福祉法上の自傷他害防止監督義務や保護者制度が廃止されたことを踏まえ、法定の監督義務者に当たるということはできないとし、また、Aと共同生活を送っていたことをもってAを見守る監督義務もなく、両親が、施設への入所を勧める医師の提案を拒否し、Aの帰宅を希望したことによって同項の監督義務者に当たると解すべき根拠はないとした上、法定の監督義務者に準ずべき者に当たるか否かについても、Aの行動について、両親ら以外の者に対する暴力が認められず、本件のような突発的な暴力行為に出る可能性は抽象的なものにすぎないことなどから、「第三者に対する加害行為の防止

に向けてその者が当該責任無能力者の監督を現に行いその態様が単なる事実上の監督を超えているなどその監督義務を引き受けたとみるべき特段の事情」（最三判平28・3・1民集70巻3号681頁）が認められないとして、その損害賠償責任を否定した。

11 交通事故・自動車損害賠償保障法

[42] 札幌高判令元・9・3判タ1472号77頁（確定）は、求心性視野狭窄の障害により両眼の視野がいずれも10度以内であった自動車運転者Yが、信号機による交通整理が行われ、横断歩道が設置されている交差点において、赤色信号から青色信号に変わったため自動車を発進させた際、右方の確認を怠り、進路前方に設置された横断歩道上を横断してきたAの自転車に衝突させる交通事故を発生させ、Aを死亡させた事案において、Yは、横断歩道の距離が約25メートルと比較的長いものであることから、Yの対面信号が青色に変わった後も横断歩道を横断しきれない通行者がいる可能性を容易に認識することができたこと、Yは、求心性視野狭窄の影響により視野が非常に狭い状態であえて運転する以上、このことを踏まえ、自らが認識している視野外へ強いて目を向けるなど、細心の注意を払って、前方の横断歩道上を通行する者の確認を行うべきであるのに、これを怠ったといえること、Yの位置からは客観的に見てAの発見が困難であったとはいえないことを考慮し、Aの過失を2割、Yの過失を8割とするのが相当と判断した（原審である旭川地判平30・11・29判タ1472号80頁と同旨）。

12 過失相殺

建設工事において隣地の建物に損傷が生じた場合における損害賠償が問題になったものとして、[43] 東京地判平31・3・8判タ1475号193頁（確定）がある。事案は、施工業者の工事により、隣地建物（X所有）の屋内排水管と屋外埋設塩ビ管の接合部の沈下・破断が生じ、排水が阻害されて汚水が逆流し、補修を要することになったというものである。本判決は、その因果関係を認め、施工業者の過失を認めた。もっとも、施工業者に埋設塩ビ管を補強するまでの義務は認められないとして、損害から埋設塩ビ管補強工事費用を控除した上で、さらに、Xが排水管の定期的な洗浄をしていれば、早期に汚水逆流の原因を認識、対応し、汚水処理及び破損部修理等費

用並びに建物賃借人への補償費用を軽減することが可能であったこと、X所有建物排水管接合部の強度に問題があり、この問題がなければ上記の沈下・破断が避けられた可能性が高いことを考慮し、722条2項の適用又は類推適用により5割減額された。

13　消滅時効・除斥期間

家屋の評価の誤りに基づき固定資産税等の税額が過大に決定されたことによる損害賠償請求権の除斥期間の起算点について、[44] 最三判令2・3・24 民集 74 巻 3 号 292 頁が出された。同判決は、「(1)……家屋に係る固定資産税等は、年度ごとに、当該年度の初日の属する年の1月1日を賦課期日として、納税義務者である当該家屋の所有者に課されるものであり、各年度の固定資産税等は、原則として基準年度の登録価格を課税標準として、その税額を確定する賦課決定がされ、課税標準額、税率、税額、納期等を記載した納税通知書が所有者に交付されることにより、所有者にその具体的な納税義務が生ずることとなる。……ある年度の家屋の固定資産税等の税額が過大に決定されて所有者に損害が生じた場合に、その原因が、手続の過程におけるいずれかの行為（……）に過誤があったことに求められるときには、過誤のあった当該行為が故意又は過失により違法に行われたものであるということができれば、当該一連の手続により生じた損害に係る国家賠償責任が生ずるものということができる。(2) 他方において、上記の手続のうち家屋の評価に関して誤りが生ずると、……当該誤りがその年度における価格決定や賦課決定だけでなく翌基準年度における評価等にも影響を及ぼし、将来における過大な固定資産税等の賦課という結果を招くおそれが生ずるということはできるものの、その後の手続において課税庁の判断等により当該誤りが修正されるなどすれば、過大な固定資産税等が課されることはなく、所有者に損害は発生しないこととなる。また、当該誤りが生じた後に所有者に変更があれば、過大な固定資産税等を課されて損害を受ける者も変わることとなる。このように、当該誤りが生じた時点では、これを原因として実際に過大な固定資産税等が課されることとなるか否か、過大な固定資産税等を課されて損害を受ける者が誰であるかなどは、なお不確定であるといわざるを得ない。そして、当該誤りが修正されるなどすることなく手続が進められ、これに基づいてある年度の固定資産税等につき賦課決定及び納税

通知書の交付がされて初めて、これを受けた者が当該賦課決定の定める税額につき納税義務を負うことが確定することとなる。

そうすると、固定資産税等の賦課に関し、その税額が過大であることによる国家賠償責任が問われる場合において、これに係る違法行為及び損害は、所有者に具体的な納税義務を生じさせる賦課決定等を単位として、すなわち年度ごとにみるべきであり、家屋の評価に関する同一の誤りを原因として複数年度の固定資産税等が過大に課された場合であっても、これに係る損害賠償請求権は、年度ごとに発生するというべきである。そして、ある年度の固定資産税等の過納金に係る損害賠償請求権との関係では、被害者である所有者に対して当該年度の具体的な納税義務を生じさせる賦課決定の効力が及んだ時点、具体的には納税通知書の交付がされた時点をもって、除斥期間の起算点である「不法行為の時」とみることが相当である。」とした。

前掲 [28] 東京地判平 31・3・13 は、ゴルフ場経営者のロッジ棟の設計施工者に対する不法行為に基づく損害賠償請求等について、遅くとも基礎底面の一部が埋土層にとどまることをゴルフ場経営者において認識した日の翌日から消滅時効期間が進行するとの前提の下、本件において既に消滅時効期間が経過しており、設計施工者の時効援用が信義則違反又は権利濫用に該当するとまではいえないとして、請求を棄却した。

前掲 [38] 大阪高判令元・7・19 は、使用者が従業員らに対して負う損害賠償債務について消滅時効を援用することについて、従業員が一定の証拠を揃えて訴訟上損害賠償請求権を行使することが容易ではないこと、使用者において、安全配慮義務に関する団体交渉の申入れを拒絶するなどの不適切な対応があり、それにより本件における石綿粉じん又はタルク粉じんへの曝露の実態の解明が遅れ、早期に適切な救済を受けることを困難ならしめたことなどの事情を指摘し、使用者の消滅時効の援用が権利濫用に該当するとした。

建物の車路スロープが崩落した事故に関し、土地工作物責任者の過失が競合する場合における各責任者間の求償について、前掲 [29] 東京地判令元・6・7 は、損害賠償を現実に行った時又は他に責任を負うべき者が明らかになった時のいずれか遅い時点から 10 年とし、724 条の類推適用を否定して消滅時効の完成を否定した。共同不法行為者間の求償権行使に類似するものと考えられる。

14　国家賠償法

(1)　国家賠償法 1 条
(a)　刑事施設関係

刑事施設の長が死刑確定者と再審請求弁護人又は処遇関係国家賠償請求訴訟代理人である弁護士との面会に刑事施設の職員を立ち会わせたこと（刑事収容施設及び被収容者等の処遇に関する法律 121 条）の適否が問題とされる事例は跡を絶たない。既に、最三判平 25・12・10 民集 67 巻 9 号 1761 頁が「死刑確定者又は再審請求弁護人が再審請求に向けた打合せをするために秘密面会の申出をした場合に、これを許さない刑事施設の長の措置は、秘密面会により刑事施設の規律及び秩序を害する結果を生ずるおそれがあると認められ、又は死刑確定者の面会についての意向を踏まえその心情の安定を把握する必要性が高いと認められるなど特段の事情がない限り、裁量権の範囲を逸脱し又はこれを濫用して死刑確定者の秘密面会をする利益を侵害するだけでなく、再審請求弁護人の固有の秘密面会をする利益も侵害するものとして、国家賠償法 1 条 1 項の適用上違法となる」と示しているところであるが、今期はこの基準に従って、上記の特段の事情がなく、違法とされたもの（[45] 東京地判平 30・12・7 判タ 1473 号 138 頁（控訴、東京高判令元・7・31 公刊物未登載が控訴棄却、最一決令 2・6・25 公刊物未登載が上告棄却、上告不受理））がある。また、被収容者が雑誌等を他の者に交付（いわゆる宅下げ）について、刑事施設の長がその申請（刑事収容施設及び被収容者等の処遇に関する法律 50 条）を許さないことがあり、この処分について争われる事例も跡を絶たないが、これが違法とされたもの（[46] 仙台地判令 2・5・13 判時 2457 号 9 頁確定））がある。

[47] 東京地判令元・8・9 判時 2450 = 2451 号 78 頁（控訴）は、拘置所に収容されている受刑者が慢性骨髄性白血病により死亡したことについて、拘置所の医師らに、この受刑者に投与する薬剤を変更する注意義務違反はなかった、として国家賠償請求を棄却した。

(b)　検察・警察関係

警察官による逮捕及び検察官による勾留請求並びに警察官による取調べの各違法性が問題とされた事例において、[48] 大阪高判令 2・6・11 判時 2456 号 53 頁（確定。なお、原審である京都地判令元・9・25 判タ 1479 号 102 頁は、次期対象）は、前者につい

ては、犯罪の嫌疑があると判断したことにつき、合理的根拠が客観的に欠如していることが明らかであるということはできないとし、後者については、社会通念上相当な範囲を逸脱し、黙秘権及び弁護人選任権を侵害するような方法ないし態様で行われたとまではいえない、として、いずれも国家賠償責任を否定した。

警察官の速度違反取締りにおいて、警察官の差し出していた停止旗が対象となった自動二輪車に当たり、同車が転倒して運転者が死亡した事故について、同警察官の行為が違法であるとして国家賠償責任が認められた事例として、[49] 横浜地判令 2・2・27 判時 2455 号 5 頁（確定）がある。

日本国とアメリカ合衆国との間の相互協力及び安全保障条約第 6 条に基づく施設及び区域並びに日本国における合衆国軍隊の地位に関する協定の実施に伴う刑事特別法に係る手続に関し、海上保安官が、米軍から米軍施設内等において拘束した者の身柄を引き渡す旨の通知を受けたものの、身柄の引受けを遅延させた上、その後身柄拘束を継続したことについて違法とされ、国家賠償責任が認められた事例として、[50] 福岡高那覇支判令元・10・7 判時 2445 号 63 頁（上告、上告受理申立て）（原審那覇地判平 31・3・19 判時 2428 号 132 頁は、本誌第 21 号不法行為裁判例の動向〔新堂明子〕[53] で紹介済み）がある。

(c)　立法不作為

現行の法制度について改廃をしなかったことについて、国家賠償法上違法であるとの理由による損害賠償請求が棄却された事例が次の 3 例ある。

・　公職選挙法 92 条 1 項 1 号が定める選挙供託金制度（[51] 東京地判令元・5・24 判タ 1473 号 194 頁（控訴、控訴棄却、上告））

・　民法 750 条及び戸籍法 74 条 1 号の夫婦同姓制度（[52] 東京地判令元・10・2 判時 2443 号 55 頁（控訴）、[53] 東京地立川支判令元・11・14 判時 2450 = 2451 号 85 頁（控訴）及び [54] 広島地判令元・11・19 判時 2450 = 2451 号 102 頁（控訴））（なお、次期対象である東京地判令元・9・30 判タ 1479 号 200 頁も結論同旨）

・　最高裁判所裁判官国民審査法が在外国民に審査権の行使を認めていないこと（[55] 東京高判令 2・6・25 判時 2460 号 37 頁（上告、上告受理申立て）（原判決である東京地判令元・5・28 判時 2420 号 35 頁は、本誌未紹介）

(d)　その他

労働基準監督官の不作為が問題となった事例とし

て、労働基準法104条1項に基づき労働基準監督官に対して申告がされた場合において、告訴と取り扱わなかったこと及び調査等の措置をとらなかったことについて、国家賠償請求が認められないとされたもの（[56]東京地判平29・5・12判タ1474号222頁。（控訴、控訴棄却、上告・上告受理申立て後上告棄却、上告受理申立て不受理））がある。

国家賠償法上違法とされたものとして、市長が、都市再開発事業に関し、パチンコ店の出店を妨げるため、風俗営業適正化法及び関連条例上の規制を利用して、予定地の近隣に図書館を設置するために必要な条例改正を働きかけるなどの行為（[57]東京地判平31・4・11判タ1476号166頁（控訴））がある。

(2) 求償

国又は公共団体の公権力の行使に当たる複数の公務員が、その職務を行うについて、共同して故意によって違法に加えた損害に関し、国又は公共団体がこれを賠償した場合における求償権に係る債務が分割債務となるか、不真正連帯債務となるかについて、かねてから争いがあったところである。この点、[58]最三判令2・7・14民集74巻4号1305頁（第2次上告審。第1次上告審最二判平29・9・15判タ1445号76頁）は、当該公務員らは、国又は公共団体に対し、連帯して国家賠償法1条2項による求償債務を負う、とした。その理由について、「当該公務員らは、国又は公共団体に対する関係においても一体を成すものというべきであり、当該他人に対して支払われた損害賠償金に係る求償債務につき、当該公務員らのうち一部の者が無資力等により弁済することができないとしても、国又は公共団体と当該公務員らとの間では、当該公務員らにおいてその危険を負担すべきものとすることが公平の見地から相当であると解されるからである」とされている。このような考え方は、民法上の使用者責任に類似して、

違法行為を行った公務員らが国又は公共団体に対する関係においても一体であると説明することもできよう。なお、国家賠償法1条1項の性質について、代位責任説と自己責任説が存在しており、原審が代位責任説に立つことを前提に、同条2項に基づく求償権が実質的に不当利得的な性格を有するので分割債務を負うとしていたが、宇賀裁判官補足意見では、代位責任説、自己責任説は解釈論上の道具概念としての意義をほとんど失っているといってよく、本件においても、いずれの説をとっても、本件公務員らは、連帯して国家賠償法1条2項の規定に基づく求償債務を負うと考えられる、と述べられている。

(3) 国家賠償法2条

[59]松山地宇和島支判令2・1・20判タ1475号146頁（控訴）は、県が管理する国道において、舗装修繕工事により片側車線が規制され、片側交互通行規制がされていた道路を走行中の車両が掘削された側の車線に脱輪した事故について、工事区間の内外に設置された注意喚起のための看板、バリケード、工事用信号機等の設置状況、事故当時の工事区間の道路の状況等に照らし、このような状況にある工事区間を走行する車両の運転者において、社会通念上求められる通常の注意を払って運転した場合に、通行が禁止されている側の車線に脱輪するなどの自体が発生するか等の観点から、工事区間の道路が通常有すべき安全性を欠いてはいなかったとして、県の道路管理に瑕疵がないと判断した。

（しまと・じゅん）

家族裁判例の動向

渡邉泰彦　京都産業大学教授

現代民事判例研究会家族法部会

今期は、42件の家族裁判例を紹介する。これまでに比べて多くの裁判例が公表されていた。親族法が21件（うち児童福祉法関連が2件）、相続法が10件、戸籍関係が3件、渉外が8件（ハーグ条約実施法関連5件を含む）である。そのうち、民集登載判例は、婚姻費用分担に関する [4]、通則法に関する [35]、ハーグ条約実施法に関する [38] の3件である。

今期の特徴として、夫婦同氏を定める民法750条と戸籍法74条1項の憲法適合性が問題となった裁判例が [1] ～ [3] と3件ある。今回紹介した3つの事件は立法不作為の違法による国家賠償請求訴訟であり、2020年12月9日に3件の家事審判の抗告審で審理を大法廷に回付することが報道された別氏婚姻届の受理を求める審判申立てとは異なる。

さらに、別居中または離婚後の子の監護、養育費に関する裁判例は、[10] ～ [16] だけではなく、[4]、[5] も関連するものであり、大きな割合を占めている。

1　婚姻

(1)　夫婦の氏

[1] 東京地判令元・10・2判時2443号55頁、[2] 東京地立川支判令元・11・14判時2450 = 2451号85頁、[3] 広島地判令元・11・19判時2450 = 2451号102頁は、婚姻後の夫婦の氏を夫は夫の氏、妻は妻の氏とする婚姻届が夫婦同氏を定める民法750条と戸籍法74条1項を根拠に不受理とされたことから、これらの規定が憲法14条1項、24条1項、女子差別撤廃条約2条［締約国の差別撤廃義務］、16条1項［婚姻及び家族関係における男女平等の実現］、自由権規約2条［人権実現の義務］1項、3項(b)、3条［男女同等の権利］、17条［私生活・

通信・名誉・信用の保護］及び23条［家族の保護及び婚姻の権利］に違反することが明白であるにもかかわらず、国会が正当な理由なく長期にわたってその改廃等の立法措置を怠ったことにより、不利益を受け精神的苦痛を受けたとして国賠法1条1項に基づき国に慰謝料を請求した事案である。

3つの判決とも請求を棄却したが、その判決理由において重点を置く部分に違いがある。最も長文の [1] 判決では女子差別撤廃条約に関して多く述べており、[2] 判決は憲法24条と自由権規約に関して多くの字数を割いており、一番短い [3] 判決も同様である。[1] については東京高判令2・10・20裁判所ウェブサイトが、[2] については東京高判令2・10・23裁判所ウェブサイトが、[3] については広島高判令2・9・16裁判所ウェブサイトが、控訴を棄却している。

[1] 判決について、二宮周平会員による評釈を参照してもらいたい。

(2)　婚姻費用

[4] 最一決令2・1・23民集74巻1号1頁では、婚姻費用分担の審判申し立て後に離婚した場合における婚姻中に生じた過去の婚姻費用分担請求が問題となった。過去の婚姻費用分担請求については、最大決昭40・6・30民集19巻4号1089頁が別居中に請求した事案について、肯定していた。また、過去の婚姻費用を財産分与の額の算定に考慮することを、最三判昭53・11・14民集32巻8号1529頁が認めていた。

原審札幌高決平30・11・13民集74巻1号12頁は、離婚により将来と過去の婚姻費用請求権が消滅するとして、請求を認めなかった。本決定は、離婚時までの婚姻費用についての実体法上の権利が当然に消

減するのではなく、「婚姻費用分担審判の申立て後に当事者が離婚したとしても、これにより婚姻費用分担請求権が消滅するものとはいえない。」とした。本件では財産分与の合意も、清算条項も定められていなかったが、当事者が婚姻費用の清算のための給付を含めて財産分与の請求をすることができる場合であっても異ならないとする。本件の評釈として、高橋朋子「判批」新・判例解説 Watch vol.28 117頁がある。

[5] 東京高決令元・11・12家判29号70頁は、幼児教育・保育の無償化という公的支援が「子の監護者の経済的負担を軽減すること等により子の健全成長の実現を目的とするものであり（子ども・子育て支援法1条参照）、このような公的支援は、私的な扶助を補助する性質を有するに過ぎない」として、婚姻費用分担額の減額理由となることを否定した。子ども手当、公立高校の授業料無償化を理由とする婚姻費用の減額を否定した最二決平23・3・17家月63巻7号114頁と同様の考え方に基づいている。このような場合に養育費の減額を認めると、幼児教育・保育の無償化により子どもの生活水準が上がるのではなく、支払義務者の負担を減らすだけとなり、制度の趣旨に反することになろう。

2 離婚

離婚、財産分与の事案はなく、44年間の婚姻期間のうち9年程度の同居期間がある夫婦での離婚後の年金分割の按分割合に関する事案がある。原審大津家高島出審令元・5・9判時2443号54頁は、夫婦の寄与を同等とみることが著しく不当であるような例外的な事情があるとして、按分割合を0.35とした。それに対して、[6] 大阪高決令元・8・21判時2443号50頁は、夫婦が扶助義務を負うのは別居の場合においても基本的に異なるものではなく、「老後のための所得保障についても、夫婦の一方又は双方の収入によって、同等に形成されるべきものである」とし、別居原因について申立人に主たる責任があるとは認められないことなどから、按分割合を申立人が求める0.5とした。

3 親子

(1) 実子

今期は、嫡出推定・否認、認知という親子関係の成否に関する事案はない。夫の同意なしに夫の氏名欄を妻が書いた同意書を提出して行われた融解胚移植により子が生まれた場合に、夫から妻と医療機関とその理事長に対して損害賠償を請求した [7] 大阪地判令2・3・12判時2459号3頁がある。この事案では、夫からの嫡出否認の訴えは棄却され、親子関係不存在確認の訴えは却下されていた。本判決は、「子をもうけるかどうかという自己決定権を侵害するなどした不法行為責任」を妻が負うとして、慰謝料800万円と弁護士費用80万円について妻への損害賠償請求を認めた。これに対して、医療機関とその理事長に対する損害賠償請求については、本件移植に際して、夫に対して「直接の意思確認をすべきであったのにこれを怠ったとは認められない」として、請求を棄却した。

(2) 縁組

[8] 横浜家判令2・2・25判タ1477号251頁は、認知症と診断されていた89歳の祖母Aと孫Bの間の縁組について、Aの意思に基づくものであると認めることはできないと判断した。本件縁組届は、Aの子でありBの父であるCがAの署名を代書し、自らが管理する印鑑を押印して作成していた。

[9] 東京高決令元・7・9判タ1474号26頁は祖父と孫の間の縁組を、養親である祖父の死亡後に離縁するために、家裁の許可を求めた事案である。原審さいたま家審平31・2・26判タ1472号103頁は、縁組が相続を目的とするもので縁組意思を欠いて無効であり、死後離縁申立ての対象を欠き不適法であるとして申し立てを却下した。本決定は、相続を目的とするものであっても、法定血族関係を形成する意思がある限り、直ちに縁組を無効とすることができないとして、原審判を取り消し、離縁を許可した。

4 親権・監護

今期の親権・監護に関する裁判例 [10] ～ [16] は民法766条に関するものであり、監護者、養育費、面会交流に分類して紹介する。児童虐待に関連して、

児童福祉法28条による家裁の承認に関する [17]、[18] も続けて紹介する。

(1) 監護者指定・子の引き渡し

監護者指定・子の引き渡しに関する事案は3件ある。[10] と [11] では、原審が従前の母による監護を重視したのに対して、抗告審が現状の生活環境、子の意思などを重視したという違いが見られる。

まず、[10] 福岡高決令元・10・29判時2450＝2451号9頁は、平成22年生まれのAと同24年生まれのBの2人の子について、母Xが監護者指定と子の引渡しを申し立てた事案である。平成30年にXの不貞行為が原因で、父Yが徒歩数分の実家に2人の子を連れて戻り、XとA、Bとの宿泊付き面会交流は月1回行われていた。原審福岡家大牟田支審平31・2・22判時2450＝2451号15頁は、従前の監護について主としてXにより行われた時期が長期間あるほか、子らの心情を踏まえ、母親による監護が実施されることが、本件子らの福祉によりかなうとして、Xを監護者に指定し、子の引き渡しを命じた。これに対して、本決定では、乳幼児期の主たる監護者であった相手方との親和性を直ちに優先すべきとまではいえないとし、子らにとっては、現状の生活環境を維持した上で、相手方との面会交流の充実を図ることが最もその利益に適うというべきであるから、Xへの監護者指定と子らの引渡しは相当ではないと判断した。本件の評釈として、山口亮子「判批」新・判例解説 Watch vol.28 133頁がある。

[11] 大阪高決令元・6・21家判29号112頁では、平成19年生まれの長男Aと長女Bが平成29年の父母の別居後に母Xの監護のもとにあったが、そのうちAが平成30年に夜にXとBが寝ている間に自転車で父Yのもとに向かい、その後はYがAを監護していたため、Xが自らをAとBの監護者と指定し、Aを引き渡すことを求めた事案である。原審大阪家審平31・1・11家判29号116頁は、これまでの成長過程を踏まえた細やかな配慮を伴う監護は、これまでに未成年者らと十分な愛着関係を形成している主たる監護者Xにおいてより適切に行うことができると考えられるとして、Xを監護者に指定した。それに対して、本決定は、審判前の保全処分でAがXに引き渡されることを強く拒んだこと、AがYとの同居の継続を強く望み、Xとの同居を拒んでいること、YにおいてAを監護する方が未成年者の心理

的安定が保たれ、その健全な成長に資し、未成年者の福祉に適うものと認められるとして、Yを監護者に指定し、子の引渡しの申立てを却下した。

[12] 大阪高決平30・8・2家判28号119頁では、決定時に小学校2年生と保育園児5歳児クラスの2人の子を父Xが監護し、母Yと子の泊付面会交流が実施されていたが、泊付面会交流時にYの交際相手AがY宅に泊まっていることを知ったXは、Aと子に会わせない約束を破ったとして、Yに暴行を加えた。Yは警察に被害届を提出した翌日から、子の引き渡しを受けて子を監護していた。Xからの監護者指定と子の引き渡しの請求について、原審京都家審平30・3・28家判28号123頁は、Xには子らの監護の実績があり、監護態勢も安定しており、従前の監護の問題点も今後は改善される可能性が高いこと、Yが父子の面会交流に消極的態度に終始していることから、Xを子らの監護者と指定した。本決定も、別居期間中の主たる監護者がXであったこと、Xによる子に対する暴力を疑うべき事情はないこと、面会交流の実施状況がYの面会交流に対する消極性を表していること、子が短期間に再び転校する必要が生じても子に看過し得ない不利益が生ずることが明らかではないことから、原審判を相当であるとした。

(2) 養育費

養育費については、義務者からの減額の求めを否定した [13]、肯定した [14] の2件がある。

[13] 東京高決令元・8・19判時2443号16頁では、離婚給付等契約公正証書において父Xが未成年の子3人それぞれ5万円の養育費を母Yに支払うとともに、Yに譲渡する住居についてXが支払っていた住宅ローン月額10万円を差し引くという内容が定められていた。Xは、再婚し、その配偶者の子と縁組し、さらに子をもうけたことから、養育費の減額を求めていた。原審千葉家佐倉支審平31・3・26判時2443号18頁は、養育費を未成年の子1人あたり2万6000円に変更したが、住宅ローンとの精算については当事者が別途合意した内容に変更を加えることは相当でないとした。本決定は、住宅ローン支払については家事審判事項ではないから変更できず、養育費の月額のみを一方的に変更することは不当な結果を導くことになるとして減額を認めなかった。

[14] 広島高決令元・11・27家判27号44頁では、平成13年生まれの子が満20歳になるまで月額8万円の養育費を負担する合意をしていたが、義務者が減額を求めた事案である。収入減少が事情の変更にあたるとして、定年退職後の再就職の期間（5ヶ月）は月額3万円、再就職先を病気で退職した後については月額2万円に減額した。

(3) 面会交流

DV加害者である父から別居中の面会交流の申立てについて、[15] 大阪高決平30・10・11家判28号113頁がある。平成19年生まれの子は、父の暴力を理由に面会交流を拒否する意向が大変強固であることから、このような意向のまま面会交流をすることは否定的な感情をさらに強化しかねず、未成年者の健全な成長に支障を来すとして、子の写真を父に送る間接的なものも含めて面会交流を認めなかった。この事案では、父（夫）が第1種障がい者1級の認定を受けており、妻に対して婚姻費用分担請求もしていたが、大阪家審平31・1・16家判28号117頁は、その暴力により別居状態を招いた有責配偶者からの請求は信義則あるいは権利濫用の見地から許されないとした。

[16] 大阪高決令元・11・8判時2447号5頁では、平成22年生まれのAと24年生まれのBという2人の子を監護する母がストレス関連障害となり、医師の診断書に父との接触を避けることが望ましいと書かれていたことから、面会交流が実施されなくなり、父から面会交流を申し立てた。原審神戸家審令元・7・19判時2447号8頁は、医師の診断も考慮して間接交流のみを認めた。それに対して、本決定では、子A、Bが直接交流の再開を望み、子Aが忠誠葛藤に陥っており、直接交流を速やかに再開することが未成年者らの福祉に適うとして、直接交流を認めた。

(4) 里親委託・施設入所

実母より身体的虐待を受けていたため、里親宅に一時委託されていた児童Aを里親に委託することの承認を児童相談所長が求めた事案が、[17] 大阪高決令元・6・26家判28号101頁である。児童Aは、一時保護委託中に、実母の代諾により、その母（祖母）と縁組しており、養親は本件申立てに反対していた。原審和歌山家審平31・3・20家判28号105頁は、養母に児童を監護させることが著しく児童の福祉を害するということはできないとして、申立て

を却下した。それに対して、本決定は、Aと里親との間には良好な愛着関係が形成されていることを認めたうえで、児童を養母に引き取らせても実母が再び児童に対し不適切な監護をすることを阻止し、是正することは期待できないとして、原審判を取り消し、入所等の処置を承認した。

[18] 名古屋家審令元・5・15家判28号134頁では、児童相談所長が一時保護を開始し、その後は障害者入所施設から通学していた児童Aについて、未成年者Aを障害児入所施設に入所させることの承認を家庭裁判所に申し立てた事案である。親権者である父母は、この措置に同意していなかった。父が学校に苦情を言い、激高するたびに子が不登校になることが複数回あり、不登校の間に親権者である父母が学校に準ずる教育機関に児童を託することも、自宅学習をさせたりすることもなかった。児童Aは、施設入所か里親のもとでの生活により通学を続けていきたいと希望していた。本審判は、親権者に未成年者の監護養育を委ねることが未成年者の意向に反し、安定した日常生活の下で学校教育を受ける機会を再び奪うことに直結するものであって、未成年者の福祉を著しく害するとして、入所等の措置を承認した。

5 成年後見

成年後見に関して3件の裁判例があるが、[20]、[21] は手続法に関するものである。

[19] 大阪高決令元・9・4判時2452号39頁は、87歳のAについてその長男Xが後見開始の審判を申し立てた事案であり、診断書に発語不能としながら、意思疎通の手段として言語の欄にチェックされていた点が問題となった。Aは、家裁調査官による調査にも、鑑定にも応じることを拒否していた。原審京都家審令元・7・4判時2452号42頁が診断書に一見して明らかな矛盾があるとして後見開始の審判はできないとしたのに対して、本決定は、単なる誤記であり診断書の信頼性は失われないとした。そして、長谷川式簡易知能評価スケールの結果からAが事理弁識能力を欠く常況であったとして、成年後見を開始し、専門職を成年後見人に選任する必要があるとして、原審判を取り消して、差し戻した。

専門職の成年後見監督人であった者を財産管理及び身上監護の事務を分掌する成年後見監督人に職権

で追加選任した家裁の決定に対して、成年被後見人の子である成年後見人が争った事件である [20] 東京高決令元・12・25判時 2454 号 31 頁では、成年後見人の追加選任の審判と事務分掌を定める審判に対して、[21] 東京高決令 2・1・20 判時 2454 号 35 頁では、後見監督人が提出した書類、その者の辞任、追加選任、権限分掌の手続に関する記録の閲覧謄写の許可についての親族後見人からの申立てをすべて却下した審判について、即時抗告ができるかが争われた。[20] 決定は即時抗告が認められないとした。[21] 決定では、後見監督人が提出した報告書の閲覧謄写の許可申し立てを却下した部分に対する抗告は適法であると認めて、原決定を取り消し、差し戻したが、その他の部分については事件の当事者ではないことから抗告することができないとした。

6　相続

(1)　廃除

相続人Aによる暴行などの虐待と重大な侮辱を理由に被相続人が遺言でAを推定相続人から廃除することを求めた事案で、原審大阪家審平 31・4・16 判時 2443 号 52 頁が被相続人の言動が暴行を誘発した可能性を示唆し廃除を認めなかったのに対して、[22] 大阪高決令元・8・21 判時 2443 号 50 頁は、全治 3 週間の肋骨の骨折などの結果は極めて重大であり、Aの被相続人に対する暴行は社会通念上、厳しい非難に値するとして、Aを推定相続人から廃除する決定をした。本件の評釈として、鈴木伸智「判批」新・判例解説 Watch vol.28 137 頁がある。

(2)　特別受益

[23] 名古屋高決令元・5・17 判時 2445 号 35 頁では、遺産分割協議において、共同相続人Xへの大学、大学院の学費、海外留学費用等の教育費が特別受益に当たるかが問題となった。本決定は、被相続人の生前の資産状況、社会的地位に照らし、被相続人の子である相続人に高等教育を受けさせることが扶養の一部であると認められる場合には、特別受益には当たらないとし、仮に特別受益に該当するとしても、被相続人の明示又は黙示による持戻免除の意思表示があったものと認めるのが相当であるとした。

(3)　遺産共有

[24] 高松高判平 31・2・28 判時 2448 号 69 頁では、遺産分割が無効となり、遺産に属する不動産からそれまでに生じていた賃料について、相続人Xが他の共同相続人Yらに請求した事案である。そもそも、Xは、不動産を取得しても換価等が容易でなく納税のための現金を準備できないという誤信としており、最初の遺産分割では現金約 345 万円のみを受領していた。XとAを除く共同相続人であるYらは、10 億円程度の不動産を取得し、駐車場として賃料収入を得ていた。この遺産分割は、共同相続人Aを除外してなされたものであり、無効とされた。その後に改めてされた遺産分割審判が確定し、Xは、Yらに対して、Yらは悪意の占有者であるとして、不動産の賃料にかかる不当利得の支払などを求めて訴えを提起したのが本件である。原審高松地判平 30・5・15 判時 2448 号 75 頁は、遺産分割は無効と判断する裁判が確定するまで有効なのではなく、当初から無効であり、遺産分割が無効と判断される原因となる事由につき知っていれば、少なくとも、果実収取権のある本権の有無について疑いを持っていたといえることから、525 万円余の不当利得返還債務を認めた。Yらは、反訴として当初の遺産分割協議の結果に基づき現実に納付した相続税と審判により確定した相続分に基づく相続税の間の差額を不当利得として請求したが、認められなかった。本判決は、Xからの請求について原審の判断を認め、反訴についても自らの行為を原因として過納部分を生じさせたYらが、更正の請求をすることもなく、Xに上記差額の支払を請求することは信義則に反するとして控訴を棄却した。

(4)　祭祀財産

被相続人の長男Xが、自らを祭祀承継者に指定し、仏壇、仏飯器、リン、位牌など祭祀財産をYからXへ引き渡すことを被相続人の妻Yに求めた事案で、[25] 東京高決平 31・3・19 判タ 1472 号 110 頁は、Xをリン、リン棒、リン布団以外の祭祀財産の承継者と定めた原審東京家審平 30・11・22 判タ 1472 号 113 頁と同様に、被相続人の死後にXかYのいずれかが仏具店に依頼して作成したリンなどと位牌が被相続人が所有していたものではなく、被相続人から承継すべき祭祀財産には当たらないとして、Xへの引渡しを認めなかった。

(5) 遺産分割

[26] 名古屋家審令元・11・8 判時 2450 = 2451 号 111 頁は、第 1 遺言及び第 2 遺言の効力等に関する訴訟の結論が確定するまでは、遺産の全部についてその分割をすべきではないとして、訴訟の結論が確定するまでに見込まれる 2 年の間は遺産全部の分割を禁止する旨の審判をした。本件第 2 遺言では、被相続人の長男 A が全財産を相続する内容であったが、相続開始前に A が死亡していた。そのため、最三判平 23・2・22 民集 65 巻 2 号 699 頁により、1) 第 2 遺言の効力が生じず、第 1 遺言の受益相続である養子 Y が全財産を相続するのか、2) 推定相続人の代襲者その他の者に遺産を相続させる旨の意思を有していたとみるべき特段の事情があり A の代襲者である X が全財産を相続するのかが争われていたと考えられる。

[27] 大阪高決令元・7・17 判時 2446 号 28 頁では、遺産分割で共同相続人 X が現金 200 万円相当、Y が農地など 3355 万円、A が 1300 万円相当の不動産を取得し、A の死亡後に被相続人名義の 1300 万円の預金が発見され、その分割方法が問題となった。X は、X と Y の取得した財産の価額の著しい不均衡を一切の事情（民法 906 条）として考慮すべきであって、すべてを X が取得すると主張した。原審大阪家審平 31・3・6 判時 2446 号 30 頁と同様に、本決定は、先行協議の当事者が各相続人の取得する遺産の価額に差異があることを是認しており、先行協議の際に判明していた遺産の範囲においては遺産分割として完結しており、その後の清算は予定されていなかったとして、本来の相続分に応じて取得額を定めるとした。

(6) 相続の承認と放棄

熟慮期間の起算点が問題となった事案として、[28] 東京高決令元・11・25 判時 2450 = 2451 号 5 頁がある。法定相続人 X_1、X_2、B は、相続放棄をすることにしたが、代表者が相続放棄をすれば足りると誤解して、B のみを申述人として、3 人分の申立費用額に相当する収入印紙を添付して、相続放棄申述書を家裁に提出していた。その後、市からの問い合わせを受けたときに、X らは各人が相続放棄の手続をしなければならないことを知り、同月 19 日に相続放棄の申述をしたが、熟慮期間を経過していた。X_1 について原審前橋家太田支審令元・9・

10 判時 2450 = 2451 号 8 頁、X_2 について原審前橋家太田支審令元・10・3 判時 2450 = 2451 号 8 頁は、上記のような誤解をしたことなどは熟慮期間の起算点を後にする理由にならないとして、相続放棄の申述を却下した。これに対して、本決定は、特別事情として、抗告人らの本件各申述の時期が遅れたのは、自分たちの相続放棄の手続が既に完了したとの誤解や、被相続人の財産についての情報不足に起因しており、抗告人らの年齢や被相続人との従前の関係からして、やむを得ない面があったとして、相続放棄は各自が手続を行う必要があることなどの説明を市役所の職員から受けた時から熟慮期間が進行を開始するとした。詳しくは、神谷遊会員による評釈を参照してもらいたい。その他に本件の評釈として、羽生香織「判批」新・判例解説 Watch vol.28 129 頁がある。

7　遺言・遺言執行

遺言執行者に関する、[29] 東京地判令元・11・15 金法 2142 号 52 頁では、被相続人が遺言で法定相続人 X、B、C のうち X と C に金融資産をすべて換価し 2 分の 1 ずつ相続させるとともに、X を遺言執行者に指定していた。X が Y 銀行に預金債権の払戻請求をした際に、B から遺留分減殺請求されていることを告げたところ、二重払いの危険を回避するため Y 銀行が払戻請求に応じなかった。本判決は、遺言執行者である X に本件預金債権の払戻しを求めてこれを受領する権限を付与した部分は、B が本件遺留分減殺請求をしたことによっても、何ら影響を受けるものではなく、X は、本件遺言の遺言執行者として、単独で本件預金債権全額の払戻しを請求することができるとした。

遺贈の目的物について不動産業者と専任媒介契約を締結することが遺言の撤回とみなされるかが問題となった事案において、[30] 東京地判平 30・12・10 判タ 1474 号 243 頁は、成約に至る前に媒介契約の有効期間が経過した場合には、本件各不動産を遺贈する旨の本件遺言の執行が客観的に不能となるものでないから、他に、本件各媒介契約締結等と相まって、これらが、受遺者に本件各不動産を遺贈する旨の本件遺言と両立せしめない趣旨のもとにされたことが明らかとなるような事情の認められない限り、本件各媒介契約締結等が本件遺言と抵触すると

いうことはできないとした。

8　遺留分

現行の遺留分に関する規定が 2019 年 7 月 1 日に施行される前の、遺留分減殺請求と価額弁償に関する事案として、**[31] 東京地判令 2・3・27** 金判 1599 号 32 頁がある。最二判平 21・12・18 民集63 巻 10 号 2900 頁が示した受遺者などが弁償すべき額の確定を求める訴えにおける判決主文が問題となった。本判決は、遺留分権利者が相手方に対してした遺留分減殺請求権に係る各不動産につき、「改正前の民法 1041 条の規定によりその返還義務を免れるために支払うべき額が○○円であることを確認する。」とした。

9　戸籍

出生届を子の出生から 14 日以内（戸籍法 49 条 1項）に提出していなかったことを理由とする過料に関する **[32] 東京簡決令元・10・23** 家判 27 号 99頁では、前夫の DV が原因で離婚してから 300 日以内に X 女が現在の夫との間の子を出産したが、前夫の戸籍に入ることを知って出生届を提出しなかった。その後、強制認知の方法では前夫の協力なしに手続が可能であると知り、現夫を相手方とした認知調停を申し立て、現夫の子であることを認知する合意に相当する審判が確定した。X は子の出生届を提出したが、出生から 14 日以内に提出しなかったため、X が過料の決定を受けた。しかし、本決定は、期間内に出生届を提出しなかったことについて、正当な理由がない（戸籍法 137 条）とはいえないとして、過料決定を取り消した。

性同一性障害者の性別の取り扱いの特例に関する法律 3 条 1 項 2 号が定める「現に婚姻をしていないこと」の要件が憲法 13 条及び 14 条 1 項に違反するかについて争われた事案において、**[33] 大阪高決令元・6・20** 判タ 1473 号 69 頁は、原審京都家審平 31・3・27 判タ 1473 号 71 頁と同様に、同性婚の発生の回避という規定の目的から不合理なものはなく、違憲ではないと判断した。特別抗告審最二決令 2・3・11（裁判所ウェブサイト）は、特別抗告を棄却している。

性別違和の当事者の名の変更（戸籍法 107 条）に

関する、**[34] 大阪高決令元・9・18** 判時 2448 号3 頁では、性同一性障害と診断された X が、変更後に称する名を通称名として、アルバイトの給与明細書、国民健康保険被保険者証、診察券、医療費等の領収書に使用していた。原審大阪家審令元・7・22 判時 2448 号 4 頁が通称名が永年使用され社会的に定着しているとはいえないとして、申立を却下した。それに対して、本決定は、変更後に使用する名が勤務先や通院先など社会的、経済的な関係において、継続的に使用されており、戸籍法 107 条の 2にいう正当な理由を認めることができるとして、原審判を取り消して、名の変更を許可した。性別違和の当事者の名の変更について、永年使用を必要とせず、性同一性障害の診断のみを理由に認めるべきであろう。

10　渉外

[35] 最三判令 2・7・7 民集 74 巻 4 号 1152 頁では、韓国の戸籍には父 B とその当時の妻の間の子として出生届がなされた X（昭和 33 年生まれ）と亡A（日本国籍）の母子関係の確認について、通則法施行前の旧法令において準拠法が問題となった。韓国法が適用されると、母子関係の確認について出訴期間の定めがあり、本件では認められなくなる。原審東京高判平 30・10・18 民集 74 巻 4 号 1176 頁は、準拠法を定める規定が旧法例になく、確立された国際慣習法も存在しなかったから、旧法例 18 条 1 項を準用ないし類推適用し、子の出生の当時における母の本国法及び子の本国法の双方が適用されるとした。そのため、韓国法及び日本法の双方が適用され、親子関係存在確認請求に係る訴えは、韓国民法 865条 2 項所定の出訴期間を徒過して提起されたものであり、不適法であると判断した。それに対して、本判決は、旧法例に明文の規定が欠けていても他の規定の解釈等によってある規範が導かれ、これに代えて通則法の規定を適用してもその結果に変わりがない場合には、その規範は通則法によって内容が実質的に変更されていないものと評価することができるから、通則法の規定を遡及適用することとして差し支えないとし、通則法 29 条 1 項を適用し、子の出生の当時における母の本国法によって定めるのが相当であると判断し、原審を一部破棄して、差し戻した。本決定の評釈には、神前禎「判批」ジュリ

1555 号 143 頁（2021 年）がある。

[36] 東京家審令元・5・27 家判 28 号 131 頁では、ベトナムで生活している日本人夫婦（申立人）がベトナム国籍を有する 3 歳の子との渉外特別養子縁組に関する、家事事件手続法 3 条の 5（平成 31 年 4 月施行）が設けられる前の事案である。養親、養子となる者双方は、日本に住所を有していなかった。本審判は、申立人夫婦と養子となる子が 1 年のうち相当の期間は日本にある申立人妻の住所地で生活し、日本に居所を有していると解することができ、申立人らの国籍が日本にあることも併せて考えると、本件の国際裁判管轄は日本にあると認められると判断した。

[37] 東京家審令元・12・6 判時 2456 号 123 頁は、外国裁判における離婚後の子の親権を父母の共同親権とする定めが我が国において有効とされる場合において、国際裁判管轄を有する日本の裁判所は、日本法が準拠法とされるときは、民法 819 条 6 項に基づき父母の共同親権から父母の一方の単独親権とすることができるとして、親権者を母のみに変更した。

ハーグ条約実施法に関して、「子の返還を命じる終局決定」の変更を定めるハーグ条約実施法 117 条 1 項が、「子を返還する旨の調停条項」に類推適用できるかが、[38] 最一決令 2・4・16 民集 74 巻 3 号 737 頁で問題となった。原審東京高決令元・5・15 民集 74 巻 3 号 750 頁は法 117 条が調停における子の返還合意の変更については想定していないとして、変更を認めなかった。それに対して、本決定は、事情の変更により子の返還条項を維持することを不当と認めるに至った場合は、実施法 117 条 1 項の規定を類推適用して、当事者の申立てにより、子の返還条項を変更することができるとして、原決定を破棄し、差し戻した。

ハーグ条約実施法 28 条の子の返還拒否事由に関して、今期は次の 4 件の裁判例が公刊された。[39] 東京家決平 30・12・11 判時 2444 号 53 頁は、留置開始から 1 年経過後の返還申立てであり、子が日本の生活に順応していることから（法 28 条 1 項 1 号）、返還拒否事由があるとした。[40] 東京高決平 30・5・18 判時 2443 号 20 頁は、日本に居住することを同意した留置の同意（法 28 条 1 項 3 号）があり、子が心理的外傷を与えることになる暴力を受けるおそれがあることから重大な危険（同 4 号）があるとして、返還の申立てを却下した原審東京家決平 30・2・13 判時 2443 号 23 頁の判断を相当とした。これに対して、[41] 東京高決平 31・3・27 判時 2444 号 13 頁は、連れ去りの同意または承諾はなく、重大な危険があるとは認められないとして子の返還するよう命じた原審東京家決平 31・2・4 判時 2444 号 16 頁に対する抗告を棄却した。[42] 東京高決平 31・2・28 判時 2445 号 53 頁では、返還拒否事由は認められないとした原審東京家決平 30・11・30 判時 2445 号 58 頁の後にロシアの裁判所が父の承諾なく母が子を連れてロシアから日本へ出国することを許可する旨の決定をしていた。この決定を法 28 条 3 項ただし書きにより考慮しても、本件連れ去りは、相手方の監護権を侵害するものであったと認められ、本件子の返還事由が認められるとの判断は妨げられないとした。

（わたなべ・やすひこ）

環境裁判例の動向

島村　健　神戸大学教授

及川敬貴　横浜国立大学教授

環境判例研究会

　本稿では、民集73巻5号・74巻1号〜3号、判時2443号〜2460号、判タ1472号〜1477号、判例自治460号〜465号、及び、2020年後期に裁判所のウェブサイトに掲載された、環境分野の裁判例（前号までに紹介したものを除く）を紹介する。1〜4は島村が、5〜7は及川が担当した。

1　公害・生活妨害

　[1] 東京地判令2・6・18裁判所HPは、保育園に隣接している住宅に居住する原告が、保育園の運営事業者及び保育園の建物及び敷地の所有者を被告として、同保育園から生じる騒音により平穏生活権が侵害されていると主張し、人格権に基づき、騒音の差止め（昼間の間45デシベル以下とすること）及び過去・将来の損害賠償を求めた事案である。本判決は、最一判平6・3・24判時1501号96頁を引用し、本件騒音による被害が受忍限度を超える違法な権利侵害になるか否かを判断した。本件においては、付近では保育園からの騒音の有無にかかわらず、条例の定める騒音規制基準（保育園には適用されない）を上回る傾向があったこと、被告らの当初の対応には問題もあったが、その後は騒音抑制のための取組みを行っていることなどを認定し、受忍限度を超える騒音があったとはいえない、と判断した（越智敏裕「判批」新・判例解説Watch環境法No.93参照）。

2　化学物質・有害物質

　[2] 大阪地判令元・11・20判例自治464号64頁は、広く報道された廃棄物不適正処理事案にかかる住民訴訟である。平成9年6月、豊能郡環境施設組合（一部事務組合）が運営していたごみ焼却施設から高濃度のダイオキシンが排出されていることが判明し、同施設の稼働が停止された。ダイオキシンに汚染された施設内の残留物、機器類等は解体されドラム缶に密閉された。同組合は、これらを一般廃棄物として管理していたが、平成28年1月、これらを全体として産業廃棄物として取り扱うことを決定した。ドラム缶の受け入れ先探しは難航したが、紆余曲折を経て、A社の仲介により、D社が運営する神戸市内の中間処理施設で処理され、神戸市内の管理型最終処分場に埋立処分をした。しかし、同年4月、大阪府は本件廃棄物を産業廃棄物として処理することは認められないとし、同組合に対し、処分業者を所管する自治体に報告するよう求めた。平成28年7月、報告を受けた神戸市は、一般廃棄物の区域外処理を行う場合、法令所定の事項の通知が必要であり、本件の廃棄物処理は廃掃法に違反するとして、埋め立てられた廃棄物の全量撤去を求めた。組合は、これに応じ、そのために6592万円余の費用を支出した。本件は、豊能町・能勢町の住民である原告らが、上記費用の支出に関し、A社は本件埋立処分に深く関与していたことから、豊能郡環境施設組合に対し不法行為責任を負うと主張して、組合管理者を被告として、A社に対し損害賠償請求することを求めた住民訴訟である。本判決は、本件廃棄物の処理にあたってまずA社が報酬の全額を組合から受け取っており（A社は、その額の一部を処理業者に処理費用として支払った）、A社が廃棄物処理にかかる委託契約の内容を実質的に決定できたこと、組合の代理人的立場で処理に深く関与していたことなどを認定し、A社は、廃棄物処理事業が円滑に進行し、本件廃棄物の処理が確実に完了するよう協力すべき義務（神戸市に処理計画を事前に通知し、事後的に撤去措置を講ずることを余儀なくされることがないように、事前に合意形成を図るよう組合に助言する

ことを内容とする不法行為上の注意義務）を負っていたとし、請求の一部を認容した（確定）。

[3] 東京地判令2・7・21 裁判所 HP は、東京都が築地市場の移転先用地の取得費用について土壌汚染対策費用を考慮しない価格で購入したことが違法であるとして、東京都の住民である原告らが提訴した住民訴訟である。原告らは、東京都知事であった参加人は、東京都を代表して売買契約を締結したこと、もしくは、締結につき指揮監督義務があったことから損害賠償責任を負うなどとして、東京都の執行機関である被告に対し、地方自治法 242 条の2第1項4号に基づき、土地の取得価格と正常価格の差額の支払いを参加人に請求することを求めた。本判決は、本件土地の売主は、条例上の土壌汚染対策を実施済みであり、東京都による土壌汚染対策はより高い安全性を求めた上乗せ的な対策であったことを指摘したうえで、当該土地の取得価格は正常価格よりも高額ではあるものの、その較差は著しいものではなく、本件土地の売主が汚染対策費用の一部を負担していること等に鑑みると、本件土地の売買契約等の締結をした財務局長の判断が不合理なものとはいえない、として請求を棄却した。

なお、大阪高判令元・7・19 が判時 2448 号5頁に掲載されたが、前号で紹介済みである。

3　原子力施設

(1) 許可取消訴訟

[4] 大阪地判令2・12・4 裁判所 HP は、原子力規制委員会が行った大飯原発3号機・4号機の設置変更許可の取消訴訟である。本判決は、福島第一原発の事後以後、原子炉の設置（変更）許可処分を取り消した唯一の判決である。本件の争点は多岐にわたるが、本判決は、基準地震動を策定するに当たり行われた地震モーメントの設定が新規制基準に適合しているとした原子力規制委員会の判断に不合理な点があるとして、設置変更許可処分を取り消した。実用発電用原子炉及びその附属施設の位置、構造及び設備の基準に関する規則（設置許可基準規則）4条3項は、重要な原子炉施設について、基準地震動による地震力により安全機能が損なわれないことを求めている。その基準地震動の策定にあたって、原子力規制委員会の内規である「実用発電用原子炉及びその附属施設の位置、構造及び設備の基準に関す

る規則の解釈」は、震源断層の長さや地震発生層の上端・下端の深さなど各種の不確かさを考慮することとし、同じく同委員会の内規である「基準地震動及び耐震設計方針に係る審査ガイド」（地震動審査ガイド）は、震源モデルの長さまたは面積、あるいは1回の活動による変位量と地震規模を関連づける経験式を用いて地震規模を設定する場合には、経験式が平均値としての地震規模を与えるものであることから、経験式が有するばらつきを考慮することとしていた。しかし、本件において関西電力は、基準地震動を策定する際に、地質調査結果等に基づき設定した震源断層面積を経験式に当てはめて計算された地震モーメントをそのまま震源モデルにおける地震モーメントの値とし、実際に発生する地震の地震モーメントが平均値より大きい方向に乖離する可能性を考慮して地震モーメントを設定する必要があるか否か自体を検討しておらず、また、現にそのような設定（上乗せ）もしなかった。本判決は、原子炉設置（変更）許可処分の取消訴訟における審理・判断の枠組みについて判断した伊方原発訴訟上告審判決（最一判平4・10・29民集46巻7号1174頁）に依拠しつつ、本件事案につき、経験式が有するばらつきを考慮した場合に、これに基づき算出された地震モーメントの値に何らかの上乗せをする必要があるか否か等について、原子力規制委員会が何ら検討することなく、本件申請が設置許可基準規則4条3項及び地震動審査ガイドを踏まえているとしたことについて、同委員会の調査審議及び判断の過程には、看過し難い過誤・欠落があると判断した。

(2) 損害賠償

福島第一原発事故により避難を余儀なくされた住民らが、東京電力及び国を被告として損害の賠償を求める裁判が続いている。特に、規制権限不行使に基づく国の賠償責任については判断が分かれており、本稿執筆時点（2021年2月末）で、責任を肯定する判決（[6][8]を含む）は9件、否定する判決（[5][7]を含む）は8件となっている。これらのうち高裁レベルの判断についても、国の責任を認めるもの（[8]及び東京高判令3・2・19判例集未登載）と否定するもの（東京高判令3・1・21判例集未登載）とに分かれており、今後の上告審の判断が注目される。

[5] 山形地判令元・12・17 判時 2450＝2451 号

113頁は、福島第一原発事故当時、福島県内に居住していた原告らが、被告東京電力に対して、主位的に不法行為に基づき、予備的に原子力損害賠償法3条1項に基づき、また、被告国に対して、国家賠償法1条1項に基づき、損害賠償請求を行った事案において、東京電力に対する予備的請求を一部認容する一方、国家賠償請求は棄却した。以上のうち、国の責任について、本判決は、国は、平成14年頃の時点において、O.P.10メートル以上の津波が到来することを予見することが可能であったが、重大な事故が発生する危険性は、「三陸沖から房総沖にかけての地震活動の長期評価」が公表された時点から本件事故が発生するまでのいずれの時点においてもそこまで切迫したものではなく、その間の国の対応は不合理なものとはいえないと判断した。また、仮に東京電力に対して国が安全対策を命じ同社がこれに従った措置をとっていたとしても事故の発生を防止できなかった可能性もあり、本件事故当時において、本件事故を防止するための合理的な規制を現実的に行うことができたとはいいがたいとし、結論として、経済産業大臣が地震・津波対策に関して電気事業法に基づく規制権限を行使しなかったことは違法とはいえないとした。

　これに対し、[6] 札幌地判令2・3・10裁判所HPは、東京電力の責任のみならず、国家賠償責任も認め、原告らの損害の全部について、東京電力と国が連帯して損害賠償責任を負うと判断した。[5]判決との結論の相違は、長期評価を重視したこと、[5]判決と異なり、事故発生についての「予見可能性の程度」が低いということを特段問題にしなかったこと、長期評価を踏まえて、防潮堤の設置、主要家屋の水密化、非常用電源の高所設置のいずれかを命じていれば事故は避けられたと認定したことなどから導かれている。

　[7] 福岡地判令2・6・24裁判所HPも、原子力損害賠償法3条1項に基づく東京電力の損害賠償責任は肯定した。しかし、国家賠償請求は棄却している。本判決は、国の責任について、国は、長期評価に基づく平成20年調査において想定された規模の津波（本件想定津波）が福島第一原発に到来することを予見可能であったとしつつ、本件想定津波と実際に生じた津波とでは規模や到来の方向等に大きな違いがあり、予見可能であった本件想定津波を前提に防潮堤・防波堤を設置していたとしても事故発

生を防ぐことはできず、また、当時の工学的知見の下において、建屋等の水密化などの措置の義務付けを検討せず、結果回避措置として防潮堤等の設置のみを選択することが不合理とはいえないなどとして、結果回避可能性を否定した。

　[8] 仙台高判令2・9・30裁判所HP（本号掲載の大塚直「判批」参照）は、原発事故当時、福島県及び隣接県に居住していた原告らが、東京電力及び国を被告として損害賠償等を求めて提訴した「生業訴訟」の控訴審判決である。本判決は、福島第一原発事故に関し国の規制権限不行使の違法性が争われている各地の訴訟のうち、初めて下された高裁判決として注目を集めた。原判決・福島地判平29・10・10判時2356号3頁（本誌10号参照）及び本判決は、東京電力については原子力損害賠償法3条1項に基づき、国については国家賠償法1条1項に基づき、原告らの損害賠償請求を一部認容した。他方、本件において原告らは、旧居住地における空間放射線量率を本件事故前の値以下にすることを求める原状回復請求もしていたが、原判決及び本判決は、この請求を不適法として却下した。損害賠償請求に関する本判決の判断のうち注目すべき点としては、次の点が挙げられる。①本判決は、国の規制権限不行使に基づく国家賠償責任を肯定した他の裁判例と同様、平成14年7月に、地震調査研究推進本部により日本海溝沿いにおける地震発生にかかる長期評価が公表されていたこと等を重視して、平成14年末までにはO.P.10メートルを超える津波が到来するということについて予見可能性が肯定できるとした。②国の結果回避義務については、原告らが一定程度具体的に特定して結果回避措置について主張・立証をした場合には、被告国において当該措置が実施できなかったこと又は当該措置を講じても事故を回避することができなかったことを相当の根拠・資料に基づいて主張・立証すべきであるとし、本件においては、防潮堤の設置や建屋等の水密化という結果回避措置により本件事故を回避することができなかったということについて、的確な主張・立証がされていないとして、結果回避可能性を肯定した点が注目される（このような考え方は、東京地判平30・3・16判例集未登載等においても採用されている）。③国の責任割合については、原判決は2分の1としたが、本判決は、国が原子力推進政策をとってきたことや福島第一原発の設置を許可したことなどを指摘し、

責任範囲を損害の一部に限定することは相当ではないとした。④損害論に関しては、原判決は、原告が主張したふるさと喪失損害について、帰還困難区域旧居住者につき中間指針等による賠償額を超える損害は認められないとし、また、居住制限区域及び避難指示解除準備区域の居住者については、本件事故の放射線の影響により帰還し得ないという状況にはなく、原告らが主張する不可逆的・確定的な「ふるさと」喪失が生じているとはいえないと判断した。これに対し、本判決は、「生存と人格形成の基盤」の破壊・毀損による損害を「ふるさと喪失損害」と呼んで、「日常的な幸福追求による自己実現」の阻害（平穏生活権侵害）による損害と区別しつつも、これらは訴訟物が異なるものではないとし、認定される賠償額が中間指針等による賠償額を超えるか否かを判断した。そして、原判決と異なり、帰還困難区域の旧居住者のみならず、居住制限区域及び避難指示解除準備区域の居住者についても、上記の意味における「ふるさと喪失損害」を認めた。以上のように判断して、本判決は、原判決が認容した賠償額（合計約5億円）に上乗せし、合計約10億円の賠償を命じた。

4 廃棄物・リサイクル

[9] 京都地判令2・9・7裁判所HPは、福知山市の住民が、市の執行機関である被告に対して、①一般廃棄物処理許可業者であるD社が、市が運営する廃棄物処理施設に廃棄物を持ち込む際、事業系一般廃棄物を家庭系一般廃棄物と偽り、市に手数料差額分の損害を与えたにもかかわらず、D社に対し損害賠償請求をしないことは、違法に財産の管理を怠るものであると主張し、また、②市の職員らが上記の事実を知りながら、または、これを容易に知りえたのに事業系一般廃棄物を家庭系一般廃棄物として取り扱い、得られたはずの手数料の徴収を怠ったとして、手数料差額分の損害を連帯して支払うようD社及び上記職員らに請求することを求めた住民訴訟である。本判決は、D社の上記行為を不法行為と認め、被告に対し、D社に損害賠償請求をするよう命じた。他方、市の職員らについては不正の事実を認識していたとはいえないとして責任を否定した。

5 景観・まちづくり

[10] 東京高判令元・9・18判例自治461号50頁は、一般国道468号新設工事及びこれに伴う一般国道及び市道付替工事に係る事業に関し、同事業の起業地内にある土地とその上にある建物の所有者である控訴人（一審原告）に対し、権利取得裁決及び明渡裁決がなされたところ、同控訴人が、これらの裁決が違法である旨主張して、その取消しを求めた事案である。

原審である横浜地判平31・3・6判例自治461号52頁は、①土地収用法所定の手続上及び実体上の適法要件を満たしている権利取得裁決は適法であり、②被収用地上にある建物の移転に特に日数を要する事情は認められず、明渡期限を算定した根拠が不合理とはいえない等の事情の下では、明渡裁決にも違法は認められないとして、控訴人の請求を棄却していた。本判決はこの判断を維持したものである。

[11] 東京地判平31・2・5判例自治460号77頁は、原告らが新宿区内で共有している土地（以下、本件土地）について、収用裁決が行われ、損失の補償額が決定されたところ、原告らが、その額の変更などを求めた事案である。

主な争点は、原告らに対する相当な損失補償額であるところ、本判決は、最一判昭48・10・18民集27巻9号1210頁を引用し、宅地については、形状、地積等画地の状態、街路の状態、交通施設、公共的施設、商業施設等との接近の程度、土地の利用に関する公法上の規制の程度、自然環境等の価格形成上の諸要素を総合的に考量して算定される正常な取引価格が、土地収用法71条にいう「相当な価格」に当たると解すべきであるとした。その上で、本件事案については、鑑定の内容に不合理な点がなく、結論も相当なものと認められるので、本件土地に対する補償金の額は、当該鑑定をもとに算定するのが相当であるとし、価格基準時から権利取得裁決の時までの物価の変動に応ずる修正率を乗じるなどして、損失補償額を一部変更している。

[12] 東京地判平31・2・22裁判所HP、判タ1473号115頁は、被告（羽村市）の市民である原告らが、土地区画整理事業の第2次変更決定（以下、本件変更決定）の取消しを求めた事案である。当初の事業計画決定において、事業実施期間は、平成

15年4月16日から平成34年3月31日まで、事業費は355億円とされていたところ、本件変更決定によって、事業実施期間は変わらず、事業費は370億円と増額され、その後に策定された資金計画では、平成27年度から平成31年度までに単年度当たり約26億円〜59億円を被告の負担金として支出する（本件事業からみれば収入）ことが書き込まれた（他方で、被告の歳入総額は210〜240億円程度にすぎない）。

　裁判所は、原告らの大半（本件事業の施行地区内の地権者や建物の賃借人など）に原告適格を認めたうえで、「土地区画整理事業に係る事業計画変更決定において、変更前の事業計画決定の決定内容を見直した上で、それが維持された場合、見直しの影響が及ぶ事項については、事業計画変更決定においてもそれを是認する旨の決定がされたものと解されるから、それが変更前の事業計画決定当初から存在していたものであっても、事業計画変更決定自体の違法としてその取消訴訟において争うことができる」とし、本件変更決定については、次のような違法があるとして、取消しを免れないとした。すなわち、本件変更決定の資金計画については、収入予算において「収入の確実であると認められる金額」を収入金として計上していないので、土地区画整理法施行規則10条1号に違反し、支出予算において「適正かつ合理的な基準によりその経費を算定」していないので、同規則10条2号に違反し、さらに支出計画において過大な経費を計上するもので、地方自治法2条14項、地方財政法4条1項の趣旨に反するものであり、他方で、本件変更決定の事業施行期間についても、事業の進捗状況と乖離し、到底実現不可能なものとなっており、適切に定められているとは認められないから、土地区画整理法6条9項に違反するとしたものである。

[13]　**神戸地尼崎支判令元・12・17**判時2456号98頁は、兵庫県西宮市内の高塚山と呼ばれる小高い丘の所在する土地の近隣に居住し、あるいは高塚山の自然環境や文化財を研究しているとする原告らが、右土地上で行われている宅地分譲開発工事について、①原告らが有する人格権から導かれるまちづくり権、②自然文化環境享受権、及び③平穏生活権といった法的権利ないし法的利益（民法709条にいう「法律上保護される利益」）を侵害し、また侵害するおそれがあるなどとして、主位的に、人格権に基づく本件開発工事の差止めを、予備的に、共同不

法行為（民法719条、709条）に基づく損害賠償金の（連帯）支払を、それぞれ求めた事案である。

　裁判所は、次のように判じて、原告らの請求を棄却した。①の法的権利性については、その具体的内容が不明確であるとして、これを否定した。また、その法的利益性についても、そうした権利の具体的内容の不明確さに加えて、「都市計画法上の開発許可を受けた者は、当該開発許可に重大かつ明白な違法が存し、無効であるような場合のほかは、取消訴訟によって取り消されない限り、当該開発許可に基づいて開発工事を実施することは行政法上適法であることからしても、少なくとも本件の被告らのような事業主ないし施工業者との関係で、原告らのいうような、まちづくりに自らが参加し、自らの住む地域のあり方を自らが決定する利益が……法的利益として認められているとまではいうことはできない」として、これを否定している。

　②の法的権利性についても、具体的内容の不明確さを理由に、これを否定した。その法的利益性については、国立マンション事件最判（最一判平18・3・30民集60巻3号948頁）が示した判断枠組みを用いて検討を行い、「少なくとも本件開発許可に重大かつ明白な違法が存し、無効であると認めることはできないから、本件開発工事を行うこと自体が行政法規の規制に違反するものであるとはいえない」し、また、「本件開発工事の実施が公序良俗違反や権利の濫用等に該当するなどの社会的に容認された行為としての相当性を欠くと認められる事情も認められない」として、少なくとも、本件でその違法な侵害が存するものとは認められないとしている。

　③の侵害に基づく請求については、「このような差止請求ないし損害賠償請求が認められるためには、原告らの主張する様々な被害について、それらが法的権利又は法的利益として保護されるものであることを前提に、実際にそのような被害が発生したこと又は発生する具体的危険があることに加え、……諸般の事情を総合的に考察して、被害が一般社会生活上受忍すべき程度を超えるものといえることが必要である（最一判平6・3・24判時1501号96頁）」とし、そのような観点から検討を行い、本件事案では受忍限度を超える危険を生じさせているものとは認められないとした。

[14]　**東京地判令2・2・27**裁判所HP・LEX/DB25584515は、都市計画法59条2項に基づいて、

道路整備に関する都市計画事業（本件事業）の認可（本件事業認可）がなされたところ、本件事業の事業地（本件事業地）内の不動産について権利を有し、あるいは、本件事業地内に居住し又は過去に居住していた原告らが、本件事業認可の違法を主張して、その取消しを求めた事案である。

本判決は、本件事業認可の前提となる都市計画決定（昭和41年決定）がなされた後に、その「基礎とされた社会・経済情勢に著しい変化があったこと等により、当該都市計画の必要性や合理性がおよそ失われ、都計法21条1項に基づき当該都市計画を変更すべきことが明白であるといえる事情が存するにもかかわらず、これが変更されないまま事業認可申請に至ったものであることが一見して明らかであるなどの特段の事情がある場合には、……当該都市計画が変更されないままの状態でその事業の認可をすることは、同法の趣旨に照らし許されない」としたものの、本件においては、そうした事情が存していたとは認められないとして、昭和41年決定に基づく本件事業認可は、適法であるとした。

[15] 徳島地判令2・5・20判例自治464号84頁は、次のような事案である。第一種市街地再開発事業（本件事業）の施行者である原告（市街地再開発組合）が、徳島市長に対して権利変換計画認可申請をしたところ、同市長は、被告（徳島市）の従前の方針を変更し、同事業からの撤退を決定し（本件政策変更）、申請を不認可とする処分（本件不認可処分）を行った。これに対して、原告が、本件事業の実現を不可能とさせたことが原告との信頼関係を不当に破壊するものであると主張して、国家賠償法1条1項又は民法709条に基づき、事業費、事務費等の損害合計などの支払を求めたものである。

本判決は、いわゆる宜野座村工場誘致政策変更事件最判（最三判昭56・1・27民集35巻1号35頁）を引用し、①本件政策変更によって、原告が社会観念上看過し難い損害を被ったことや、②被告が原告に対して「具体的な代替事業や補償の提案等」の代償的措置を講じていないので、本件政策変更がやむを得ない客観的事情に基づくものであるとも認められないこと等を認定したうえで、原告が有するに至った被告の政策の維持とこれによる本件事業の実現に対する信頼は法的保護に値するものであり、本件政策変更及び本件不認可処分は、かかる信頼に反する違法な行為であるといえるとして、民法709条

に基づく損害賠償責任を肯定した。ただし、本件政策変更及び本件不認可処分と相当因果関係にある損害は、被告の活動により、原告において本件事業の実現に対し法的保護に値するほど信頼を有していたときに支出された費用に限定されるとしている。

[16] 東京地判令2・11・12裁判所HP・LEX/DB25571213は、次のような事案の住民訴訟である。

日野市は、都市計画に基づく公園事業予定地の一部について事業認可を受け、同予定地内に廃棄物運搬車両が通行するための専用道路（本件通行路）を整備することにした（なお、本件通行路は、都市計画と異なる都市施設であり、日中の時間帯限定で、1時間当たり36台の頻度での走行が想定されている）。この事業を進めるために、日野市が、設計業務委託や工事請負などの契約（本件各契約）を締結し、代金の支払をしたところ、原告ら（日野市住民）が、日野市長であるAがした本件各契約の締結が違法であるとして、被告（日野市の執行機関である日野市長）を相手に、Aに対して損害賠償請求をするよう求めたものである。

本判決は、都計法が各種の手続規定を置くことによって、都市計画の決定又は変更に係る行政庁の判断が、住民等の意見を尊重したものとなり、かつ、政策的、技術的な見地からも適正なものとなるような仕組みを設けていると解し、こうした「仕組みに鑑みると、都市計画と異なる都市施設の設置が、客観的にみて当該都市計画の実質的な変更と評価されるものである場合に、都市計画の変更の手続を経ずにこれを行うことは、同法が定める上記の手続規定を潜脱するもの」であり、「かかる場合において都市計画を変更する必要性がないとする行政庁の判断は、重要な事実の基礎を欠き、あるいは、社会通念に照らし著しく妥当性を欠くものとして、裁量権の範囲の逸脱又はその濫用に当たる」ので、「いったん決定された都市計画……を変更しないまま、当該都市計画と異なる都市施設を設置することは、その設置が当該都市計画の実質的な変更と評価されるものである場合には、都計法上違法の評価を免れない」とした。そして、本件通行路については、都市公園の効用を有するものとは認め難く、また、暫定的な利用に供されるものともいえないから、その設置は都市計画の実質的な変更と評価すべきものであり、本件都市計画を変更しないまま、本件通行路を設置することは、都計法上違法であるとしたものである。

そのうえで、本件各契約の締結が財務会計法規上違法であるかについて検討し、日野市長（A市長）は、上記の違法を是正することなく、本件各契約の締結をしたものと認め、このようなA市長の判断は、その裁量権の範囲の逸脱又はその濫用となるものであり、地方自治法2条14項及び地方財政法4条1項に違反してされた違法なものであると判断した。

6　自然

[17] 長崎地佐世保支判令2・3・24裁判所HP・LEX/DB25570881は、いわゆる石木ダム建設による水没予定地の居住者等からなる原告らが、同ダム建設工事とこれに伴う各種道路付替工事（本件事業）に係る工事（本件工事）により、①生命・身体の不安に怯えず平穏に生きる権利、②こうばる（本件事業による水没予定地の呼称）の豊かな自然とその恵みを享受しながら生活を営む権利、③人が人として生きる権利（総体としての人間そのもの）及び人間の尊厳を維持して生きる権利、④税金を有効かつ適切に利用される権利が違法に侵害されると主張し、これらの権利に基づく妨害排除又は妨害予防請求として、本件工事の続行の禁止を求めた事案である。

本判決は、本件事業を進めることにより、原告らが洪水被害に遭い、その生命、身体の安全が侵害されるおそれがあることを認めるに足りる証拠はなく、また、治水対策が取られないことによって生命・身体の安全が侵害されるとも認められないから、①が侵害されているとは認められない。②③④についても、差止請求の根拠とはなりえない。したがって、その余の争点について判断するまでもなく、工事続行差止請求は認められないとして、原告らの請求をいずれも棄却した。

なお、原告らの一部が原告となった、長崎地判平30・7・9裁判所HP・LEX/DB25449608とその控訴審である福岡高判令元・11・29裁判所HP・LEX/DBHP25580363について、前者は本誌18号、後者は同20号で紹介済みである。右控訴審判決については、最高裁への上告がなされたが、上告棄却・不受理決定がなされた（最一決令2・10・8判例集未登載LEX/DB25567216）。

[18] 京都地判令2・6・25裁判所HP・LEX/DB25571040は、原告ら（京都府の住民）が、淀川水系宇治川に位置する天ヶ瀬ダムの再開発事業（本件事業）について、治水・利水上の不必要さや、安全性の欠如、それに環境上の悪影響などの観点から、本件事業への負担金支出は、地方財政法4条及び地方自治法2条14項に反して違法であると主張して、執行機関である被告（京都府知事）に対し、当時の京都府知事であった者等に対しての損害賠償請求や本件各負担金の支出の差止めなどを求めた住民訴訟である。

本判決は、本件事業に係る負担金がおよそ河川管理のための費用に該当しないことが明白であるとはいえず、被告が負担金を支出する行為が、財務会計法規上の義務に違反する違法なものであるということはできないところ、本件負担金の支出に違法はないと認められるから、原告らの請求は理由がないとして、これらをいずれも棄却した。

[19] 那覇地判令2・11・27裁判所HP・LEX/DB25571200は、次のような事案である。沖縄防衛局は、米軍普天間飛行場の代替施設を名護市辺野古沿岸域に設置するため、平成25年12月27日付けで、当時の沖縄県知事から、公有水面埋立法42条1項に基づく公有水面埋立ての承認を受けていた（本件承認処分）が、後に、本件承認処分は、事後に判明した事情等を理由として取り消され（本件撤回処分）、その後、沖縄防衛局が、公有水面埋立法を所管する国土交通大臣（裁決行政庁）に対し、本件撤回処分の取消しを求めて行政不服審査法に基づく審査請求を行ったところ、裁決行政庁は、本件撤回処分を取り消す旨の裁決をした。そこで、原告（沖縄県知事）が、本件裁決には成立の瑕疵があり、その内容においても違法があると主張して、行政事件訴訟法3条3項に基づき、本件裁決の取消しを求めたものである。

本判決は、いわゆる宝塚最判（最三判平14・7・9民集56巻6号1134頁）を引用し、本件訴えは法律上の争訟に当たらないとし、そのうえで、本件訴えが法律上の争訟に該当しないとしても、行訴法3条3項に基づく裁決取消訴訟として適法といえるかについても検討を行い、法規の適用の適正ないし一般公益の保護を目的として裁決の取消しを求める者は、同法9条にいう「法律上の利益を有する者」に当たらず、同法3条3項の裁決取消訴訟に係る原告適格が認められない、などとして、本件訴えを却下した。

なお、〈自然〉関連では、沖縄県名護市辺野古沿

岸水域での埋立をめぐる一連の訴訟に関して、最一判令2・3・26民集74巻3号471頁とその第一審の福岡高那覇支判令元・10・23民集74巻3号515頁が判例集に掲載されたが、いずれも前号までに紹介済みである。

7 アメニティ・再生エネルギー

[20] 東京高判令元・9・12判例自治465号104頁は、は、訴外宗教法人が、千葉市内の土地において納骨堂を経営することを計画し、千葉市長に対し、同市墓地等の経営の許可等に関する条例（本件条例）に基づく事前協議の申出をし、同条例施行規則に定める事前協議済書の交付（本件交付）を受けたうえで、墓埋法10条1項に基づく本件納骨堂の経営許可（本件許可）を取得したところ、本件土地の周辺住民等である控訴人ら（一審原告）が、本件許可及び本件交付が本件条例の許可基準に適合しない違法な処分であると主張して、被控訴人（一審被告、千葉市）に対し、本件許可の取消しを求めるとともに、主位的に本件交付の取消しを、予備的に本件交付の違法確認を求めた事案である。

原審（千葉地判平31・3・26判例自治465号107頁）は、①本件条例で定められた二つの許可基準（経営主体についての基準と施設基準）は、納骨堂の周辺に居住し、または土地もしくは建物を所有する者の具体的利益を専ら一般公益の中に吸収解消させるにとどめず、それが帰属する個々人の個別的利益としてもこれを保護すべきものとする趣旨を含むと解し得ないから、控訴人らに原告適格は認められない、②本件交付については、処分性は認められない、③本件交付が違法であることの確認を求める訴えは、確認の利益を欠き、不適法である、と判じ、控訴人らの請求を却下していた。本判決は、①について、施設基準の具体的内容を検討してみても、これに違反したからといって周辺住民等に衛生環境の悪化による健康上又は生活環境上の著しい被害が直接的に生ずるおそれがあると認めることまではできない等の補正をしながら、原審の判断を維持したものである。

[21] 名古屋高判令2・7・30裁判所HP・LEX/DB25566581は、控訴人ら（一審原告）が、その所有ないし居住する土地の付近で被控訴人（一審被告、中日本高速道路株式会社）が施工した高速道路建設工事により日照権が侵害されて精神的苦痛を被ったなどと主張して、不法行為に基づく損害賠償金等の支払を求めたところ、原審（名古屋地岡崎支判令2・2・5判例集未登載LEX/DB25566580）がその請求を棄却したため、控訴がなされた事案である。

高速道路建設工事による自宅建物の日照被害については、冬至日を基準として、日陰時間の定義や社会生活上受忍すべき範囲を超える損害等を定めた、国土交通省通達（本件通達）があり、原判決は、この通達等を参照しながら、本件における日照阻害が受忍限度を超えているとは言い難いと判じていた。これに対し、本判決は、「本件通達は法令ではないから、裁判所の判断を拘束するものではなく、本件通達による基準を満たさない場合であっても、受忍限度を超える日照被害が認められることはあり得る」とし、この「基準が冬至日における日陰時間に基づいているのは、一般的には、太陽が最も低い位置にある冬至日において日影の影響が最も大きくなるからであると考えられる」ところ、「このような大前提が当てはまらない場合には、冬至日のみを基準とすることは必ずしも合理性がなく、他の季節……を含む年間を通じての日照被害状況も考慮して、受忍限度を超えるものかどうかを判断すべきである」としたうえで、控訴人らのうちの一部が被る日照被害が受忍限度を超え、不法行為として違法性を有するとしたものである。また、被控訴人には、上記日照被害を緩和するため、種々の方策を行う余地があったと認められるところ、何ら有効な措置を執っていないことなどからして、過失があったことも認め、控訴人らの請求は理由があるとして、原判決の一部を変更した。

[22] さいたま地判令元・5・8判例自治465号75頁は、被告（新座市）の処分行政庁である新座市長が、墓埋法および同法施行条例に基づき、訴外A（宗教法人）に対して墓地経営許可処分をしたところ、墓地予定地の周辺に居住し、または土地を有する原告らが、裁量権の逸脱、濫用の違法があるなどとして、その取消し求めた事案である。

本判決は、墓埋法は、「条例でもって、公益に加えて個々人の個別的利益をも保護することを目的として墓地等の経営許可の要件を定める余地を許容して」おり、また、同法10条1項は、「周辺住民等の健康又は生活環境に係る著しい被害を受けないという利益を個々人の個別的利益としても保護すべきも

のとする趣旨を有する」ので、「周辺住民等のうち、違法な墓地経営に起因する墓地周辺の衛生環境の悪化により健康又は生活環境の著しい被害を直接的に受けるおそれのある者は墓地経営許可の処分の取消しを求めるにつき法律上の利益を有する」として、原告らの原告適格を認めた。しかし、原告らが指摘する諸点（土砂対策の不備や住民参加の不足など）に関して、処分行政庁の裁量権の範囲の逸脱又は濫用があるとまでは認められないとして、その請求を棄却している。

[23] さいたま地判令元・6・12判例自治463号83頁は、次のような事案である。原告らは、自ら所有する農地（本件各農地）上での太陽光発電施設の設置を計画し、処分行政庁（熊谷市農業委員会）へ、農地転用許可を申請（本件申請）した。しかし、本件各農地は第1種農地であるとして申請を却下する処分（本件処分）を受けたため、本件各農地は第2種農地であると主張して、被告（埼玉県）に対し、①本件各土地が第2種農地であることの確認と②本件処分の取消し、それに③処分行政庁が本件申請を放置して、処分を遅らせたことによる損害への賠償等を求めたものである。

本判決は、①については、確認の利益がないとしてこれを却下した。②については、農地転用許可申請に係る農地は、それと隣接する農地と一体として利用することにつき支障があるとは認められない場合には、農地法施行令12条1号所定の「一団の農地の区域内」にある集団的に存在する農地に当たることや、当該農地が、例外的に許可できる場合（農地法5条2項1号ロ参照）に該当しないときは、原則として農地転用許可をすることができないことなどを指摘したうえで、本件処分は適法であるとしている。③については、申請者が申請を取り下げるか否かを留保して、申請が許可されるよう独自に調査を続けていた等の事情の下では、処分行政庁が申請に対する処分を違法に遅らせ、これが違法であるということはできないとした。

②の判断に際して、裁判所は、平成21年改正により、農地法の目的規定に、「農地を農地以外のものにすることを規制する」との文言が加えられたことを指摘している。農地転用許可が出されてしまうと、当該土地は農地には戻らない（一時転用許可の場合をのぞく）ので、農地としての持続可能性という観点からは、「農地以外のもの」の中身は厳格に解すべきことになるだろう。ただし、昨今のわが国では、人口急減・超高齢化が進む中で、耕作放棄地が拡大の一途を辿っている。こうした状況下において、上記の文言はどのように読まれるべきだろうか。あるいは、農地か、それ以外か、という役割固定的な捉え方に基づく法制度設計それ自体が見直しの対象として浮上してくるのかもしれない。

（しまむら・たけし）
（おいかわ・ひろき）

医事裁判例の動向

山口斉昭　早稲田大学教授

医事判例研究会

今期における判例集の対象範囲は、民集73巻5号～74巻4号、判時2443号～2460号、判タ1472号～1477号、金法2141号～2152号、金判1594号～1605号である。また、裁判所ウェブサイト掲載裁判例も、必要に応じて触れる。

今期の対象裁判例は23件であり、前期に引き続きその数は比較的多い。医療事故関連のものは半数以上であり、ガイドラインやアセスメント等との関係など、事実認定や過失判断のあり方等の観点から、参考になるものが多い。また、[12][13] は、司法解剖に係る文書提出に関しての最高裁の判断であり、医療事故訴訟等における立証に大きな影響を与えるものといえる。また、医事判例研究会においては、民事裁判例でなくとも医事裁判例として重要なものは「動向」で取り扱い、極めて重要なものは「評釈」で取り上げることもあるとしているが、今期は、[19] のタトゥー事件をはじめ、これに該当する裁判例としても注目すべきものが多い。

1　検査・診断

[1] 東京地判令元・8・29 判時2450 = 2451号19頁は、腹腔鏡下子宮筋腫核出術（LM）の既往があった在胎26週の原告妊婦が、急性腹痛で緊急入院後、子宮破裂により緊急帝王切開手術がなされたが死産となった事案において、医師がLMの既往を認識し子宮破裂を疑って診察・検査等を行うべき義務を怠ったとして、原告が、病院・当直医師・看護師に損害賠償を請求した事件である。事実関係からは、原告が、激しい腹痛を訴える中で、病院側としても、何かしらの対応ができなかったかという率直な感覚は残るところであるが、判決は、妊娠中期の、LM既往のある妊婦が子宮破裂を発症した事案が、症例報告となる程度に非常にまれであったこと等を踏まえ、子宮破裂を疑わなかったことに過失はないとした。

2　手術・処置・患者管理等

(1)　医療水準、ガイドライン、アセスメント等が問題となったもの

[2] 東京地判平31・3・28 判時2444号28頁は、被告病院でレーシック等を受けた原告らが、医師がガイドラインの範囲を超える屈折度の屈折矯正手術を行い、コントラスト感度が低下したなどとして、損害賠償を請求した事件である。本判決は、ガイドラインに医学的根拠が十分に示されていないこと、当時、大学病院や、米国でも同程度の屈折度による矯正手術が行われていたこと等を指摘し、ガイドラインの範囲を超える屈折矯正手術をしてはならない義務も、コントラスト感度が有意に低下することを説明する義務もなかったとして請求を棄却した。

[3] 金沢地判令2・1・31 判時2455号41頁は、精神科病院において身体的拘束を受けた者が死亡した事案において、a) 身体的拘束の開始・継続の違法性、b) 身体的拘束による肺動脈血栓塞栓症の発症を回避するための注意義務違反が問われた事件である。本判決は、a) につき、精神保健福祉法に基づき厚生労働大臣が定める処遇の基準に当てはめて拘束を不合理でないとしたが、b) については、日本総合病院精神医学会治療指針を参照して、同指針に定められ、被告においても容易に実施可能であった予防措置については、これを実施することが医療水準として求められていたとして、弾性ストッキングの不装着につき、注意義務違反を認めた。しかし、同判決はガイドライン自体が静脈血栓塞栓症の完全な予防は困難であるとしていることや、静脈血栓塞栓症には100％予防可能な方法はないとされていること等を指摘して、注意義務違反と静脈血栓症との間の因果関係を否定し、結局、請求を棄却した。

なお、両判決の注意義務に関しては、[2] は自由診療であるだけに水準的治療の確定が困難な例であ

るのに対し、[3] の弾性ストッキング装着義務に関しては、「診療報酬（肺血栓塞栓症予防管理料）は請求できる」点などが、医療水準の認定において考慮されていると思われる。しかし、[3] についても、結果との因果関係をあっさりと否定している点を見ると、弾性ストッキング装着に関しては、その注意義務が法的には形骸化している印象をも与え、いずれについてもガイドラインの医学的根拠と、それを踏まえての法的意味合いについて考えさせる事件であるといえる。

[4] 東京地判令元・8・29 判時 2448 号 86 頁は、被告病院で、ベッドからの転落を防止するための体幹抑制ベルトを装着されていた高齢の入院患者が、装着を解除された 4 日後に、ベッドから転落して急性硬膜下血腫等と診断され、最終的に心不全で死亡したため、遺族らが損害賠償を請求した事件である。本判決は、身体拘束が必要やむを得ないと認められる事情がある場合に限り許容されるとしたうえで、被告病院で行っていた「転倒・転落アセスメント」の評価を踏まえ、拘束の解除に問題はなく、転落を防ぐための最低限の措置も継続してとられていたなどとして請求を棄却した。一般に転倒、転落リスクを避けることができない高齢患者の管理における、看護アセスメント等の重要性を示す判決であるとともに、その実施が、法的リスクの回避にもつながっている事例として注目される。

その他に、医学的知見に言及するものとして、[5] 東京地判令元・8・9 判時 2450 = 2451 号 78 頁がある。これは、慢性骨髄性白血病と診断された覚せい剤取締法違反の被告人（のち懲役受刑者）が死亡したため、遺族が、拘置所医師が投与する薬剤を変更する注意義務があったなどとして、国賠法に基づき損害賠償を請求した事件であるが、本判決は、実際に投与していた薬剤の治療反応性が良好かつ不耐容ではなかったことや、当時の医学的知見によれば生存期間の有意な延長を得られたか明らかでないこと等を指摘して薬剤変更の義務を否定し、請求を棄却した。また、[6] 札幌地判令 2・1・22 判時 2454 号 55 頁は、左頚部を果物ナイフで刺され被告病院に搬送された者が緊急手術を受けたが、緊張性血気胸を生じて死亡した事案で、遺族が、医師が胸腔ドレナージを実施しなかったこと等の過失があったとして損害賠償を請求した事件である。本判決は、胸腔ドレナージの必要性は認識しつつも、多量の出血による出血性ショックが致命的となることを危惧し、胸腔内に血液を貯留して新たな出血を抑えるため、あえて胸腔ドレナージを実施しなかった本件執刀医らの

判断が、当時の医学的知見に照らして不合理であったと認めることは困難であるなどとして、請求を棄却した。

さらに、不妊治療に関する特殊な事例として、[7] 大阪地判令 2・3・12 判時 2459 号 3 頁がある。本件は、妻が夫の同意を得ることなく、同意書を偽造し、被告クリニックで融解胚移植の方法により妊娠して夫の嫡出子となる子を出産したため、夫が、夫の意思を確認することのないまま融解胚移植を行ったことについて、被告クリニックに対し損害賠償を請求した事件であるが、本判決は、日本産婦人科学会の見解（会告）に準拠していることや学会への調査嘱託の結果を踏まえて、同意書の書式及び作成方法、ならびに、本人に直接電話をかけるなどしてその同意を確認すべき義務について判断し、その取扱いが不妊治療についての医療水準として不相当なものとはいえないとして、請求を棄却した。

なお、後掲の [11] も新規治療法に関するものであって医療水準と関わり、[12] も医学的知見に触れるが、説明義務のところで扱う。

(2) 減胎手術

[8] 大阪地判令 2・1・28 判時 2456 号 87 頁およびその控訴審判決である [9] 大阪高判令 2・12・17 裁判所 HP は、減胎手術の事例として注目を集めたものである。これも医療水準やガイドラインに関連するが、(1) と項目を別にして紹介する。

本件で、原告は女児の妊娠を希望して被告病院で排卵誘発剤等の投与による不妊治療を受けていたが、5 胎の妊娠を確認したため、減胎手術を受けた。しかし、予定通りの減胎ができずに複数回の減胎手術がなされ、2 胎が残った。しかし、別の医院での診断により障害がみられ、最終的には妊娠継続困難により妊娠中絶するに至った。このため原告が、被告医院の医師が、手術時に多数回の穿刺を行い、感染症対策を怠り、減胎対象外の胎児を穿刺するなどしたために胎児を 1 胎も救えなかったとして、損害賠償を請求した。

第一審の [8] 判決は、減胎手術の問題点や、症例報告およびその手技等について述べた教科書・文献も少ないことを指摘し、原告主張の義務（胎児への穿刺を、細い針を用いて 1 胎につき原則 1 回、多くとも 3 回以内の穿刺回数に止める等）につき、そのような医学的知見が一般的に確立していたと認めるに足りる証拠はないとして請求を棄却した。しかし、控訴審の [9] 判決は、広く減胎手術が受け入れられている国や、ガイドラインがある国が 13 か国あるとされること等に触れ、また、文献や審議会の資料

等を踏まえて当時の「主流」の手法を示し、さらに、本件医師が、減胎手術に関する文献すら読んでいなかったこと等をも指摘して、本件医師は、母体に対する侵襲への配慮を欠き、穿刺針の選択に注意を払わず、母体に対する危険防止のために経験上必要とされる最善の注意を尽くす義務に違反したとして、50万円の慰謝料を認めた。

減胎手術については、その是非自体に関する議論があるところ、本件は、そのような議論のある手術についての標準の治療や注意義務を判断する困難な事例であり、今後大きな議論となるであろう。

(3) 因果関係

[10] 東京地判令元・5・30判時2447号22頁は、鍼灸師が患者の頸部に鍼施術を行った結果、当該鍼施術によって頸髄損傷が生じたと認定し、鍼灸師の注意義務違反や一部後遺障害との因果関係を認めて、1500万円弱の損害賠償の支払を認めた事例である。本件は、画像所見等の客観的なデータが少なく、鑑定意見書や鑑定書の見解も一様ではない中で、施術と頸髄損傷の因果関係を認定した事案であって、その認定方法は参考になるが、評価が分かれうる判決と思われる。

3 説明義務

[11] 東京地判令元・10・17判時2456号65頁は、自閉症と診断された幼児に対する少量L－DOPA療法の実施例であり、児及びその親である原告らが、医師の同療法に関する実施や説明に関する注意義務違反があったとし、これにより、児の発達が停滞して重度知的障害の状態に進展したとして損害賠償を請求した事件である。本判決は、自閉症の画一的な特効といわれる治療法はない状況にあり、当時、自閉症の薬物治療は、少量L－DOPA療法に限らず様々な試みが行われていたとしたうえで、同療法の実施が医師の裁量を逸脱し又は濫用していると評価することはできないとし、また、原告に同療法の副作用が出現したと認めることもできないとした。しかし、同療法の開始の際、両親に対し、同療法が自閉症に対する確立した治療法ではないことを説明しなかった上に、副作用が出現する又は症状が悪化する可能性があることを自身が携わった共同研究に言及するなどして具体的に説明することもしなかったなどとして、説明義務違反を認め、300万円の慰謝料等を認めた。

本件は未確立の療法で、しかも本件医師らが試みていた治療法であるが、他に治療法がない中で行わ

れ、効果や副作用と自閉症の症状との区別も困難な事案である。しかし、自らがその研究に携わっていた治療法であるにもかかわらず、その説明をせず、説明がされていれば同療法を選択しなかったものとされていること等を重く捉え、300万円もの慰謝料を認めたとも見られよう。

[12] 東京地判平31・3・15判タ1475号184頁は、原告が、被告が運営する大学病院において頸動脈内膜剥離術を受けた際、脳梗塞を発症し、右上肢麻痺の後遺障害が残ったとして、被告担当医師が本件手術前に原告に対し本件手術は脳梗塞を発症するリスクが高いことなどを説明する義務に違反したと主張して損害賠償を請求した事件であるが、原告主張のリスクの前提となる医学的知見を認めるに足りる的確な証拠がないとして、説明義務違反を否定し、請求を棄却した。

4 その他の事例

(1) 司法解剖に係る文書等の提出命令

医療事故訴訟等において、司法解剖の文書や写真等を証拠として使用することについては、これまでもその必要性が主張されてきた。[13] 最三決令2・3・24裁判所HP（判タ1480号144頁）、および、[14] 最三決令2・3・24民集74巻3号455頁は、これが認められるための判断枠組みを最高裁が示した判決として、極めて重要である。

本件の本案訴訟は、Xが、A病院の看護師の過失によりXの父Bが転倒し、死亡したなどと主張して、Aに対し損害賠償を求めるものであるが、本件は、Xが、上記転倒によりAが死亡したこと等を立証するために必要であるとして、Bの死体について、司法警察職員から鑑定の嘱託を受けた者（医師）が当該鑑定のために必要な処分として裁判官の許可を受けてした司法解剖の文書等の提出を求めたものである。このうち、[13] 事件は、解剖に関して作成した鑑定書等及び上記解剖に関して上記の者（医師）が受領した鑑定嘱託書その他外部の関係先から受領した資料並びにこれらの写し（電磁的記録媒体に記録される形式で保管されているものを含む）であって医師の所属機関（国立大学法人）が所持するもの（本件文書等）について、所属機関に民事訴訟法220条2号又は4号に基づく提出義務があると主張して、文書提出命令の申し立てをしたものであり、[14] 事件は、当該死体の解剖の写真に係る情報が記録された電磁的記録媒体であって捜査機関（地方公共団体）が所持するもの（「本件準文書」）について、民

訴法 220 条 3 号所定の「挙証者と文書の所持者との間の法律関係について作成されたとき」に該当すると主張して、文書提出命令の申立てをしたものである。[13][14] とも、原審は、本件準文書ないし本件文書等の提出を命じたため、いずれについても抗告がなされてこれが許可された。

最高裁の決定の骨子は以下のとおりである。まず、[13] 決定は、司法解剖に係る文書等は、当然に民訴法 220 条 4 号ホ所定の刑事事件関係書類に該当するとし、原審を破棄した。もっとも、同決定は、本件文書等について民訴法 220 条 2 号に基づく提出義務の存否を審理させるため、本件を原審に差し戻しており、2 号に基づく提出義務が認められる余地を認めていると見られる。そして、[14] 決定は、[13] 決定を前提に、司法解剖文書につき、4 号に基づく提出義務があるとは言えないとするものの、民訴法 220 条 3 号該当性判断において、同文書が法律関係文書に該当すれば、これが刑訴法 47 条所定の「訴訟に関する書類」に該当するとしても、その保管者による提出の拒否が当該保管者の有する裁量権の範囲を逸脱し又は濫用するものである場合には、裁判所は、その提出を命ずることができるとした（最三決平 16・5・25 民集 58 巻 5 号 1135 頁）。

なお、その法律関係文書該当性については、「民訴法 220 条 3 号後段の文言及び沿革に照らし、当該文書の記載内容やその作成の経緯及び目的等を斟酌して判断すべき」とするものの、遺族が「死体が礼を失する態様によるなどとして不当に傷付けられないことについて法的な利益を有する」などとする等、その解釈は、かなり「緩やか」であると考えられていると見られる（越山和弘・法教 478 号 139 頁、加藤新太郎・NBL1183 号 65 頁、辻村祐一・新判例解説 Watch 民事訴訟法 116 号 4 頁）。このため、少なくとも、[14] 決定で扱われた司法解剖の写真データについては、医療事故等における証拠としての使用可能性を大きく開くものとなったと言えよう。

(2) 性同一性障害に関する事例

[15] 大阪高決令元・6・20 判タ 1473 号 69 頁は、性同一性障害と診断され、診断に基づきホルモン治療を受けて性別適合手術も受けている者が、性同一性障害者の性別の取扱いの特例に関する法律（特例法）に基づき戸籍の性別を男から女に変更することを求めたが、同法 3 条 1 項 2 号の要件（現に婚姻をしていないこと）を満たさないとして申し立てを却下した原審判（京都家審令元・6・20 判タ 1473 号 71 頁）に対する抗告を棄却した事例である。そして、その特別抗告審である [16] 最二決令 2・3・11 裁判

所 HP も、特別抗告を棄却した。

特例法 3 条 1 項 4 号の生殖不能要件については、最二決平 31・1・23 判時 2421 号 4 頁が、これを合憲としていたが、本件においては、2 号の非婚要件も合憲とされた。[15][16] ともに、平成 31 年決定に比して決定理由は極めて簡素であり、ここでは最高裁決定である [16] の表現のみを引用すると、「法律 3 条 1 項 2 号の規定は、現に婚姻をしている者について性別の取扱いの変更を認めた場合、異性間においてのみ婚姻が認められている現在の婚姻秩序に混乱を生じさせかねない等の配慮に基づくものとして、合理性を欠くものとはいえないから、国会の裁量権の範囲を逸脱するものということはできず、憲法 13 条、14 条 1 項、24 条に違反するものとはいえない」とのみしている。

[17] 大阪高決令元・9・18 判時 2448 号 3 頁は、性同一性障害と診断された戸籍上の性別が男性である者が、男性名から女性名への名の変更許可を申し立て、原審（大阪家審令元・7・22）がこれを却下した事件に関する抗告審である。本件は、性同一性障害との診断を受けて 1 年以上の間、ホルモン治療を受けたが体調不良により治療を中断した事案に関するものであり、原審は、申立人が変更を求める女性名が、通称として永年使用され社会的に定着しているとは認められないなどとして申し立てを却下したが、本決定は、抗告人が診断ガイドラインに沿って診断を受けていること、生物学的な性と心理的・社会的な性意識の不一致に悩み、生活上の不便が生じていること、その不便を解消するために、持続的な確信を持つ心理的な性に合わせた名が勤務先や通院先など社会的、経済的な関係において、継続的に使用されているとし、このような事情の下では、戸籍法 107 条の 2 にいう正当な理由を認めることができるとして原審判を取消し、申立てを許可した。

(3) 後見開始審判に関する事例

[18] 大阪高決令元・9・4 判時 2452 号 39 頁は、本人の長男が後見開始の申立てをしたが、本人が調査官の調査に応じないことから、後見開始の審判を行うことができるかが問題となった事案である。本件では、医師による後見開始相当との診断書があるものの、同診断書には一方で発語不能としながら、他方で言語による意思疎通が可能とするなどしたため、原審（京都家審令元・7・4 判タ 1474 号 17 頁）は、診断書の信用性に疑義があるため鑑定を実施する必要があるが、本人から鑑定に対する協力が得られる見込みがないとして申立てを却下した。しかし、抗告審である本決定は、診断書の矛盾は、単なる誤記

にすぎないとし、鑑定を俟つまでもなく、本人が精神上の障害により事理を弁識する能力を欠く常況にあると認められるとし、また、本人は、長女の勧めにより、本件土地上にマンションを建築する請負契約を締結し、駐車場の賃貸借契約を解約して賃料収入を失い、収支状況の悪化を来たしていること、長男と長女との間には、上記マンション建築や本人の後見開始を巡って意見の対立があることから、公正中立な立場で本人の財産を適切に管理することができる専門職の成年後見人を選任する必要があるとして、原審を取消し、成年後見人の選任につき、更に審理を尽くさせる必要があるとして、審理を差し戻した。

(4) その他：民事裁判例以外

民事関係以外の極めて重要な医事法関連裁判例として、[19] 最二決令2・9・16 裁時1752号3頁（医師法17条にいう「医業」の内容となる医行為の意義：タトゥー事件）がある。本件については、「評釈」（小谷昌子）で扱われるため、内容の紹介もそちらに譲る。

[20] 東京高判平31・2・6判時2456号3頁は、平成25年法律第103号による改正後の薬事法における、要指導医薬品のいわゆる対面販売規制につき、インターネット販売事業者が、本件各規定が憲法22条1項に違反するなどとして、要指導医薬品の指定取消しおよび、郵便等販売をすることができる権利ないし地位を有することの確認を求めた事件である。本判決は、要指導医薬品の指定は行政処分には当たらず、取消しの訴えは不適法であるとして却下し、また、要指導医薬品の販売に当たって、薬剤師を積極的に関与させ、薬剤師による情報提供及び薬学的知見に基づく指導を対面により行わせること等には合理性がある等として、憲法違反には当たらないとして、請求をすべて棄却した。

[21] 東京地判令元・9・12判時2456号15頁は、精神保健指定医取り消し処分が取り消された事例である。

聖マリアンナ医科大学での精神保健指定医の不正申請事件を受けて、厚生労働大臣は、これまでの指定に関して調査を行い、その結果に基づき、新たに多くの精神保健指定医の取消しの処分を行ったが、これに対しては、取消し処分の取消しを求める訴えが複数提起され、また、精神保健指定医取り消し処分の前提となる不正申請等に関連した医業停止処分等の取消しや効力停止を求める訴えも提起されるなどしている。

このうち本件は、複数の医師が重複してケースレポートを提出している症例に関し、十分なかかわりを持った症例とは認められなかったレポートが作成されたとして原告医師に対し精神保健指定医の取消しがなされた事例について、原告医師が当該取消し処分の取消しを求め、これが認められたものである。本件症例では、原告の診療録上の記載がわずか4点であることなどから、被告（国）は、症例への関わりとして診療録等に記載されているもの以外は客観的な裏付けを欠くなどとして診療録等の客観的記載に基づく判断の合理性を主張したが、本判決は、特に複数の医師が診療に関与する場合には、各医師が当該診療にどの程度関与したかについて、必ずしも診療録の記載のみからは判定できない場合もありうるとして、これ以外にも、精神科病院の管理者の報告や当該医師あるいは指導医の供述等についても認定の基礎とすることができるとし、これらを精査したうえで、原告が本件申請に当たり提出した本件ケースレポートは、原告が自ら十分な関わりを持った症例について作成されたものであると認定した。本件は、（聴聞等は行われるものの）書面上の審査によらざるを得ない行政処分における判断の難しさを示す事例であるとともに、チーム医療等が一般に行われる中で、それが指定医における客観的な要件となるような場合における、診療録等の記載のあり方についても、問題を提起する事例である。

その他、当期の裁判例として、あはき師法附則19条1項の合憲性が争われた、[22] 東京地判令元・12・16判時2458号18頁、および、[23] 大阪地判令2・2・25判時2458号39頁がある。両事件は、原告、被告ともに同一であり、原告の運営する医療専門学校および大学の保健医療学部鍼灸学科について、あん摩マッサージ指圧師、はり師、きゅう師等に関する法律（「あはき師法」）2条2項に基づき、視覚障害者以外の者を対象とするあん摩マッサージ指圧師養成施設の認定の申請をしたところ、被告（国）がこれを認定しない旨の処分をしたため、同処分の取消しを求めた事件（[22] が神奈川の専門学校、[23] が大阪の専門学校及び大学について）である。両事件は、いずれもほぼ同じ理由（視覚障害者であるあはき師の生計の維持を重要な公益として必要かつ合理的な措置をとる立法府の判断がその裁量の範囲を逸脱しない）により、憲法22条1項には違反しないとして、請求が棄却されたものであるが、既に [22] について、本誌20号の「動向」（米村滋人）で紹介がなされているため、そちらを参照されたい。

（やまぐち・なりあき）

労働裁判例の動向

山中健児　弁護士

労働判例研究会

はじめに——今期の労働裁判例の概観

労働法分野の今期の裁判例のうち、最高裁判決は9件である。労働者から使用者へのいわゆる逆求償を認めたもの（[2]）、割増賃金の支払に関するもの（[17]）、有期労働契約の終了に関するもの（[42]）、市職員のコンビニ店員へのハラスメント行為を理由とする停職懲戒処分に関するもの（[57]）などがあるが、中でも大きな注目を集めたのは、旧労働契約法20条に関する5件の判決である（[71][72][73][77][78]）。いずれも判決も、平成30年6月1日の2件の最高裁判決（ハマキョウレックス事件・最二判平30・6・1民集72巻2号88頁及び長澤運輸事件・最二判平30・6・1民集72巻2号202頁）で示された、当該待遇の性質及び当該待遇を行う目的を踏まえ、職務の内容及び配置の変更の範囲の相違、その他の事情を考慮して判断するという枠組みに照らして判断を行っているが、日本郵便の東京（[72]）・大阪（[73]）の各事件では、当該待遇の性質及び当該待遇を行う目的の判断にあたって、新たに「業務の繁閑にかかわらない勤務が見込まれている」かどうか、「相応に継続的な勤務が見込まれている」かどうかという基準が示されており、具体的にどのような有期労働契約者を対象として、どのような待遇がかかる基準にあてはまるのかという点については、今後とも裁判例の集積によりさらに議論が深められる必要があろう。

下級審裁判例では、労災保険給付の不支給処分の取消や労災民事訴訟に関する労災事案が相当多数に上る（[23]〜[37]）。その中には、会社の安全配慮義務違反に対して、取締役の任務懈怠による損害賠償責任を認めるもの（[32]）や、結果的に具体的な疾患を発症するには至らなかったとしても、心身の不調を来す可能性があるような時間外労働に従業員

を従事させたことをもって慰謝料の支払を命ずるもの（[37]）など、会社法や民法の領域にも関連する事案も散見され、理論的にも注目されるところである。

1　労働法の形成と展開

2　労働関係の特色・労働法の体系・労働条件規制システム

いずれも該当裁判例なし。

3　個別的労働関係法総論

[1] 岡地事件・東京地判令2・1・15労経速2419号23頁は、商品先物取引の歩合登録外務員との契約が労働基準法16条の「労働契約」にはあたらないとされ、身元保証金が当該外務員の取り扱った委託者に関して発生した未収入金に充当されることになるとして、当該外務員が積み立てた身元保証金の返還請求を棄却した。

4　労働者の人権保障（労働憲章）

[2] 福山通運事件・最二判令2・2・28民集74号2号106頁は、被用者が使用者の事業の執行について第三者に加えた損害を賠償した場合には、被用者は使用者の事業の性格、規模、施設の状況、被用者の業務の内容、労働条件、勤務態度、加害行為の態様、加害行為の予防又は損失の分散についての使用者の配慮の程度、その他の事情に照らし、損害の公平な分担という見地から相当と認められる額について使用者に対して求償することができるとして、被用者は、第三者の被った損害を賠償したとしても、共同不法行為者間の求償として認められる場合を

除き、使用者に対して求償することはできないとした原判決を破棄し、本件を原審に差し戻した。

[3]P興産元従業員事件・大阪高判令2・1・24 労判1228号87頁は、不動産売買・賃貸業を営む使用者と日雇従業員との間で退職直後に交わされた不動産取引損金補填の合意（「本件合意」）は、その成立時期が労働者の退職直後であるものの、使用者が労働契約関係にあった労働者に退職後も労働契約に付随して努力する義務を負わせた上、将来に損害が生じた場合には、事情の如何を問わずその全額の賠償を約束させるものにほかならず、実質的には、労働基準法の規定の趣旨に反するものである、また、その内容においても、労働者の自由意思によるものとはいえない点においても、公序良俗に反し、無効というべきであるとして、本件合意が有効であることを前提に損金等の請求を全部認容した原判決を取消して請求を棄却した。

5　雇用平等、ワークライフバランス法制

[4]　アメックス（降格等）事件・東京地判令元・11・13 労判1224号72頁は、育児休業中の組織変更に伴う復職後の配置変更措置（「本件措置」）について、本件の使用者の人事制度及び給与体系等に照らせば、給与等の従業員の処遇の基本となるのはジョブバンドであるといえるから、例えば、いわゆる職能資格制度における職能等級をさげるというような典型的「不利益な取扱い」としての降格は、本件においては、ジョブバンドの低下を伴う措置をいうと解することが相当であるとし、その意味では、本件措置は、ジョブバンドの低下を伴わない措置であり、いわば役職の変更にすぎないこと等の理由から、均等法9条3項、育介法10条所定の「不利益な取扱い」に当たるということはできないとし、職場環境配慮義務違反等による債務不履行又は不法行為に基づく損害賠償請求をいずれも棄却した。

[5] 社会福祉法人緑友会事件・東京地判令2・3・4 労判1225号5頁は、出産後1年を経過していない労働者の解雇について、均等法9条4項が妊娠中の女性労働者及び出産後1年を経過しない女性労働者に対する解雇を原則として禁止している趣旨について、妊娠中及び出産後1年を経過しない女性労働者については、妊娠、出産による様々な身体的・精神的負荷が想定されることから、妊娠中及び出産後1年を経過しない期間については、原則として解雇を禁止することで、安心して女性が妊娠、出産及び育児ができることを保障した趣旨の規定であると解されるとし、同項但書の「前項（9条3項）に規定する事由を理由とする解雇でないことを証明したときは、この限りでない。」との規定が適用されるためには、使用者は、単に妊娠・出産等を理由とする解雇ではないことを主張立証するだけでは足りず、妊娠・出産等以外の客観的に合理的な解雇理由があることを主張立証する必要があるものと解されると述べ、本件については普通解雇に客観的合理的理由があると認められないため、均等法9条4項但書に基づく証明をしたとはいえず、均等法9条4項に違反するという点においても解雇を無効と判断し、労働契約上の権利を有する地位の確認請求等を認めた。

[6] 三菱UFJモルガンスタンレー証券事件・東京地判令2・4・3 労経速2426号3頁は、育児休業から復帰した直後からハラスメントを受けたとの労働者の主張に対して、上司らが繰り返し誤解であることを説明したものの、かえって当該労働者は広く世間に対し同内容の主張を情報発信することを繰り返し、このような言動は本件解雇に至るまで続いており、改善の兆しは見られないこと、当該労働者は、日本株及び日本株関連商品の営業業務の担当として高い職務実績をあげ使用者の当該業務の成果に大きく貢献することが期待され高額の給与が保証されている戦略職であり、一連の情報発信及び情報の拡散行為は、戦略職として求められている期待に著しく反するものであって、当該労働者は戦略職として不適格であるといえること、また、使用者は、当該労働者の行為が戦略職就業規程に違反するおそれがあり、今後戦略職就業規程違反となる行為を厳に慎むよう書面により警告をしていて、当該労働者はこの警告を無視して情報発信を継続したことなどからすれば、解雇は手続的にみても不相当であるとはいえないから、普通解雇は、客観的に合理的な理由があり、社会通念上相当であると認められるとして有効であるとし、雇用契約上の権利を有する地位の確認請求とともに、育児休業取得の妨害、育児休業取得を理由とする不利益取扱いをされたことを根拠とする不法行為に基づく損害賠償請求、休職命令が無効であることを理由とする賃金請求等をいずれも棄却した。

[7] フジ住宅事件・大阪地堺支判令2・7・2 労経速2427号3頁は、在日韓国人である原告が勤める会社の職場において、韓国人等を誹謗中傷する旨の人種差別や民族差別を内容とする政治的見解が記載

された文書等が大量に配布されたこと、会社において、従業員に対し、都道府県教育委員会開催の教科書展示会に参加し、会社等が支持する教科書の採択を求めるアンケートを提出することなどを促したこと、原告が訴えを提起したところ、会社の職場において、訴えを誹謗中傷する旨の従業員の感想文等が配布されたことについて、それぞれ、原告の人格的利益、原告の裁判を受ける権利、原告が職場における自由な人間関係を形成する自由や名誉感情を侵害する違法があるとし、損害賠償請求の支払等を命じた。

6 賃金

[8] 通勤手当請求控訴事件・東京地判平30・10・24判タ1475号125頁は、通勤手当の支給につき、給与規定に「通勤経路が2つ以上ある場合には最も経済的かつ合理的な経路によるものとする」との定めがある場合において、従前の運用実態、各経路の所要時間及び定期券代金を踏まえ、原告主張の経路が「最も経済的かつ合理的な経路」であると認めることはできないとし、通勤手当の差額請求を棄却した原判決を相当とし、控訴審で追加された通勤手当の支給に係る差別的取扱いを理由とする不法行為に基づく損害賠償請求についても棄却した。

[9] インサイド・アウト事件・東京地判平30・10・16判タ1475号133頁は、ウェブサイト上に掲載されるバナー広告の制作業務が専門業務型裁量労働制の対象業務に当たらず、賃金規程等においていわゆる固定残業代と位置付けられた職務手当の支給をもって割増賃金の支払とみることはできないとして割増賃金の支払とともに、付加金請求の対象となる未払割増賃金の半額に相当する付加金の支払を命じるとともに、原告が主張する不法行為に基づく損害賠償請求については、いずれも証拠上、主張事実を認定することが困難である、または認定できる事実だけでは直ちに不法行為を構成するものとはいえないなどとして請求を棄却した。

[10] 学校法人近畿大学（勤続手続等）事件・大阪地判平31・4・24労判1221号67頁は、平成18年協約及び平成24年協約締結後、労働組合に加入した職員らに対して、加入日以前に遡及してその規範的効力が及ぶか否かについて、労働協約の規範的効力は、労働組合法17条又は18条の一般的拘束力を有する場合を除き、労働協約当事者である労働組合の組合員にのみ及ぶと解されること、労働者に労

働組合加入の自由があること等からすると、当該協約の規範的効力が生じた後に労働協約当事者である労働組合の組合員になった者の労働契約の内容が、組合員でなかった時点に遡って、当該労働協約により変更されると解することはできず、当該組合員に対する当該協約の規範的効力の始期は、労働協約上特段の定めがない限り、労働組合加入の時点であると解すべきであるから、平成18年協約及び平成24年協約は、いずれも遡及的な適用に関する特段の定めがあるとは認められないから、職員らが本件組合に加入した時点から、職員らの労働契約に対する規範的効力を生じるというべきであるとし、勤続手当の凍結及び共済掛金負担金の廃止のうち、勤続手当については、変更後の職員給与規程が、原告らに対して拘束力を有し、平成18年協約が、原告らの本件組合加入時から拘束力を有していることからすると、原告らの個別同意の有無にかかわらず、変更後の職員給与規程等に従い、凍結後の内容が労働契約の内容となると解するのが相当であるとして、勤続手当に関する請求を棄却し、共済掛金負担金の廃止については、平成24年協約は、締結権限のない者によって締結されたものではあるものの、締結時点に遡って有効な追認がなされたと認められるから、同労働協約は、原告らが労働組合に加入した時点から原告らの労働契約に対する効力を生じることとなるとし、また、共済掛金負担金の廃止については、原告らに有効な個別同意がなされたとは認められないとして、負担金の一部の支払を命じた。

[11] 木の花ホームほか1社事件・宇都宮地判令2・2・19労判1225号57頁は、基本給（能力給）の約20パーセントもの切り下げを伴う本件給与減額については、原告が自由な意思に基づき本件給与減額に同意したと認めるに足りる合理的な理由が客観的に存在していたとは認められず、また、降格処分としても根拠となりうる規定は何処にも見当たらないなどとして無効とし、固定残業代の定めについては、労働者は、1か月当たり平均80時間を超える時間外労働等を行ったとしても、清算なしに約131時間分の割増賃金（28万3333円）を取得することが可能となるため、常軌を逸した長時間労働が恒常的に行われるおそれがあり、実際、元従業員の時間外労働時間数は1か月平均80時間を優に超えているだけでなく、全26か月中、時間外労働等が1か月100時間を超える月は6か月、90時間を超えている月になると17か月にも上っていることなどに照らすと、公序良俗に違反し無効であるとして、

未払賃金及び未払割増賃金（付加金として元金の5割を含む）の支払を命じ、さらに、パワハラ行為によって元従業員は相当大きな精神的苦痛を受け、その影響で精神が不安定になり抑うつ状態に陥って心療内科への通院を余儀なくされたことなどの事情を踏まえて慰謝料100万円の支払等を命じた。

[12] レインズインターナショナル事件・東京地判令元・12・12労経速2421号3頁は、固定割増手当について、会社の賃金体系上、固定割増手当は時間外労働及び深夜労働に対する対価であることが明らかにされているというべきであり、そして、実際に元従業員に支払われた固定割増手当の額は基本給を基礎賃金として計算した70時間の時間外労働と30時間の深夜労働に対する割増賃金の額と概ね一致し、加えて、時期によっては本件固定割増手当規定に係る時間外労働及び深夜労働の時間数と比較的大きな差があるものの、会社は、割増賃金の額が固定割増手当の額を上回る場合にはその差額を支払っていたことを考慮すると、本件労働契約上、固定割増手当は時間外労働及び深夜労働に対する対価であるとされているとみるべきであるから、固定割増手当の支払は割増賃金の弁済として有効であり、また、固定割増手当は労働基準法37条にいう「通常の労働時間」の賃金に当たらないとしつつ、実労働時間の認定に関し、争いのある休憩時間について、会社のシステムは原則として休憩時間が自動的に記録される仕組みになっており、実態を反映したものではなく、会社において所定の休憩時間を確保するよう指導等がされた形跡がみられないことを考慮して、一部について実労働時間性を認めて、固定割増手当を超過する分の割増賃金及び同額の付加金の支払を命じた。

[13]Ｏ・Ｓ・Ｉ事件・東京地判令2・2・4労経速2421号3頁は、賃金について、それまでの基本給23万円・機能訓練指導員手当1万円の合計24万円を基本給18万円のみに減額されたどうかという点について、契約書の内容は、原告を機能訓練指導員手当1か月1万円が支給される業務から外してその支給を停止するばかりでなく、その基本給を1か月23万円から18万円に減額し、賃金総額を25％も減じるものであって、これにより原告にもたらされる不利益の程度は大きいというべきであり、他方、被告代表者が原告に対して上記のような大幅な賃金減額をもたらす労働条件の変更を提示しなければならない根拠について、十分な事実関係の調査を行った事実や、客観的な証拠を示して原告に説明した事実は認められないとして、契約書の作成によっても、そこに記載された本件合意の内容への原告の同意があったとは認められないとして未払賃金の支払等を命じた。

[14] 東京乗用旅客自動車厚生年金基金事件・東京高判令2・3・25労経速2422号3頁は、厚生年金基金の設立事業所の一つであった会社に対する特別掛金の一括徴収処分について、基金の東京乗用旅客自動車厚生年金基金規約の附則15条3項は、受給権の確保と設立事業者間の公平な分担が阻害される事態の発生を防止するため、営業車両を基金に加入していない設立事業者に譲渡した時点で加入員の減少が明確になったものとして、特別掛金を一括徴収することとしたものと解されるところ、同項には加入員数の減少が設立事業所の意思によるものであることやその理由、営業車両の稼働率、譲渡回数等の具体的な事情を要件とする旨の文言は存在しないから、営業車両の譲渡により加入員数が減少した場合には、それが設立事業所の意思によるものであるか否か等の具体的な事情の有無にかかわらず、同項の規定が適用されるものと解すべきであるとした原判決の内容は相当であるとして控訴を棄却した。

[15] 弁護士法人アディーレ法律事務所事件・東京地判平31・1・23労経速2382号28頁は、弁護士法人が法令違反行為を理由に所属弁護士会から懲戒処分を受け、労働者である弁護士に対し自宅待機命令を発した場合において、自宅待機期間中の労務提供の履行不能につき、当該弁護士法人に平成29年法律第44号による改正前の民法536条2項にいう「責めに帰すべき事由」があり、控訴には一部理由があるとして原告の請求を全部棄却した原判決を変更し未払賃金の支払等を命じた。

[16] 社会福祉法人千草会事件・福岡地判令元・9・10判時2460号108頁は、各日の労働時間を裏付ける客観的資料が乏しい中、平均的な時間外労働時間を認定して割増賃金の支払及び同額の付加金の支払等を命じ、割増賃金の未払についての法人代表者個人の損害賠償請求については、不法行為上の故意又は過失があるといえるためには、当該労働者との関係で、割増賃金の請求を殊更妨害したとか、割増賃金が具体的に発生していることを認識しながらあえてこれを支払わないなどの場合に限られるというべきあるとして棄却し、被告からの不当訴訟を理由とする損害賠償の反訴請求についても、全く事実的、法律的根拠を欠くものとはいえないなどとして棄却した。

7 労働時間

[17] 国際自動車（第2次上告審）事件・最一判令2・3・30労経速2414号3頁は、割増賃金名目で支払われる賃金のうち、いずれの部分が通常の労働時間の賃金に当たり時間外労働等に対する対価か明らかではないため、労働基準法37条の割増賃金が支払われたということはできないとして、原判決を破棄し、高裁に差し戻した。

[18] ザニドム事件・札幌地苫小牧支判令2・3・11労経速2417号23頁は、「雇用契約書兼労働条件通知書」に基づく固定残業代の基本日給額と割増分日給額の合意は有効であるとしつつ、固定残業代部分を超える割増賃金の支払等を命じた（付加金の支払はなし）。

[19] サン・サービス事件・名古屋高判令2・2・27労判1224号42頁は、タイムカード記載の休憩時間以外を労働時間と認め、労働者に対し支払われていた職務手当は、これを割増賃金（固定残業代）とみると、約80時間分の割増賃金（残業代）に相当するにすぎず、実際の時間外労働等と大きくかい離しているものと認められるのであって、到底、時間外労働等に対する対価とは認めることができず、また、本件店舗を含む事業場で36協定が締結されておらず、時間外労働等を命ずる根拠を欠いていることなどにも鑑み、本件職務手当は、割増賃金の基礎となる賃金から除外されないというべきであるとして、固定残業代としての合意を有効した原判決を変更して、割増賃金及び付加金の支払等を命じた。

8 年次有給休暇

[20] 東京都（交通局）事件・東京地判令元・12・2労経速2414号8頁は、使用者としての通常の配慮をしても、乗務員が時季指定をした日に同人に割り当てられていたダイヤを補てんする代替勤務者を確保することができなかったと評価すべきであり、したがって、乗務員が同日に年休を取得することは、東京都の都営バス事業の正常な運営を妨げるものと認められるとして所属長である所長による時季変更権の行使は適法に行われたとして、請求を棄却した。

[21] シェーンコーポレーション事件・東京高判令元・10・9判時2452号74頁は、法定外の年次有給休暇について使用者が時季指定して付与することができるとしても、使用者において法定の年次有給休暇を計画付与するために適法な労使協定が存在していたとはいえないから、法定の年次有給休暇と法定外の年次有給休暇を区別せず使用者が時季指定する使用者の就業規則の定めは、使用者による時季指定に関する部分が全体として無効となる結果、労働者が有給休暇として取得した休暇について、正当な理由のない欠勤であったと認めることはできないとして、雇止めを有効とした原判決を変更して、地位確認等を認めた（最三決令2・7・28で上告棄却及び上告不受理により確定）。

[22] 日本エイ・ティー・エム事件・東京地判令2・2・19労経速2420号23頁は、労基法39条7項の「所定労働時間労働した場合に支払われる通常の賃金」に、所定労働時間である8時間分の時給の他に、シフト勤務手当、日曜・祝日勤務手当、時間外手当及び深夜手当が含まれるか否かについて、シフト勤務手当はこれに含まれるものの、日曜・祝日勤務手当、時間外手当及び深夜手当はこれに含まれないとし、シフト勤務手当の支払等を命じた。

9 年少者・妊産婦

該当裁判例なし。

10 安全衛生・労働災害

[23] 遺族補償年金等不支給処分取消請求事件・札幌地判令元・6・19判時2447号64頁は、うつ病を発症後に障害者雇用枠で会社に採用され、勤務を開始した労働者が自殺したことについて、既に業務外の要因によって精神障害を発病していた者が精神障害を悪化させて死亡した場合における業務起因性の有無は、職種、職場における立場及び経験並びに精神障害の程度の点において当該労働者と同種の平均的労働者を基準として、認定基準の別表1（業務による心理的負荷評価表）記載の具体的出来事の心理的負荷の程度の判断及びその総合評価をしつつ、業務外の心理的負荷の有無及び被災労働者の個体側要因を考慮して判断すべきであるとして、業務起因性を否定し、遺族の請求をいずれも棄却した。

[24] 国・札幌東労基署長（紀文フレッシュシステム）事件・札幌地判令2・3・13労判1221号29頁は、本勤務先の会社の北海道営業部長による一連の行為は、「胸や腰等への身体接触を含むセクハラであって、行為は継続していないが、会社に相談しても適切な対応がなく、改善されなかった又は会社への相

談等の後に職場の人間関係が悪化した場合」に該当するのであって、部長によるセクハラそれ自体の心理的負荷の強度は「強」であって、内部通報に関与したうわさがあることを理由として嘱託社員への登用につき保留された事実関係についての心理的負荷の強度は「中」であるから、その余の点（退職勧奨）について判断するまでもなく、認定基準に照らし、本件における業務の心理的負荷の強度は「強」というべきであるから、労働者の精神障害の発病前おおむね6か月の間に、業務による強い心理的負荷があったと認められ、また、労働者が業務以外の心理的負荷及び個体側要因によりうつ病を発病したとは認められないから、本件における労働者の精神障害（うつ病）の発病は、認定基準の要件のいずれをも満たし、労働者の精神障害（うつ病）発病につき業務起因性を認めることができるから、これを否定して療養補償給付及び休業補償給付を支給しないこととした本件各処分は違法であって、取消しを免れないとして原告の請求を認容した。

[25] 三田労基署長事件・東京高判令2・10・21TKCデータベースは、「仕事内容に大きな変化を生じさせる出来事があった」、「配置転換があった」、「達成困難なノルマが課された」に関する事実は、本件疾病の発症後の出来事ではあり、認定基準別表1の「特別な出来事」に該当するとはいえないけれども、本件においては、これらを業務起因性の判断から除外することなく、それ以前の「上司とのトラブルがあった」及び「取引先からクレームを受けた」の各出来事と一連の関連する出来事として全体を一つの出来事として全体評価を行うべきものであり、それらがうつ病の悪化の原因であると認められる結果、本件疾病の発症等には業務起因性が認められるものというべきであるから、これが認められないことを理由として遺族補償給付を支給しないものとした処分は取消しを免れないとして、原判決を取消し、控訴人の請求を認容した。

[26] 豊和事件・大阪地判令2・3・4労判1222号6頁は、元従業員の本件疾病の発症前6か月における時間外労働時間は、(1)発症前1か月が130時間、(2)発症前2か月が143時間、(3)発症前3か月が138時間、(4)発症前4か月が129時間、(5)発症前5か月が135時間30分、(6)発症前6か月が164時間に及んでいる上、元従業員の従事していた業務は、その実態に照らしても、これらの時間外労働時間数が示すとおり、著しく過重なものであったというべきものであり、会社における業務と本件

疾病の発症との間には相当因果関係が認められ、また、元従業員の長時間労働に対し、会社がこれを解消するべく、元従業員の業務量を軽減するための適切な措置を講じたものとは認められず、会社は、かかる措置を講じることなく、元従業員を過重な心理的負荷の原因となる長時間労働に従事させ続けたものであるから、会社には安全配慮義務違反があったものと認められるとして、損害賠償の支払等を命じた。

[27] 北海道二十一世紀総合研究所ほか事件・札幌高判令元・12・19労判1222号49頁は、研究員は、当初、複数の調査研究業務を担当していたが、最終的には主な担当業務が本件調査業務のみとなっており、ここから更に研究員の担当業務を減らすのは困難であったというべきであり、そして、特に研究員から業務の遂行が困難であることの申告もなかったことから、早期に心身の健康相談やカウンセリングを受診する機会を設けたり、休養を指示したりすることを含め、研究員のうつ病の発症を回避するために具体的な対応をすることも困難であったというべきであるから、会社が研究員の時間外労働が長時間に及んでいることを把握していたとしても、研究員の担当していた業務の内容等の事情を考慮すれば、研究員がうつ病を発症することを予見できたとは認められず、また、研究員のうつ病の発症を回避するために具体的な対応をとることも困難であったというべきであるから、研究員がうつ病を発症したことについて、会社に安全配慮義務違反は認められないとされ、原判決中一審被告ら敗訴部分をいずれも取り消し、かかる部分について、一審原告の請求と控訴をいずれも棄却した（最二決令2・11・6で上告棄却及び上告不受理により確定）。

[28] 地方公務員災害補償基金事件・福岡高判令2・9・25労経速2436号3頁は、元教諭の本件発症前における業務は、その身体的及び精神的負荷により、脳血管疾患の発症の基礎となる血管病変等をその自然経過を超えて増悪させ得ることが客観的に認められる負荷であったと認められ、かつ、本件発症の時点で、元教諭の基礎疾患により、血管病変等が自然経過の中で本件発症を生じさせる寸前の状態にまで増悪していたとは認められないことからすれば、元教諭の本件発症前の過重な業務による身体的及び精神的負荷が元教諭の血管病変等をその自然経過を超えて増悪させ、本件発症に至ったと認められるから発症は、公務に内在する危険が現実化したものと評価することができ、本件発症と公務との間に

相当因果関係を認めることができるから、本件発症を公務外の災害と認定した本件処分は違法であり、元教諭の請求は認容されるべきであるとして、これと異なる原判決を取消し、控訴人の請求を認容した。

[29] フルカワほか事件・福岡高判令元・7・18労判1223号95頁は、会社における元従業員の業務と本件疾病との間には相当因果関係（業務起因性）があり、その点について、会社の安全配慮義務違反、代表取締役の悪意又は重大な過失が認められ、後遺障害については後遺障害等級２級相当として損害額を算定し、元従業員の基礎疾患等を考慮して２割の素因減額を認めるのが相当であると判断するが、原審口頭弁論終結後の事情として、平成30年度中に受給した労災保険給付を損害額から控除する必要があるから、その限度で原判決を変更することとし、損害賠償額を減額した。

[30] 国（陸上自衛隊員訓練死）事件・旭川地判令２・3・13労判1224号23頁は、亡隊員は、一定の基礎疾患を有していたと認められるものの、その進行の程度は、確たる因子がなくても発症する寸前ではなかったと認められる一方で、本件スキー機動訓練には、基礎疾患をその自然の経過を超えて増悪させ、プラークの破綻により心筋梗塞を発症させる危険性が存在したと認められ、その他にはその自然の経過を超えて基礎疾患を増悪させる危険因子は認められないから、亡隊員の死亡については、公務起因性が認められるとされ、遺族補償給付を受ける地位の確認請求を認容しつつ、胸痛を訴えてから病院に搬送されるまでの間の対応が不適切であったとは認められないことから、国が危険等の調査・防止の義務に違反したとは認められず、安全配慮義務違反を理由とする亡隊員の配偶者の損害賠償請求は棄却した。

[31] 国・敦賀労基署長（三和不動産）事件・福井地判令２・2・12労判1224号57頁は、労働者には、心理的負荷が「中」となる出来事が複数認められる上、これらの出来事の前後において恒常的長時間労働があったことが認められ、そして、これらの事情を総合評価すれば、亡労働者に対する業務による心理的負荷の強度は「強」であったものと認めるのが相当であるところ、国は、飲酒習慣のほか、個体側要因として、亡労働者の社会生活、家庭生活上の悩みや厭世的な感情の存在を指摘するが、いずれも推測の域を出るものではなく、むしろ、亡労働者の適応障害は代表取締役の叱責（大声で長時間怒鳴り続けており、その叱責の態様も、退職勧奨を含むもの）等の業務に関連するものを原因として発症した

と認めるのが相当であるから、国の指摘する事情が適応障害発症に関与したとは認められず、亡労働者が適応障害を発症したこと、亡労働者の適応障害発症前の業務による心理的負荷の総合評価は「強」であることが認められ、反面、亡労働者の適応障害発症の原因となる業務以外の心理的負荷又は個体側要因を認めることはできないから、亡労働者の適応障害の発症及びその後の本件自殺は、亡労働者の業務に起因するものであると認めるのが相当であるとして原告の請求を認容した。

[32] 池一菜果園ほか事件・高知地判令２・2・28労判1225号25頁は、亡労働者が受けた業務による心理的負荷の強度は、「強」と評価され、亡労働者が自死前の６か月間における時間外労働によって相応の心理的負荷を受けており、労働時間をタイムカードによって管理していたことや、業務内容を業務日誌等で把握していたことなどから、会社及び取締役らにおいて、亡労働者が相応のストレスを受けることを認識し又は認識することができたというべきであり、予見可能性は認められるとして、会社の安全配慮義務違反とともに、取締役らの任務懈怠を認めて連帯して損害賠償の支払を命じた。

[33] 地方公務員災害補償基金事件・福岡高那覇支判令２・2・25労経速2424号3頁は、市立病院での勤務中に新生児の死亡事故に遭遇し、その前後に遺族への対応を行った看護師がうつ病を発症した場合において、当該事故及び遺族対応が、業務経験等が同等程度の産婦人科看護師を基準としたときに、事故の内容や状況、被控訴人の関与の程度に照らして、業務負荷の分析表にいう、本人の驚愕等の程度が、うつ病を発症させる程の強度な精神的負荷を課される状態に置かれるものであったとまでは認めることはできず、看護師に発症したうつ病は、公務に起因するものとは認められないとして、原判決を取消し、被控訴人の請求を棄却した。

[34] 高松労基署長事件・高松地判令２・6・16労経速2425号13頁は、介護老人保健施設で看護師長として勤務していた労働者が、適応障害（混合性抑うつ反応）を発症したことについて、認定基準に照らすと、出来事(1)（看護師らの中から労働者に対する不満が出ていたこと）の心理的負荷の程度は「弱」、出来事(2)（入所者数95人を確保できなかったこと）の心理的負荷の程度は「中」、出来事(3)（入所者数減少の理由についての上司との問答）の心理的負荷の程度は「弱」から「中」であり、それらの出来事の数、内容、各出来事の時間的な近接性の程度

等を踏まえて全体的に評価すると、出来事 (2) と (3) については、いずれも入所者数の減少が原因となっている点で一定程度の関連性は認められるものの、時間的な近接性はそれほどなく、また、各出来事の心理的負荷の程度も客観的にみて強かったとはいえないから、本件疾病については、業務起因性を認めることはできないとして請求を棄却した。

[35] アルゴグラフィックス事件・東京地判令2・3・25 労判 1228 号 63 頁は、従業員がくも膜下出血を発症し死亡した結果と過重労働に因果関係を認め、かつ、会社は、亡従業員に対する安全注意義務を怠ったものといわざるを得ないとして損害賠償責任を認めつつ、従業員が高血圧の既往を有し、治療薬を適切に服用しないこともあったものと認められる点について、民法 722 条 2 項の過失相殺の規定を適用又は類推適用し、損害額を 1 割減額した。

[36] 福生病院企業団（旧福生病院組合）事件・東京地立川支判令2・7・1 労判 1230 号 5 頁は、元職員が、事務次長のパワーハラスメント行為と元職員の適応障害との間には、相当因果関係が認められるとし、かつ、使用者に代わって従業者に対し業務上の指揮監督を行う権限を有する者であった事務長が元職員の負荷軽減のために然るべき措置をとるべきであったにもかかわらず、注意や制止をすることはなく、元職員の休職以前に何らかの対応を採った様子も見当たらないことをなどから病院組合の安全配慮義務違反を認めて慰謝料の支払等を命じた。

[37] アクサ生命事件・東京地判令2・6・10 労判 1230 号 71 頁は、従業員が、結果的に具体的な疾患を発症するに至らなかったとしても、会社が、1年以上にわたって、ひと月当たり 30 時間ないし 50 時間以上（1日8時間超過分と週 40 時間超過分の合計）に及ぶ心身の不調を来す可能性があるような時間外労働に従業員を従事させたことを踏まえると、従業員には慰謝料相当額の損害賠償請求が認められるべきであるとし、会社の安全配慮義務違反による債務不履行責任に基づく慰謝料として 10 万円の支払等を命じた。

11　労働契約の基本原理

該当裁判例なし。

12　雇用保障（労働契約終了の法規制）と雇用システム

[38] 国際自動車ほか（再雇用拒絶・本訴）事件・東京高判平 31・2・13 判時 2444 号 60 頁は、従業員からの申込みと希望があれば、そのとおりの条件の再雇用契約を締結することが確立した慣行となっていたとまでは認め難く、また、再雇用を希望する従業員らと会社との間で成立するとみなされる再雇用契約（有期雇用契約）の内容を特定することができないといわざるを得ないが、もっとも、当該従業員らについても、労働条件はともかく再雇用契約が締結される相当程度の可能性はあったものというべきであり、会社の再雇用拒否によってこれが侵害されたことについて、当該従業員らはその精神的損害の賠償を求めることができるというべきであるとして、原判決を一部変更して、それぞれ 100 万円の慰謝料の支払等を命じた（最三決令2・3・10 で上告棄却及び上告不受理により確定）。

[39] 有限会社スイス事件・東京地判令元・10・23 労経速 2416 号 30 頁は、元従業員について、釣銭や売上金の窃盗又は横領や、解雇事由となるまでの著しい能力不足があったと認めることはできないから、解雇は、客観的に合理的な理由を欠き、社会通念上相当であると認められない場合に当たるというべきであり、労働契約法第 16 条の規定により、解雇権を濫用したものとして、無効となるとして地位確認請求等を認め、さらに、在職時の実労働時間の主張について、スマートフォンのアプリケーションである google map の付属機能であるタイムライン（スマートフォンの GPS を自動で感知し、スマートフォンの移動や滞在の場所と時間を自動で記録する機能）の記録には信用性が認められるというべきであり、原告が築地店及び銀座店に滞在していた時間中に、休憩時間を除き、被告の業務以外の事項を行っていたと認めるに足りる客観的な証拠はないから、タイムライン記録に記録された築地店及び銀座店の滞在時間（休憩時間を除く）に、会社の業務に従事していたものと認めるのが相当であるなどとして、割増賃金及び同額の付加金の支払等を命じた。

[40] みんなで伊勢を良くして本気で日本と世界を変える人達が集まる事件・名古屋高判令元・10・25 労判 1222 号 71 頁は、面談において、従業員らに対して明日から出社しなくてよい旨を最終的に明示しており、その発言に至る面談の内容が、従業員

らが退職勧奨に応じるか否かのやりとりとなっていたことや、退職勧奨の条件となっていた給与の1か月分の支払が併せて告げられていること、出社しなくてよい日数や期間等について何も述べられていないことを踏まえると、発言の趣旨が、単なる出勤停止を告げるものではなく、確定的・一方的に被控訴人らとの間の雇用関係を終了させる意思表示であったことは明らかというべきであるとし、かつ、当該解雇については、客観的に合理的な理由を欠き、社会通念上の相当性も認められないから無効であるとして地位確認等の請求を認めた（賃金請求の点については原判決を一部変更）。

[41] 圓満院事件・大津地判令元・10・3労判1222号87頁は、僧侶らが本件諸手当や布施を横領したという破門事由を認めることはできず、その他圓満院が主張する破門事由ないし解雇事由はいずれも認められず、破門処分及び解雇処分は無効であるとして、僧侶らの圓満院に対する雇用契約上の権利を有する地位を認めた。

[42] 朝日建物管理事件・最一判令元・11・7労判1223号5頁は、有期労働契約を締結していた労働者が労働契約上の地位の確認等を求める訴訟において、契約期間の満了により当該契約の終了の効果が発生するか否かを判断せずに請求を認容した原審の判断に違法があるとされ、原審に差し戻した。

[43] 学校法人南山学園（南山大学）事件・名古屋高判令2・1・23労判1224号98頁は、過去の懲戒処分は、懲戒事由該当性すら欠き無効であるから、再任用規程3条3号の欠格事由には当たらず、学園による元教授の再雇用の拒否は、客観的に合理的な理由を欠き、社会通念上相当であると認められないから、学園と元教授との間に、定年後も再任用規程に基づき再雇用されたのと同様の雇用関係が存続していると判断した原判決が相当であるとして控訴を棄却した（最二決令2・10・2で上告棄却及び上告不受理により確定）。

[44] 東京キタイチ事件・札幌高判令2・4・15労判1226号5頁は、解雇は、会社の就業規則所定の「精神又は身体の障害により業務に耐えられないと認められたとき」との解雇事由によるものであるところ、元従業員が、解雇時点において、製造部における作業に耐えられなかったと認めることはできないし、会社による解雇回避努力が尽くされたとも認められず、加えて、事故が会社の業務に起因して発生し、元従業員が労災給付を受けていたものである上、症状固定の約1か月後には解雇の意思表示が

されたことからすれば、解雇は、客観的に合理的な理由を欠き、社会通念上相当であったとは認められず、解雇権を濫用したものとして無効というべきであるとして、地位確認等の請求を認めた。

[45] 社会福祉法人ネット事件・東京地立川支判令2・3・13労判1226号36頁は、元職員は、満65歳で定年により退職となるはずであったが、雇用を延長する旨の手続（延長を承認する旨の理事会の決議）は何ら行われないまま、以後も施設長としての勤務を継続したものであるから、雇用契約はいったん定年により終了したことを前提として、黙示の更新が推定され、同推定を覆す事情は存在しないというほかはなく、元職員と福祉法人との間の労働契約は、本件決議時点においては、期限の定めのないものとして存在していたものと認められるから、労働契約が終了するということはできないとして地位確認等の請求を認めた。

[46] 日本電産トーソク事件・東京地判令2・2・19労判1226号72頁は、原告の身勝手かつ常軌を逸した一連の行為については、少なくとも、就業規則所定の懲戒事由に該当することは明らかであるが、原告には懲戒処分歴はなかったことなど、斟酌すべき事情も認められ、1度目の懲戒処分で原告を直ちに諭旨解雇とすることは、やや重きに失するというべきであり、諭旨解雇及びそれに伴う懲戒解雇については、懲戒処分としての相当性を欠き、懲戒権の濫用に当たるものであって、無効であると認められる一方、会社が幾度も再起の機会を与えてきたにもかかわらず、トラブルを繰り返したことは、もはや改善の余地がないと考えるのも無理からぬものということができ、普通解雇は、客観的に合理的な理由があり、かつ、社会通念上も相当であると認められるから、原告の請求は、普通解雇までの未払賃金の支払を求める限度で理由があるとして、地位確認請求を棄却しつつ、普通解雇までの未払賃金の支払等を認めた。

[47] 加賀金属事件・大阪地判令2・1・24労判1226号84頁は、取締役就任時とその後の取締役会において、使用人職務を嘱託する旨の取締役会決議をし、引き続き製造部長という役職名を付与したことから、使用人としての地位を取締役に兼ねさせていたと評価し得るとし、その後、常務取締役就任時に雇用契約を終了させる旨の黙示的な合意が成立したものと認定することが相当であり、雇用契約の終了によって会社は、原告に対し、雇用契約の内容となるものというべき同退職金規則に基づき、退職金

支払義務を負うべきことになるとして、退職金の支払等を命じた。

[48] ドリームスタイラー事件・東京地判令2・3・23労経速2423号27頁は、会社が元従業員に対して月220時間の勤務時間を守ることができないのであれば正社員としての雇用を継続することができない旨を伝えていたと認めることはできず、また、会社は、元従業員の妊娠が判明した後、元従業員の体調を気遣い、元従業員の通院や体調不良による遅刻、早退及び欠勤を全て承認するとともに、元従業員の希望には直ちに応じることができなかったものの、元従業員に対し、従前の勤務より業務量及び勤務時間の両面において相当に負担が軽減される提案内容のとおりの勤務を提案していたものであり、これらの会社の対応が労働基準法65条3項等に反し、違法であるということはできず、さらに、提案内容においても、元従業員の体調次第では人員が足りている午後3時までは連絡すれば出勤しなくてもよいとの柔軟な対応がされていたことからすると、提案内容自体、今後の状況の変化に関わらず一切の変更の余地のない最終的かつ確定的なものではなく、会社は、今後の元従業員の勤務について、元従業員の体調や会社の人員体制等を踏まえた調整を続けていく意向を有していたことがうかがわれ、これらの事情によれば、元従業員の退職が実質的にみて会社による解雇に該当すると認めることはできないとされ、地位確認請求を棄却しつつ、在職中の割増賃金の請求についてその一部を同額の付加金の支払とともに命じた。

[49] メディカル・ケア・サービス事件・東京地判令2・3・27労経速2425号31頁は、元従業員は、繰り返し、注意や指導を受けたにもかかわらず、入居者の心情に対する配慮に欠け、その意欲や自立心を低下させたり、羞恥心を喚起したりする言動に及んだり、従業員に対する粗暴な言動に及び続けていたということができるから、会社において、元従業員に対し、当初は、入居者の介護を行うことが予定されていたにもかかわらず、入居者と直接接する介護の業務を依頼することが困難な状況になっていたと言わざるを得ず、さらに、従業員に対し、身勝手な言動や、他の従業員らに対する威圧的な言動に及び続けるため、元従業員に対し、入居者とは直接接することがない業務を依頼することも困難な状況になっており、そして、解雇が試用期間中のものであったことからすれば、雇用契約が有期であったことを考慮しても、解雇にはやむを得ない事由があり、有

効であるというべきであるとして、これが無効であることを前提とする賃金請求を否定した。

[50] ノキアソリューションズ＆ネットワークス事件・東京地判平31・2・27判時2459号89頁は、元従業員は、その業務成績は不良であるものの、改善指導によって是正し難い程度にまで達しているとは認めることはできないこと等から、元従業員につき、解雇時において「職務遂行能力、業務成績又は勤務態度が不良で、社員として不適格と認められる場合」又は「将来もその職務に見合う業務を果たすことが期待し得ないと認められる場合」のいずれかに該当するとは認め難く、その他に解雇事由に該当する事実は見当たらないから、解雇は、客観的に合理的な理由を欠き、社会通念上相当であると認められないとして地位確認等の請求を認めた。

[51] ドリームエクスチェンジ事件・東京地判令元・8・7判タ1478号187頁は、採用内定取消後に労働者が同業他社に就職し、試用期間満了後も継続して勤務している等の事情の下では、同社での待遇面を考慮しても、使用者の下で就労する意思は失われたものと認め、確認の訴えの利益を欠くとして地位確認等の請求を却下した。

13 労働契約の成立・開始

該当裁判例なし。

14 就業規則と労働条件設定・変更

[52] 学校法人明泉学園事件・東京地判令元・12・12労経速2417号3頁は、常勤講師について基本給が定期昇給する労使慣行が存在する旨主張するについて、勤務形態の変更、就業規則所定の昇給停止年齢への到達、病気等による長期欠勤その他の特別の事情がない限り、常勤講師を含む全教員を、翌年度も契約が更新され又は継続する限り、毎年度少なくとも1号俸ずつ定期昇給させることが事実として慣行となっていたことが認められ、学園の代表者理事長を含む労使双方が、同慣行を規範として意識し、これに従ってきたとみることができるから、同慣行は、遅くとも同年度の時点で、法的拘束力を有する労使慣行となっていたものというべきであるとして、賃金の支払等を認めた。

[53] 野村不動産アーバンネット事件・東京地判令2・2・27労経速2427号31頁は、就業規則の変更による労働条件の変更（人事制度の導入による

営業成績給の廃止）は有効であり、労働契約において、営業成績給のある給与体系が就業規則の変更によっても変更できない労働条件として合意されていたとは認められないことから、就業規則の変更による労働条件の変更は、原告に対してもその効力を有し、労働契約の内容となるというべきであるとして、原告の請求を棄却した。

15 人事

[54] 学校法人日本学園事件・東京地判令2・2・26労判1222号28頁は、職員に事務職員として営繕業務を担当させ、その勤務場所を営繕室とすることについて、業務上の必要性が認められ、また、不当な動機・目的をもってされたものということはできず、そして、職員が行っている業務自体の負荷又は営繕室の環境等が、本件配転命令前の業務又は勤務場所に比べて客観的に職員の負担となるようなものではなく、職員に対し通常甘受すべき程度を著しく超える不利益を負わせるものとはいえないこと等から、配転命令は権利の濫用に当たらないとして原告の請求を棄却した。

[55] ニチイ学館事件・大阪地判令2・2・27労判1224号92頁は、営業統括部営業二課の課長から、別会社への出向を命じられ、同社の支社係長に降格となったことについて、降格は、3段階の降格であり、合意による経過措置があった結果とはいえ、総額24万2500円（約45％）の給与の減額をもたらしたものであって、原告の被った不利益は極めて大きく、降格までの原告の勤務状況によって、原告に対してこのような大きな不利益を与えるまでの相当性があるとはいえず、人事権を濫用するものであって無効であるとして、賃金の支払等を命じた。

[56] 相鉄ホールディングス事件・東京高判令2・2・20労経速2420号3頁は、出向前及び出向中に長年従事してきたバス運転業務からの変更を伴う出向元への復職命令は、労働協約、個別労働契約に違反するものではなく、権利濫用にも不当労働行為にも当たらないから、不法行為としての違法性は認められないとして控訴人らの請求を棄却した原判決は相当であるとして控訴を棄却した（最一決令2・10・29で上告棄却及び上告不受理により確定）。

16 企業組織の変動と労働関係

該当裁判例なし。

17 懲戒

[57] 加古川市事件・最三判平30・11・6労判1227号21頁は、地方公共団体の男性職員が勤務時間中に訪れた店舗の女性従業員にわいせつな行為等をしたことを理由とする停職6月の懲戒処分について、処分が重きに失するものとして社会観念上著しく妥当を欠くものであるとまではいえず、市長の判断が、懲戒権者に与えられた裁量権の範囲を逸脱し、又はこれを濫用したものということはできないから、原判決は破棄を免れないとした。

[58] 京都市（児童相談所職員）事件・大阪高判令2・6・19労判1230号56頁は、公益通報を目的とした内部通報に付随して行われた行為（情報セキュリティポリシー違反であり、訓令的職務命令である管理基準の条項に違反するものとして、職務上の命令に従う義務に違反する非違行為）について、停職3日の懲戒処分は重きに失するといわざるを得ないから、懲戒処分は違法であって、職員の請求を認容した原判決は相当であるとして控訴を棄却した。

18 非典型雇用

[59] 国立研究開発法人理化学研究所事件・東京高判平30・10・24労判1221号89頁は、元中国事務所長に対する雇用関係不存在確認請求等について、準拠法として日本法を適用し、雇用継続に対する期待に合理性があるとは認められないとした原判決を維持して控訴を棄却した。

[60] 博報堂事件・福岡地判令2・3・17労経速2415号3頁は、会社の主張するところを端的にいえば、最長5年ルールを原則とし、これと認めた人材のみ5年を超えて登用する制度を構築し、その登用に至らなかった元従業員に対し、最長5年ルールを適用して、雇止めをしようとするものであるが、そのためには、元従業員の契約更新に対する期待を前提にしてもなお雇止めを合理的であると認めるに足りる客観的な理由が必要であるというべきであるところ、会社の主張する人件費の削減や業務効率の見直しの必要性というおよそ一般的な理由では雇止めの合理性を肯定するには不十分であると言わざるを得ず、また、元従業員のコミュニケーション能力の問題については、雇用を継続することが困難であるほどの重大なものとまでは認め難く、雇止めを是認すべき客観的・合理的な理由は見出せず、会社が、

当該申込みを拒絶したことは、客観的に合理的な理由を欠き、社会通念上相当であると認められないとして、地位確認等の請求を認めた。

[61] 高知県公立大学法人事件・高知地判令2・3・17労経速2415号14頁は、整理解雇に準じて、元職員を雇止めることに関して、雇止めを肯定すべき事情が全くないわけではないが、6年間の特定のプロジェクトの存在を前提としていた労働契約について、当該プロジェクトが終了する1年前に、あえて雇止めをしなければならない、客観的な理由や社会通念上の相当性があったのかは疑問であり、元職員一人の雇用を1年継続したとしても、経理上深刻な問題が生じたとまではいい難いし、雇止め以外の方法が皆無であったともいい難いから、やはり、大学は、労働契約法18条1項による転換を強く意識していたものと推認できるというべきであり、元職員に雇用契約が更新されるとの合理的な期待が認められるにもかかわらず、同条同項が適用される直前に雇止めをするという、法を潜脱するかのような雇止めを是認することはできないとして、地位確認等の請求を認めた。

[62] ライフ・イズ・アート事件・神戸地判令2・3・13労経速2416号9頁は、巾木工程及び化成品工程が偽装請負等の状態にあったかについて、会社は機械の保守等を除いて請負事業主側の個々の従業員に業務遂行上の指示をしておらず、請負事業主は、会社から独立して業務遂行を行っていたものということができ、請負事業主は、その従業員に対し、服務規律に関する指示をなし、その配置を決めていたものということができ、請負事業主は、会社から請負契約により請け負った業務を自らの業務として会社から独立して処理していたものということができ、労働者派遣契約への切り替えについては、会社が、請負事業主との間の従前の業務請負の実態を糊塗するために労働者派遣契約を締結したものとはいえないこと等から、偽装請負等の状態にあったとまではいうことはできないとして、労働者派遣法40条の6に定める労働契約の申込みみなしを否定して、地位確認等の請求を棄却した。

[63] 社会福祉法人青い鳥事件・横浜地判令2・2・13労判1222号38頁は、有期契約職員と無期契約職員との間で出産休暇及び出産手当金に係る労働条件の相違があることについて、これらの制度が設けられた目的には、法人の組織運営の担い手となる職員の離職を防止し、人材を確保するとの趣旨が含まれるものと認められること、その実質的な相違が、

基本的には、2週間の産前休暇期間及び通常の給与額と健康保険法に基づく出産手当金との差額部分に留まることから、無期契約職員及び有期契約職員の処遇として均衡を欠くとまではいえないから、これが不合理であると評価することができるものということはできず、労働契約法20条に違反するものではないとして、出産休暇及び出産手当金に係る就業規則の適用を受ける地位にあることの請求等を棄却した。

[64] すみれ交通事件・横浜地判令元・9・26労判1222号104頁は、定年後再雇用のタクシー運転手が危険運転を行い、これに対する反省が見られないことを理由に本件雇止めを行ったことについて、会社が労働組合を通じて謝罪等を求めたのに対し、これを拒絶したことは、雇止めを回避する唯一の機会を自らの言動により逃したものと評価でき、雇止めが、労働組合の活動に対する意趣返しとしてなされた雇止めであると解する余地はなく、さらに、当該運転手は雇止め時点で69歳と高齢であって、年々身体能力が低下していくこと自体は否めず、その程度如何によっては、雇用契約が更新されなくなる可能性も否定できないのであるから、その意味で雇用契約更新への期待の程度は限定的であることも併せ考えると、雇止めには客観的に合理的な理由が認められるから、本件雇止めが違法無効なものであるとはいえず、不法行為に該当する余地はないとして損害賠償等の請求を棄却した。

[65] 地方独立行政法人山口県立病院機構事件・山口地判令2・2・19労判1225号91頁は、原告には既に本件労働契約更新について合理的期待が生じており、就業規則の改正によって更新上限条項が設けられたことをもって、その合理的期待が消滅したと解することはできず、また雇止めが依拠していた面接試験について、合理的な評価基準の定め及び評価の公正さを担保できる仕組みが存在せず、雇用継続審査における判断過程は合理性に欠けるものといわなければならず、雇止めには合理的理由を認めることができず、社会通念上相当であるとは認められないとして、地位確認等の請求を認めた。

[66] 社会福祉法人仙台市社会福祉協議会事件・仙台高判令2・12・10TKCデータベースは、元職員は、法人に採用される当初から雇用契約の更新回数が最長4回までであり、雇用期間が最大5年間であることを認識して、雇用契約を締結していたものであり、その後の雇用契約の更新についても、更新ごとに雇用契約書が作成され、その度に更新回数の

最長が4回までであることについて明記がされ、最終更新年には雇用契約の更新を行わない旨が明記されていたことからすると、特段の事情がない限り、元職員において、雇用契約の更新4回、雇用期間5年を超えて更に本件契約が更新されるものと期待することについて合理的な理由があると認めることはできないとした原判決を相当して控訴を棄却した。

[67] バンダイ事件・東京地判令2・3・6労経速2423号10頁は、海外販社へのサンプル商品発送業務に従事していた有期雇用労働者（1年の有期雇用契約で更新回数14回）について、雇用契約が更新されるものと期待することについて合理的な理由があると認めることができるとしつつ、雇止めは、元従業員が担当していたサンプル発送業務を各事業部に完全移管して元従業員の担当できる業務がなくなるという経営上の必要によるものであり、会社は、雇止め回避の努力を尽くしたとみることができ、さらに、会社の元従業員に対する雇止めの説明が不十分とみることはできず、雇止めの手続の相当性を肯認することができるから、会社が元従業員の更新申込みを拒絶することが客観的合理的理由を欠き社会通念上相当であるとは認められないとはいえないとして地位確認等の請求を棄却した。

[68] アートコーポレーション事件・横浜地判令2・6・25労経速2428号3頁は、正社員とアルバイトとの間における通勤手当の支給の有無に関する労働条件の相違を不合理として通勤手当の不支給は不法行為を構成するとして損害賠償の支払を命じ、また、引っ越し作業中の破損について賠償金の一部を引越事故責任賠償金名目で支払った金員については、賠償規程が定める手続を全く履践しておらず、金額についても、同規程が予定しているものとは全く別であるというのであるから、金員の支払が、同規程に基づく引越事故責任賠償金であるとは到底認められず、元従業員らが賃金からの控除又は現金交付の方法により会社に引越事故責任賠償金名目で金員を支払ったことには法律上の原因がないと認められるとして不当利得の返還を命じた。

[69] 日本貨物検数協会（日興サービス）事件・名古屋地判令2・7・20労判1228号33頁は、会社は、労働者派遣法及びこれが準用する労働基準法等の適用を免れる目的（適用潜脱目的）で、日興サービスとの間で業務委託契約を締結し、労働者派遣法26条1項各号に掲げる事項を定めずに、日興サービスから労働者らを含む派遣労働者による労働者派遣の役務の提供を受けたものであり、労働者派遣法40

条の6第1項5号に該当する行為を行ったものと認められ、そして、会社が労働者派遣法40条の6第1項5号に該当する行為を行ったことについて善意無過失であったとは認められないから、会社は、労働者らに対し、平成28年3月31日まで、労働者派遣法40条の6第1項5号に該当する行為を行っていたのであって、同項本文に基づくその時点における労働者らに係る労働条件と同一の労働条件を内容とする労働契約の申込みの効力は、同条2項に基づきそれから1年を経過する日である平成29年3月31日まで存続していたものであるが、他方、労働者らは、会社に対し、上記みなし申込みに対して承諾の意思表示をしているものの、これは、その効力が存続する期間終了後の平成29年10月31日に行われたものであり、そうすると、労働者らは、会社に対し、会社との間に直接の労働契約関係が成立したことを主張することができないことになるとして、地位確認等の請求を棄却した。

[70] 日の丸交通足立事件・東京地判令2・5・22労判1228号54頁は、定年後嘱託契約の運転手について、69歳に達した時点においても、体調や運転技術に問題が生じない限り、嘱託雇用契約が更新され、定年前と同様の勤務を行うタクシー運転手としての雇用が継続すると期待することについて、合理的な理由が認められるというべきであるとし、接触事故とその不申告のみを理由に雇止めとすることは、重過ぎるというべきであるから、雇止めは、客観的に合理的な理由があり、社会的通念上相当であるとは認められないとされ、地位確認等の請求を認めた。

[71] 日本郵便（佐賀）事件・最一判令2・10・15労経速2429号3頁は、無期契約労働者に対しては夏期休暇及び冬期休暇を与える一方で有期契約労働者に対してはこれを与えないという労働条件の相違が旧労働契約法20条にいう不合理と認められるものに当たると解するのが相当であるとし、これと同旨の原審の判断は、いずれも正当として是認することができるとして、上告を棄却した。

[72] 日本郵便（東京）事件・最一判令2・10・15労経速2429号5頁は、私傷病による病気休暇として無期契約労働者に対して有給休暇を与える一方で有期契約労働者に対して無給の休暇のみを与えるという労働条件の相違が旧労働契約法20条にいう不合理と認められるものに当たると解するのが相当であり、原審の判断は正当として是認することができるとし、また、郵便の業務を担当する時給制契約社

員である第一審原告らについて、無給の休暇を取得したなどの事実の主張立証がないとして、夏期冬期休暇を与えられないことによる損害が生じたとはいえないとした原審の判断には、不法行為に関する法令の解釈適用を誤った違法があるとし、原判決のうち第一審原告らの夏期冬期休暇に係る損害賠償請求に関する部分を破棄し、損害額について更に審理を尽くさせるため、同部分につき本件を原審に差し戻すとともに、第一審被告の上告及び第一審原告らのその余の上告を棄却した。

[73] 日本郵便（大阪）事件・最一判令2・10・15労経速2429号10頁は、無期契約労働者に対して年末年始勤務手当、年始期間の勤務に対する祝日給及び扶養手当を支給する一方で有期契約労働者に対してこれらを支給しないという労働条件の相違がそれぞれ旧労働契約法20条にいう不合理と認められるものに当たると解するのが相当であるとし、また、第一審被告における夏期冬期休暇は、有給休暇として所定の期間内に所定の日数を取得することができるものであるところ、本件契約社員である第一審原告らは、夏期冬期休暇を与えられなかったことにより、当該所定の日数につき、本来する必要のなかった勤務をせざるを得なかったものといえるから、上記勤務をしたことによる財産的損害を受けたものということができるとし、原判決中、年末年始勤務手当及び年始期間の勤務に対する祝日給に係る損害賠償請求に関する部分並びに扶養手当に係る損害賠償請求に関する部分を破棄し、損害額等について更に審理を尽くさせるため、これらの部分につき原審に差し戻すとともに、第一審被告の上告並びに第一審原告らのその余の上告を棄却した。

[74] 学校法人中央学院事件・東京高判令2・6・24労経速2429号17頁は、大学の非常勤講師と専任教員の間に、本俸の額、賞与、年度末手当、家族手当及び住宅手当の支給に関し労働条件の相違があることについて、労働契約上の義務とその履行としての活動やその職責において相違があることや給与上の処遇を手厚くすることにより相応しい人材を安定的に確保する必要があることなどの相違に照らせば、不合理なものとはいえず、旧労働契約法20条には違反しないとした原判決を相当して控訴を棄却した。

[75] トーカロ事件・東京地判令2・5・20労経速2429号26頁は、Ａコース正社員と有期嘱託社員との間の基本給、賞与、地域手当に係る労働条件の相違について、職務内容及び配置の変更の範囲に一定

の相違があること、長期間の雇用が制度上予定され、雇用期間を通じた能力及び役割の向上が期待されているかどうかについての相違があること、地域手当については、将来に向けて安定的に正社員を確保する目的で導入されたものであることなどに照らせば、不合理なものとはいえず、旧労働契約法20条には違反しないとして請求を棄却した。

[76] テヅカ事件・福岡地判令2・3・19労判1230号87頁は、定年後に継続雇用され有期労働契約を更新してきた労働者について、継続雇用制度の運用実態を踏まえて、更新することができない何らかの事情がない限り、契約期間の満了時に、満65歳に至るまでは更新されると期待し、そのことについて合理的理由があると認めるのが相当であるとし、かつ、更新拒絶については、人員整理を含む人件費削減の抽象的な必要性があったことは理解することができるものの、被告が原告に対して提示した労働条件は、もともとの原告の賃金額が比較的高額であったことを考慮しても、具体的妥当性・合理性を有するものでなく、これを承諾しなかった原告の対応が不当であるともいえず、相応の根拠があったとは認められないから、客観的に合理的な理由はなく、そのような理由で更新の申込みを拒絶することが社会通念上相当であるともいえないとして、地位確認等の請求を認めた。

[77] 学校法人大阪医科薬科大学事件・最三判令2・10・13労経速2430号3頁は、大学の教室事務員である正職員に対して賞与と私傷病による欠勤中の賃金を支給する一方で、アルバイト職員であるに対してこれらを支給しないという労働条件の相違は、旧労働契約法20条にいう不合理と認められるものに当たらないとして、第一審原告の賞与及び私傷病による欠勤中の賃金に関する損害賠償請求を棄却した。

[78] メトロコマース事件・最三判令2・10・13労経速2430号9頁は、無期契約労働者に対して退職金を支給する一方で有期契約労働者に対してこれを支給しないという労働条件の相違が旧労働契約法20条にいう不合理と認められるものに当たらないとして第一審原告らの退職金に関する不法行為に基づく損害賠償請求を棄却した。

19　個別労働紛争システム

20　労働組合

いずれも該当裁判例なし。

21　団体交渉

[79]　北海道・道労委（札幌交通・新賃金協定）事件・札幌高判令元・8・2労判1222号117頁は、タクシー事業を経営する会社において、新賃金体系に同意しなかった組合員について、協定外残業を禁止し、公休出勤の要請をせず、シフト変更の申し出に応じないという取扱いを行ったことについて不当労働行為に該当しないとして、救済命令の申立てを棄却すべきであると判断した原判決を相当して控訴を棄却した。

[80]　国・中労委（学校法人国際基督教大学）事件・東京高判令2・6・10労判1227号72頁は、建物総合保守管理業を営む会社に雇用されている労働者が、保守警備業務を行っている大学に対して団体交渉を求めたところ、当該大学は雇用主と同視できる程度の支配力を有しているとはいえないから労働組合法7条の「使用者」には該当せず、中央労働委員会が原告の申立を棄却した判断に誤りがあると認められないとした原判決を相当して控訴を棄却した。

22　労働協約

23　団体行動

いずれも該当裁判例なし。

24　不当労働行為

[81]　中労委（社会福祉法人祐愛会）事件・東京地判令元・11・28労経速2418号15頁は、特定の労働者に対する賞与不支給は、当該労働者が組合員であることの故をもってされたものと認めるのが相当であるから、労働組合法7条1号の不当労働行為に該当するものと認められ、また、賞与不支給と懲戒処分は、組合活動を萎縮させるのみならず、組合の存続自体に支障を生じさせるという意味でも組合の弱体化に繋がる行為であるといえ、使用者はこのことを認識しつつこれらの行為を行ったと認められるから、同法7条3号の不当労働行為にも該当するとして、救済の申立を認容した初審命令を相当として再審査の申立を棄却した中労働委員会の命令は適法であるとして請求を棄却した。

25　労働市場法総論

26　労働市場法各論

いずれも該当裁判例なし。

27　雇用システムの変化と雇用・
　　　労働政策の課題

[82]　国・人事院（経産省職員）事件・東京地判令元・12・12労判1223号52頁は、トランスジェンダー（Male to Female）であり、国家公務員である原告が、その所属する経済産業省において受けている女性用トイレの使用についての制限が、国家賠償法上、違法であるとして、人事院が行った国家公務員法第86条の規定に基づく原告による勤務条件に関する行政措置の各要求に対する特定の事案に係る判定のうち原告が女性トイレを使用するためには性同一性障害者である旨を女性職員に告知して理解を求める必要があるとの経済産業省当局による条件を撤廃し、原告に職場の女性トイレを自由に使用させることとの要求を認めないとした部分を取り消した。

28　その他

該当裁判例なし。

（やまなか・けんじ）

知財裁判例の動向

城山康文　弁護士
知財判例研究会

1　はじめに

　知財判例研究会では、2020年下半期（7月1日～12月31日）に下された知的財産に関する判例であって、原則として最高裁判所ウェブサイトに掲載されたものを概観し、報告する。なお、行政裁判例（審決取消訴訟の裁判例）も、知的財産分野においては重要な意義を有するものであるので、本稿では対象に含めた。

2　著作権

[無許諾二次的著作物の違法アップロード]

　[1] 知財高判令2・10・6（控訴棄却、令2(ネ)10018号、3部）は、原著作物の著作権者の許諾を得ることなく製作された二次的著作物（本件各漫画）が、ウェブサイトに無許諾でアップロードされたことに関し、当該ウェブサイトの運営者（一審被告・控訴人）に対し、本件各漫画の著作者（一審原告・被控訴人）への損害賠償を命じた一審判決を維持したものである。裁判所は、本件各漫画の原著作物に対する著作権侵害が認められる場合であっても、「一審原告が、オリジナリティがあり、二次的著作権が成立し得る部分に基づき、本件各漫画の著作権侵害を主張し、損害賠償等を求めることが権利の濫用に当たるということはできない」とした。また、裁判所は、損害額に関し、「本件各漫画をダウンロードして作成された複製物の数（法114条1項の計算の前提となる数量）は、PV数よりも相当程度少ないものと予想される上に、ダウンロードして作成された複製物の数の中にも、一審原告が販売することができなかったと認められる数量（法114条1項ただし書に相当する数量）が相当程度含まれることになるのであるから、これらの事情を総合考慮した上、法114条1項の適用対象となる複製物の数量は、PV数の

1割にとどまるとした原判決の判断は相当である。」とした。

[リツイートによる氏名表示権侵害]

　[2] 最三判令2・7・21（上告棄却、平30(受)1412号、第3小法廷）は、被上告人の写真著作物（隅に©マーク及び被上告人氏名の記載あり）を無断複製して掲載したツイートをリツイートした行為に関し、氏名表示権（著作権法19条）の侵害を認めたものである。リツイート行為により元ツイートのリンク情報がサーバーに記録され、そのリツイートの閲覧者のディスプレイに元ツイートの画像が表示されることとなるが（そのため、リツイート行為により元ツイートの複製や公衆送信が行われるわけではない。）、その際にツイッター社の仕様により元ツイートの画像がトリミング（一部切除）されるため、リツイートの閲覧者のディスプレイには、被上告人氏名の表示なくして元ツイートの画像が表示されることとなっていた。ただし、閲覧者がリツイート記事における表示画像をクリックすれば、被上告人氏名の表示を含む元ツイートの画像全体を表示することができた。まず、リツイート行為は著作物の利用（著作権の支分権に係る行為）ではないことと著作者人格権侵害の成否との関係が問題となったが、裁判所は、「本件各リツイート者が、本件各リツイートによって、上記権利の侵害となる著作物の利用をしていなくても、本件各ウェブページを閲覧するユーザーの端末の画面上に著作物である本件各表示画像を表示したことは、著作権法19条1項の『著作物の公衆への……提示』に当たるということができる」とした。次いで、トリミングがツイッター社の仕様によるものであることについては、「本件各リツイート者は、それを認識しているか否かにかかわらず、そのようなシステムを利用して本件各リツイートを行っており、上記の事態は、客観的には、その本件各リツイート者の行為によって現実に生ずるに至ったことが明

らかである。」として、リツイート行為をなした者は責任を免れないとした。そして、閲覧者が画像をクリックすれば氏名表示を含む全体画像が表示されることになっていたことについては、「本件各ウェブページを閲覧するユーザーは、本件各表示画像をクリックしない限り、著作者名の表示を目にすることはない。また、同ユーザーが本件各表示画像を通常クリックするといえるような事情もうかがわれない。そうすると、本件各リツイート記事中の本件各表示画像をクリックすれば、本件氏名表示部分がある本件元画像を見ることができるということをもって、本件各リツイート者が著作者名を表示したことになるものではないというべきである。」と判断した。

3 特許権

[共同発明]

[3] 東京地判令2・8・21（棄却等、平29(ワ)27378号、40部）は、ノーベル賞を受賞した本庶佑・元京都大学教授らによるがん治療剤に係る発明に関し、かつて京都大学大学院生命科学研究科（生体制御学分野）の修士課程に在籍していた原告が、共同発明者であると主張して、当該発明に係る特許権について共有持分の移転登録等を求めた事案である。原告は、本件発明に関係する学術論文の共同第一著者とされ、そこには研究に等しく貢献した旨の記載があったが、裁判所は、次のように判断した。「①本件発明の技術的思想を着想したのは、被告Y（注：本庶教授）及びZ教授であり、②抗PD－L1抗体の作製に貢献した主体は、Z教授及びW助手であり、③本件発明を構成する個々の実験の設計及び構築をしたのはZ教授であったものと認められ、原告は、本件発明において、実験の実施を含め一定の貢献をしたと認められるものの、その貢献の度合いは限られたものであり、本件発明の発明者として認定するに十分のものであったということはできない。したがって、原告を本件発明の発明者であると認めることはできない。」

[サポート要件]

[4] 知財高判令2・7・2（審決一部取消、平30(行ケ)10159号等、3部）及び [5] 知財高判令2・12・1（控訴棄却、令2(ネ)10039号、3部）は、サポート要件に関して、次のように述べ、その充足を認めた。「サポート要件に適合するか否かは、特許請求の範囲の記載と発明の詳細な説明の記載とを対比し、特許請求の範囲に記載された発明が、発明の詳細な説明に記載された発明で、発明の詳細な説明の記載又はその示唆により当業者が当該発明の課題を解決できると認識できる範囲のものであるか否か、また、その記載や示唆がなくとも当業者が出願時の技術常識に照らし当該発明の課題を解決できると認識できる範囲のものであるか否かを検討して判断すべきである。そして、サポート要件を充足するには、明細書に接した当業者が、特許請求された発明が明細書に記載されていると合理的に認識できれば足り、また、課題の解決についても、当業者において、技術常識も踏まえて課題が解決できるであろうとの合理的な期待が得られる程度の記載があれば足りるのであって、厳密な科学的な証明に達する程度の記載までは不要であると解される。」

他方、[6] 知財高判令2・12・15（棄却、令元(行ケ)10136号、3部）は、「24か月の貯蔵安定性を有する溶液」であることを発明構成要件に含む医薬品（パロノセトロン液状医薬製剤）に係る特許権に関し、サポート要件の充足を否定した。明細書には、24ケ月の貯蔵安定性への言及はあったものの、どのような要素があればどの程度の貯蔵安定性を実現することができるのかを推論する根拠となるような具体的な指摘はなく、いかなる方法及び条件の下での試験によってその貯蔵安定性を確認したのかが一切記載されていなかった。裁判所は、「本件明細書が24ケ月要件に即した具体的な記載を一切欠く以上、これに接する当業者において、課題（24ケ月以上の保存安定性）が解決できるであろうとの合理的な期待が得られる程度の記載があるとは認められない。」と判断した。なお、特許権者（原告）は、出願後に実験データを提出していたが、サポート要件適合性は、明細書に記載された事項と出願時の技術常識に基づいて認定されるべきであるから、出願後の実験データにより明細書の不備を補うことは許されないとされた。

また、[7] 知財高判令2・8・26（棄却、令元(行ケ)10174号、2部）は、サポート要件に関し、「本件発明の課題やその解決手段の技術的意義に照らして、本件特許の特許請求の範囲の請求項1及び15を見ると、原告が主張する特性がより一貫したエアロゾルを提供できない態様の時間や温度のもの（……で原告が例として挙げているようなもの）までが本件特許の特許請求の範囲に含まれるとは解されない。」と述べ、その充足を認めた。「サポート要件の判断に当たって、発明の詳細な説明に基づく特許請求の範囲の限定解釈が許されるとすると、特許請

求の範囲が文言上どれだけ広くてもサポート要件違反になることがなくなり、その趣旨が没却されるし、侵害の場面で広範な特許請求の範囲に基づき充足を主張でき、二重の利得を得ることになるから不当である」との原告（無効審判請求人）の主張に対しては、裁判所は、「サポート要件の判断に当たって、発明の詳細な説明を参酌するからといって、特許請求の範囲に発明の詳細な説明を参酌して認められる発明の内容が、発明の詳細な説明によってサポートされていないときは、サポート要件違反になること（例えば、特許請求の範囲の文言に発明の詳細な説明を参酌して認められる発明の内容が、AとBの両方を含むものであるが、実施例等としては、Bしかないときに Aはサポートされていないと判断する場合があることなど）はあり得るのであって、常にサポート要件違反を免れるということにはならない。」と述べた。

［優先権］

[8] 知財高判令2・11・5（棄却、令元（行ケ）10132号、3部）は、パリ条約に基づく優先権の効果が得られるか否かについて、次のように判断した。「この点に関する原告の主張を正確に記載すると、本件発明は、①…を有する構成を含むこと、②…になっている構成を含むこと、③…の構成を含むこと、④…を有する構成を含むこと、の4点において、本件米国仮出願にはない構成を含むからパリ優先権が否定され、その結果、甲1動画との関係で新規性、進歩性を欠き、無効であるというものである。しかしながら、本件発明が、その請求項の文言に照らし、原告が新たな構成であると主張する①ないし④の点を含まない構成、すなわち、本件米国仮出願の明細書に記載された実施例どおりの構成を含むことは明らかであるところ（この点は、原告も否定していないものと考えられる。）、この構成は、1まとまりの完成した発明を構成しているのであって、①ないし④の構成が補充されて初めて発明として完成したものになるわけではない。このような場合、パリ条約4条Fによれば、パリ優先権を主張して行った特許出願が優先権の基礎となる出願に含まれていなかった構成部分を含むことを理由として、当該優先権を否認し、又は当該特許出願について拒絶の処分をすることはできず、ただ、基礎となる出願に含まれていなかった構成部分についてパリ優先権が否定されるのにとどまるのであるから、当該特許出願に係る特許を無効とするためには、単に、その特許が、パリ優先権の基礎となる出願に含まれていなかった構成部分を含むことが認められるだけでは足りず、当

該構成部分が、引用発明に照らし新規性又は進歩性を欠くことが認められる必要があるというべきである。このように解することがパリ条約4条Fの文言に沿うばかりではなく、このように解しないと、例えば、特許権者がAという構成の発明について外国出願をし、その後、その構成を含む発明Bが公知となった後に、わが国において、パリ優先権を主張し、構成Aと、前記外国出願には含まれないが、発明Bに対して新規性、進歩性が認められる構成Cを合わせた構成A＋Cという発明について特許出願をした場合、当該発明は、構成Aの部分は、発明Bよりも外国出願が先行しており、優先権も主張されており、かつ、構成Cは、発明Bに対し新規性、進歩性が認められるにも関わらず、前記外国出願に含まれない構成Cを含んでいることのみを理由として構成Aについての優先権までが否定され、特許出願が拒絶されるという結論にならざるを得ないが、そのような結論は、パリ条約4条Fが到底容認するものではないと考えられるからである。なお、①ないし④も、それぞれ独立した発明の構成部分となり得るものであるから、引用発明に対する新規性、進歩性は、それぞれの構成について、別個に問題とする必要がある。」

［試験研究］

後発医薬品の製造販売承認を取得するために必要な治験については、平成11年最判が、特許法69条1項の適用を認め特許権の効力が及ばないものとしていたが、その射程を巡っては、後発医薬品の治験に限定されるのか、それとも先発医薬品の治験にも及ぶのか、必ずしも明らかではなかった。この点に関し、**[9]** 東京地判令2・7・22（棄却、平31（ワ）1409号、40部）は、被告が実施している先発医薬品（略称：T-VEC）の治験には特許法69条1項が適用され、特許権の効力が及ばないとした。「先発医薬品等に当たるT-VECについても、後発医薬品と同様、その製造販売の承認を申請するためには、あらかじめ一定の期間をかけて所定の試験を行うことを要し、その試験のためには、本件発明の技術的範囲に属する医薬品等を生産し、使用する必要があるということができる。……本件特許権の存続期間中に、本件発明の技術的範囲に属する医薬品の生産等を行えないとすると、特許権の存続期間が終了した後も、なお相当の期間、本件発明を自由に利用し得ない結果となるが、この結果が特許制度の根幹に反するものであることは、平成11年最判の判示するとおりである。」

[共有持分権の得喪]

[10] 知財高判令2・8・20（控訴棄却、令2（ネ）10016号、1部）は、靴紐に関する特許権の共有者である一審原告（控訴人）が、他の共有者である一審被告（被控訴人）に対し、持分権侵害を理由として差止等を求めた事件に関し、一審原告の請求を棄却した原判決を維持した。共有者間で結ばれた契約（本件共同出願契約）の第7条は、本件発明の実施について各共有者が協議の上で別途定めるとし（特許法73条2項は、各共有者は「別段の定め」のない限り独自に共有特許に係る発明を実施することができると定めているところ、これは、「別段の定め」に該当する。）、第13条は、各共有者が事前の協議・許可なく本件特許権を実施して生産・販売行為を行った場合、「本件の各権利は剥奪される」としていた。そして、一審原告は、他の共有者の事前許可なく本件特許権を実施する違反行為を行ったと認定された。これに関し、原判決は、前記第13条に基づき一審原告が剥奪された権利は、他の共有者による共有特許権の実施について許可をしないことができる権利であると解し、一審原告の請求を棄却した。これに対し、本判決は、同じく一審原告の請求は成り立たないと判断したが、その理由として、前記第13条に基づき、共有特許権に係る共有持分権が一審原告から剥奪されたと解し、本判決は、「特許権の移転、放棄による消滅が登録しなければ効力を生じないことを定めた特許法98条1項は、権利の得喪に伴い権利の帰属が問題となる当事者間において、当該権利の得喪の効果を認めることの支障にはならない。」とした。

[実施許諾契約]

[11] 東京地判令2・7・29（一部認容、平31（ワ）3197号、29部）は、特許権及び特許出願の実施許諾契約に基づく実費負担（出願・登録・維持費用の負担）が争われた事案に関する。契約書には、実施許諾及び実費負担を定めた条項の対象である「本件特許権等」との用語について、「本件製品を技術的範囲に含む」ものに限定した定義がなされていたため、その解釈が争点となった。裁判所は、「本件製品を技術的範囲に含むとする概括的な表現とされていることに加えて、本件契約締結に至る交渉の状況を踏まえれば、……いずれかの本件製品がその技術的範囲に属するとして発明を実施すると解されるものに限らず、本件製品のいずれかに関する発明を含むものを意味すると解するのが相当である。……（過去）に被告が支払った特許実費の対象となる特許権及び出願中の特許の中には、その権利範囲に、

被告の製造販売等に係るいずれの製品も含まないものが多数あったこと……は、前記解釈と整合するものである。」とした。

[損害賠償]

[12] 知財高判令2・9・30（原判決変更、令2（ネ）10004号、4部）は、共有特許権に係る共有者の一名による侵害者に対する損害賠償請求において、特許法102条2項に基づく損害額の推定（侵害者が侵害行為によって得た利益に基づく推定）に関し、「侵害者が、特許権が他の共有者との共有であることを主張立証したときは、同項による推定は他の共有者の共有持分割合による同条3項に基づく実施料相当額の損害額の限度で覆滅され、また、侵害者が、他の共有者が特許発明を実施していることを主張立証したときは、同条2項による推定は他の共有者の実施の程度（共有者間の実施による利益額の比）に応じて按分した損害額の限度で覆滅されるものと解するのが相当である。」とした。

[独占禁止法違反]

[13] 東京地判令2・7・22（請求棄却、平29（ワ）40337号、40部）は、プリンタ用トナーカートリッジのリサイクル品に関する特許権行使につき、権利濫用に該当すると判断した。被告らは、リサイクル品の製造にあたり、使用済みの原告製トナーカートリッジにトナーを再充填するだけではなく、原告製プリンタに当該トナーカートリッジを装着した際にトナーの残量表示を適切に行うことができるようにするため、使用済みの原告製トナーカートリッジの電子部品の交換を行っていた。当該電子部品が、原告特許権の技術的範囲に属する物である。電子部品の交換が必要となったのは、原告がその電子部品のメモリにつき、書換制限措置を施していたからであった。裁判所は、次のように論じた。「本件各特許権の権利者である原告は、使用済みの原告製品についてトナー残量が『？』と表示されるように設定した上で、本件各特許の実施品である原告電子部品のメモリについて、十分な必要性及び合理性が存在しないにもかかわらず本件書換制限措置を講じることにより、リサイクル事業者である被告らが原告電子部品のメモリの書換えにより本件各特許の侵害を回避しつつ、トナー残量の表示される再生品を製造、販売等することを制限し、その結果、被告らが当該特許権を侵害する行為に及ばない限り、トナーカートリッジ市場において競争上著しく不利益を受ける状況を作出した上で、当該各特許権の権利侵害行為

に対して権利行使に及んだものと認められる。このような原告の一連の行為は、これを全体としてみれば、トナーカートリッジのリサイクル事業者である被告らが自らトナーの残量表示をした製品をユーザー等に販売することを妨げるものであり、トナーカートリッジ市場において原告と競争関係にあるリサイクル事業者である被告らとそのユーザーの取引を不当に妨害し、公正な競争を阻害するものとして、独占禁止法（独占禁止法19条、2条9項6号、一般指定14項）と抵触するものというべきである。そして、本件書換制限措置による競争制限の程度が大きいこと、同措置を行う必要性や合理性の程度が低いこと、同措置は使用済みの製品の自由な流通や利用等を制限するものであることなどの点も併せて考慮すると、本件各特許権に基づき被告製品の販売等の差止めを求めることは、特許法の目的である『産業の発達』を阻害し又は特許制度の趣旨を逸脱するものとして、権利の濫用（民法1条3項）に当たるというべきである。……損害賠償請求については別異に検討することが必要となるが、……原告は、本件各特許の実施品である電子部品が組み込まれたトナーカートリッジを譲渡等することにより既に対価を回収していることや、本件書換制限措置がなければ、被告らは、本件各特許を侵害することなく、トナーカートリッジの電子部品のメモリを書き換えることにより再生品を販売していたと推認されることなども考慮すると、本件においては、差止請求と同様、損害賠償請求についても権利の濫用に当たると解するのが相当である。」

［弁護士の利益相反］

[14] 知財高決令2・8・3（原決定取消、令2(ラ)10004号、4部）は、医薬品に係る特許侵害訴訟（基本事件）に関し、「基本事件につき、弁護士A及び弁護士Bは、弁護士としての職務として基本事件被告の訴訟代理をしてはならない。」と命じたものである。基本事件は令和元年11月20日に提訴され、弁護士Dら（弁護士A・Bとは異なる法律事務所に所属）が被告訴訟代理人に就き、同年12月23日に第1回口頭弁論が開かれた。そこで準備手続に付され、第1回準備手続期日が令和2年2月14日と指定された。弁護士A・Bは、令和2年1月16日に新たに被告訴訟代理人に就き委任状を裁判所に提出し、弁護士Dらは辞任した。弁護士A・Bの法律事務所（本件事務所）には、令和2年1月2日から弁護士Cが出勤していたところ（本件事務所には弁護士A・B・Cを含め弁護士6名、弁理士2名が所属）、

弁護士Cは、基本事件原告の元社内弁護士であり、基本事件の準備に関与した者であった。それを知った基本事件原告は、令和2年2月7日、弁護士は「相手方の協議を受けて賛助した事件」についてその職務を行ってはならないとする弁護士法25条1号違反であるとして、弁護士A・Bの訴訟行為の排除を求める申し立てを裁判所に行った。弁護士Cは、令和2年2月10日、本件事務所を退所した。争点は、弁護士Cにとって「相手方の協議を受けて賛助した事件」に該当する基本事件について、弁護士Cと同じ事務所に所属する弁護士A・Bもその職務を行うことを禁止されるのかという点である。この点については、日本弁護士連合会が定める弁護士職務基本規程27条1号が、「職務の公正を保ち得る事由」があるときを除いて禁止されると定めているところ、裁判所は、「職務の公正を保ち得る事由」とは、客観的及び実質的に依頼者の信頼が損なわれるおそれがなく、かつ、職務の公正らしさが保持されているものと認められる事由をいうものと解し、本件ではそれが認められないとした。弁護士A・Bは、本件事務所において採られていた情報遮断措置や弁護士Cの勤務期間の短さを主張したが、裁判所は、職務の公正らしさに対する疑念は払拭されないとした。

［確認の利益］

[15] 最二判令2・9・7（原判決破棄、平31(受)619号）は、特許権侵害による損害賠償債務不存在確認等請求事件において、一審被告（上告人・特許権者）が一審原告補助参加人（被上告人補助参加人）に対して損害賠償請求権を有しないことの確認を一審原告（被上告人）が求めた請求に関し、確認の利益を認めた原判決を破棄し、確認の利益を否定して訴えを却下した一審判決を確定させた。一審原告（被上告人）は、補助参加人に対して機械装置を販売した者であり、補助参加人との間で、補助参加人が当該機械装置の使用に関して第三者からの特許権行使により損害を被った場合には一審原告がその損害を補償する旨の合意をしていた。「本件確認請求に係る訴えは、被上告人が、第三者である参加人の上告人に対する債務の不存在の確認を求める訴えであって、被上告人自身の権利義務又は法的地位を確認の対象とするものではなく、たとえ本件確認請求を認容する判決が確定したとしても、その判決の効力は参加人と上告人との間には及ばず、上告人が参加人に対して本件損害賠償請求権を行使することは妨げられない。そして、上告人の参加人に対する本件損害賠償請求権の行使により参加人が損害を被った場合

に、被上告人が参加人に対し本件補償合意に基づき
その損害を補償し、その補償額について上告人に対
し本件実施許諾契約の債務不履行に基づく損害賠償
請求をすることがあるとしても、実際に参加人の損
害に対する補償を通じて被上告人に損害が発生する
か否かは不確実であるし、被上告人は、現実に同損
害が発生したときに、上告人に対して本件実施許諾
契約の債務不履行に基づく損害賠償請求訴訟を提起
することができるのであるから、本件損害賠償請求
権が存在しない旨の確認判決を得ることが、被上告
人の権利又は法的地位への危険又は不安を除去する
ために必要かつ適切であるということはできない。
なお、上記債務不履行に基づく損害賠償請求と本件
確認請求の主要事実に係る認定判断が一部重なるか
らといって、同損害賠償請求訴訟に先立ち、その認
定判断を本件訴訟においてあらかじめしておくこと
が必要かつ適切であるということもできない。以上
によれば、本件確認請求に係る訴えは、確認の利益
を欠くものというべきである。」

4　商標権

[位置商標の識別力]

[16] 知財高判令2・8・27（棄却、令元（行ケ）10143
号、3部）は、「毛髪カット用くし」を指定商品と
する位置商標（くし本体の長辺方向の中央を除いた左
右部分に、それぞれ一定間隔で横並びに配された楕円
型にくりぬかれた貫通孔を組み合わせた図形）の識別
力を否定した。「位置商標の識別力は、位置商標を
構成する標章とその標章が付される位置とを総合し
て、商標全体として考察すべきものと解される」と
述べたうえで、「カットコームの背面部の貫通孔も、
一般的には、機能向上のための工夫として認識され
るのが通常であり、自他商品の識別標識としての特
徴であると理解されるものではない」とした。

[17] 知財高判令2・12・15（棄却、令2（行ケ）10076
号、3部）は、「焼肉のたれ」を指定商品とする位
置商標（容器の胴部中央よりやや上から首部にかけて
配された立体的形状からなるもの）について、「本願
商標を構成する立体的形状及びそれを付す位置は、
需要者及び取引者において、商品の機能又は美観上
の理由により採用されたものと予測し得る範囲のも
のであると認められる。」として、識別力を否定した。

[他人の氏名]

[18] 知財高判令2・7・29（棄却、令2（行ケ）10006 号、
2部）は、「TAKAHIROMIYASHITATheSoloist.」
の標準文字から成る商標につき、「他人の氏名」を
含む商標であって、かつ、上記他人の承諾を得てい
るとは認められないとして、商標法4条1項8号に
基づき登録拒絶を認めた審決を維持した。

[類否]

[19] 知財高判令2・9・16（棄却、令元（行ケ）10170
号、4部）は、「飲食物の提供」等を指定商品・役
務とする登録商標に対する商標法4条1項11号及
び15号違反に基づく無効審判請求を不成立とした
特許庁審決を維持した。裁判所は、原告（審判請求
人スターバックス）が使用していた引用商標の周知
著名性は認めたが、引用商標と登録商標は非類似で
あるとした。原告は、引用商標における緑色円環配
置構成（緑色の二重の円環並びに内側の帯状部分に白
抜きの文字及び図形を配した構成）が周知であると
主張し、アンケート結果を証拠として提出したが、
裁判所は、次のように述べて、本件緑色円環配置構
成の周知著名性を否定した。「引用商標に接した需
要者において、このような上位概念化した要素とし
ての構成及び配置の態様をイメージし、それが記憶
に残るものと認めることは困難であることに照らす
と、本件緑色円環配置構成の認識度ひいては著名性
を適切に調査することは、その性質上困難を伴うも
のといえる。……本件アンケート調査には、本件標
章（注：本件緑色円環配置構成からなる標章のこと）
について、元々の図柄では、円の中心部に絵があ
り、緑色の輪の部分には会社名が特定できる白い文
字が表示されていたが、本件標章の画像では、絵の
部分を白く塗りつぶし、文字部分にはモザイク処理
を施し、会社名が読み取れないようにしてある旨の
説明が付されているところ、上記説明は、本件標章
に接した需要者が視覚によって認識し、又は想起す
ることができない内容を文章によって誘導するもの
であって適切なものではない。そうすると、本件ア
ンケート調査は、本件緑色円環配置構成の認識度ひ
いては著名性を調査することを目的とする調査方法
として適切であると認めることはできない」。

[20] 東京地判令2・7・29（一部認容、平29（ワ）1
1462号、29部）は、商標権侵害を認めた。ただし、
商標法38条2項に基づき被告の利益を損害額と推
定するにあたり、被告商品の価格が原告商品よりも
大幅に高い事実に基づき、2割については推定が覆
滅されるとした。

[防護商標登録]

[21] 知財高判令2・9・2（棄却、令元（行ケ）10166

号、4部）は、防護商標登録の要件としての周知性を否定した。「商標法64条1項は、商標権者は、商品に係る登録商標が自己の業務に係る指定商品を表示するものとして需要者の間に広く認識されている場合において、その登録商標に係る指定商品及びこれに類似する商品以外の商品又は指定商品に類似する役務以外の役務について他人が登録商標の使用をすることによりその商品又は役務と自己の業務に係る指定商品とが混同を生ずるおそれがあるときは、そのおそれがある商品又は役務について、その登録商標と同一の標章についての防護標章登録を受けることができる旨規定し、同法67条各号は、指定商品又は指定役務についての登録防護標章の使用等の行為は、商標権を侵害するものとみなす旨規定している。……このように防護標章登録制度は、原登録商標の禁止権の及ぶ範囲を非類似の商品又は役務について拡張する制度であり、一方で、第三者による商標の選択、使用を制約するおそれがあることに鑑みると、同法64条1項の『需要者の間に広く認識されている』とは、原登録商標の指定商品の全部又は一部の需要者の間において、原登録商標がその商標権者の業務に係る指定商品を表示するものとして、全国的に認識されており、その認識の程度が著名の程度に至っていることをいうものと解するのが相当である。」

［並行輸入］

[22] 東京地判令2・10・22（棄却、平30(ワ)35053号、46部）は、男性用下着に関する商標権侵害訴訟において、適法な並行輸入であるとして商標権侵害を否定した。被疑侵害商品（本件商品）は、原告（商標権者）と所在地及び代表者を同じくするカナダ法人がシンガポールの販売代理店（Mゴルフ社）に販売し、Mゴルフ社が被告に販売し、被告が日本に輸入したものであった。Mゴルフ社が被告に販売したのは、前記カナダ法人とMゴルフ社との間の販売代理店契約が解除された後であったが、当該契約には契約解除後の在庫処分に関する定めはなく、Mゴルフ社に対する在庫に関する格別の指示もなかった。裁判所は、①原告と前記カナダ法人とが実質的に一体であることからすれば原告商標は原告により適法に本件商品に付されたものである、②カナダ等外国における商標権者と日本の商標権者はいずれも原告であって同一である、③(i)原告は直接又は前記カナダ法人を通じて本件商品の品質管理を行い得る立場にあり、(ii)Mゴルフ社から被告への本件商品の販売は販売代理店契約解除後であったが在庫に関する前記定めに照らせば原告商標の品質維持機能が害されることにはならず、(iii)Mゴルフ社の販売地域は前記販売代理店契約でシンガポールに限定されていたが当該限定が本件商品の品質維持管理に関係していたとは認められない、との認定に基づき、被告による本件商品の輸入は適法な並行輸入であり、輸入後の本件商品の販売についても違法性が阻却されると判断した。

［不当利得］

[23] 東京地判令2・7・30（一部認容、平30(ワ)19783号、46部）は、事業の一部を構成する商標（本件商標）に係る商標権を譲渡対象に含む営業譲渡契約が債務不履行を理由に遡及的に解除されたことに基づく原告（譲渡人）の被告（譲受人）に対する請求に関し、被告に対し、①当該商標権の移転登録の抹消登録手続、及び②本件商標に類似する標章（本件被告標章）を被告が使用していたことに基づく使用料相当額の不当利得の原告への返還を命じた。上記②に関し、裁判所は、「被告会社による本件被告標章の使用は、本件商標と類似する商標を本件商標と同一又は類似の役務の提供に当たって利用に供するものに本件商標と類似する商標を付す行為であり、本件商標権を侵害するとみなされ、本件商標権の商標権者から許諾を得る必要がある行為である。そうすると、被告会社は、原告に対して、本件被告標章の使用の許諾を得るために相当な使用許諾料を支払う必要があったといえるところ、そのような使用許諾料を支払うことなく店舗の広告宣伝等に本件被告標章を使用し、売上げを得ていたのであるから、被告会社は、少なくとも、上記の使用許諾料に相当する利得を得ており、他方、原告は、本件被告標章の使用を許諾していれば得られたと考えられる使用許諾料相当額の損失を被ったと認められる。」とした。被告は、本件被告標章について商標登録をしており、本件被告標章の使用は登録商標権の行使で正当な法律上の原因を有すると反論したが、裁判所は、被告の当該主張を権利の濫用として退けた。なお、本件商標に係る商標権については、被告が登録名義人となっている期間中に、被告が第三者に不使用取消審判請求をさせて取消審決を得て、いったんそれを確定させたが、その後に原告の再審請求により審決が取り消されて確定したという経緯があった。[24] 東京地判令2・7・30（一部認容、平30(ワ)2216号、46部）では、被告に対し、再審請求に要した弁護士費用約400万円（及びその請求に要した弁護士費用相当額として30万円）の原告へ

の賠償を命じた。

5　不正競争

[大学の名称]
[25] 大阪地判令2・8・27（棄却、令元（ワ）7786号、26部）は、「京都市立芸術大学」を運営する原告（公立大学法人）が、被告（学校法人）による「京都芸術大学」の名称の使用差止を求めた事案に関する。裁判所は、不正競争防止法2条1項1号の要件である周知性に関し、原告の大学名称は京都府及びその近隣府県に居住する者一般（いずれの芸術分野にも関心のないものを除く。）に広く認識されており、周知であると認めたが、原告の大学名称と被告の大学名称とは非類似であると判断した。

[形態模倣に関する請求主体]
[26] 大阪地判令2・12・3（棄却、令元（ワ）5462号、26部）は、衣服の形態が模倣されたとして、不正競争防止法2条1項3号の不正競争が主張された事案に関し、原告の請求を棄却した。「同号所定の不正競争につき差止ないし損害賠償を請求することができる者は、模倣されたとされる形態に係る商品を先行的に自ら開発・商品化して市場に置いた者に限られ……上記『市場』は、本件の場合、日本国内に限定されず、少なくとも欧米、中国及び韓国の市場を含むものと解される。……原告商品と同様に原告商品特徴の全てを備えるものである本件カタログ商品は、平成27年春頃、本件中国メーカーにより市場に置かれたものといえるから、原告は、模倣されたとされる形態に係る商品を先行的に自ら開発・商品化して市場に置いた者ということはできない。」

[営業秘密]
[27] 大阪地判令2・10・1（一部認容、平28（ワ）4029号、26部）は、原告のリフォーム事業に係る営業秘密につき、元従業員による不正開示及びその転職先による不正使用を認め、被告らに対し、営業秘密の使用・開示の差止及び営業秘密が記載された文書等の廃棄並びに損害賠償を命じた。ただし、裁判所は、営業秘密を「使用して作成された」ソフトウェア等の廃棄請求については、次のように述べて、廃棄対象の範囲が不明確であって民訴法133条2項2号に違反するものとして、却下した。「営業秘密を『使用して作成された』か否かの判断に当たっては、廃棄対象となる媒体が、原告の保有する営業秘密に依拠し、何らかの形でこれを内容的に変容した情報を化体しているか否かの判断を要する……。しかるに、『使用』に当たる態様としては、例えば営業秘密を参考資料として参照したにとどまり、その結果作成された情報そのものからは営業秘密の使用が客観的にはうかがわれないような場合も含まれ得る。このように、『使用』につき多様な態様を想定し得ることに鑑みると、上記判断は、場合によっては著しい困難を伴うこととともなりかねない。」

[虚偽事実の告知]
[28] 東京地判令2・7・10（一部認容、平30（ワ）22428号、40部）は、インターネットショッピングサイトを通じて寝具を販売する原告が、競合関係にある被告に対し、被告が同サイト運営者（アマゾン社）になした商標権侵害の告知は虚偽であり、不正競争防止法2条1項21号の不正競争行為に該当すると主張した事案に関する。裁判所は、不正競争行為を認め、アマゾン社への告知に関して50万円の無形損害の発生を認め、被告に対し、弁護士費用相当額の損害と併せて合計60万円の原告への損害賠償を命じた。告知とアマゾン社による原告商品の出品停止との相当因果関係について、裁判所は次のように述べた。「アマゾン社による原告商品の出品停止措置は、被告の商標権侵害等の事実は存在しないにもかかわらず、原告の説明及び原告から送付された資料等を十分に顧慮しないまま行われたものであって、合理的な根拠を欠くものであるといわざるを得ない。他方、アマゾン社による上記出品停止措置は、本件申告に基づいて行われたものであり、本件申告と無関係の理由により行われたものであると認めるに足りる証拠はない。そうすると、同措置が直接的にはアマゾン社の判断によるものであるとしても、そのことは、被告による本件申告と原告に発生した無形損害との間に相当因果関係があるとの上記判断を左右するものではない。」

（しろやま・やすふみ）

取引|1　ポータルサイトのサービス提供契約中の免責条項に対する差止請求の成否（積極）

東京高判令 2・11・5
令2(ネ)1093 号、免責条項等使用差止請求控訴、
同附帯控訴事件
裁判所ウェブサイト（確定）
第一審：さいたま地判令 2・2・5判時 2458 号 84 頁

山本　　豊　京都大学名誉教授

現代民事判例研究会財産法部会取引パート

●──事案の概要

　X（原告・被控訴人）は、消費者契約法（以下、単に「法」ということがある）13 条 1 項所定の内閣総理大臣の認定を受けている適格消費者団体である。Y（被告・控訴人）は、各種情報提供サービス、ホームページの企画、製作および運営を目的とする株式会社である。

　Y は、インターネットを使ったポータルサイトであるモバゲーを運営しており、モバゲー会員に対し、オンラインゲームコンテンツのほか、会員同士がサイト内でメール等によりやりとりをする機能などを提供している。

　Y は、モバゲー会員との間で、Y がモバゲーにおいて提供する役務等に関して、「モバゲー会員規約」（以下「規約」という）を含む契約を締結している。X は、本件訴訟において、規約 7 条 3 項（「当社の措置によりモバゲー会員に損害が生じても、当社は、一切損害を賠償しません」）および 12 条 4 項（「本規約において当社の責任について規定していない場合で、当社の責めに帰すべき事由によりモバゲー会員に損害が生じた場合、当社は、1 万円を上限として賠償します」）が法 8 条に違反して無効であると主張して、法 12 条 3 項に基づき、Y に対し、本件各条項を含む契約の申込みまたはその承諾の意思表示の停止を求めるとともに、同様の意思表示を行うための事務を行わないことを従業員に対して指示することを請求した（規約 7 条 3 項の差止めが認められれば、規約 12 条 4 項の不当性は除去される関係にあり、本件では、後述の通り規約 7 条 3 項の差止めが認められ、そのことを理由に規約 12 条 4 項にかかる請求は否定された。したがって、以下では、規約 7 条 3 項にかかる請求に絞って、記述する）。

　規約 7 条 3 項にいう「措置」につき、他の条項で、

「他のモバゲー会員に不当に迷惑をかけたと当社が判断した場合」（規約 7 条 1 項 c 号）や「その他、モバゲー会員として不適切であると当社が判断した場合」（規約 7 条 1 項 e 号）に、Y が会員資格取消措置等をとることができる旨を規定していることから、「判断」の解釈が問題となった。Y は、ここにいう「判断」とは「合理的な根拠に基づく合理的な判断」を意味し、そのような「判断」により会員資格取消措置等をとった場合、Y は、当該会員に対して、サービスを提供する債務を負わず、そうである以上、債務不履行もあり得ず、損害賠償責任を負うこともないのであるから、規約 7 条 3 項は、そのことを確認的に定めたものであり、免責条項ではない等と主張した。しかし、一審判決（さいたま地判令 2・2・5判時 2458 号 84 頁）は、Y の主張を容れず、規約 7 条 3 項にかかる請求を認容した。

　Y 控訴。

●──判旨

　控訴棄却

　一審判決（原判決）の後の令和 2 年 3 月 17 日、Y は、規約 7 条 1 項 c 号・e 号の「判断」を「合理的に判断」と改める等の改訂を行った。

　しかし、このような Y の対応策も、功を奏することにはならなかった。原判決と同様、本判決も、次のように判示して、規約 7 条 3 項に係る請求を理由があるものとし、Y の控訴を棄却したのである（以下の引用における「／」は改行を示す）。

　本判決は、まず、原判決を引用（一部、字句を付加）する仕方で、「法 3 条 1 項において、事業者に対し、消費者契約の条項を定めるに当たっては、消費者契約の内容が、その解釈について疑義が生じない明確なものであって、かつ、消費者にとって平易なものになるよう配慮することを求めていることに照らせ

ば、事業者は、消費者契約の条項を定めるに当たっては、当該条項につき、解釈を尽くしてもなお複数の解釈の可能性が残ることがないように努めなければならないというべきである。／加えて、差止請求制度は、個別具体的な紛争の事後的な解決を目的とするものではなく、契約の履行などの場面における同種紛争の未然防止・拡大防止を目的として設けられたものであることをも勘案すると、差止請求の対象とされた条項の文言から読み取ることができる意味内容が、著しく明確性を欠き、契約の履行などの場面においては複数の解釈の可能性が認められる場合において、事業者が当該条項につき自己に有利な解釈に依拠して運用していることがうかがわれるなど、当該条項が免責条項などの不当条項として機能することになると認められるときは、法12条3項の適用上、当該条項は不当条項に該当する」との一般的説示を行った。そのうえで、「規約7条3項は、同条1項c号又はe号との関係において、その文言から読み取ることができる意味内容が、著しく明確性を欠き、契約の履行などの場面においては複数の解釈の可能性が認められるところ、Yは、当該条項につき自己に有利な解釈に依拠して運用していることがうかがわれ、それにより、同条3項が、免責条項として機能することになると認められる」と判示（原判決を引用）した。

さらに、本判決は、Yの控訴審における主張に応答する中で、「事業者は、消費者契約の条項を定めるに当たっては、消費者の権利義務その他の消費者契約の内容が、その解釈について疑義が生じない明確なもので、かつ、消費者にとって平易なものになるよう配慮すべき努力義務を負っているのであって（法3条1項1号）、事業者を救済する（不当条項性を否定する）との方向で、消費者契約の条項に文言を補い限定解釈をするということは、同項の趣旨に照らし、極力控えるのが相当である」などと説示し、Yの控訴を棄却した（以上で引用・要約しきれなかった判示内容については、判文を直接参照されたい）。

●——研究[1]

1 本判決（および原判決）を理解するうえでの留意事項

免責条項とは、損害賠償請求権の全部または一部を免除する条項（法8条参照）をいう。本件訴訟で条項使用差止請求の対象とされている規約7条3項が、損害賠償請求権の全部を免除する条項であることは、間違いない。しかし、本件は、免責条項を対

象に使用差止請求がされる通常のケースとは、明らかに異なっている。それは、実質的に見て、本件での真の争点が、規約7条1項c号およびe号の有効性であるからである。判決の説示内容も、本稿での検討も、そのほとんどが、規約7条3項についてではなく、規約7条1項c号およびe号を対象として行われるのは、このゆえである。これらは、会員資格取消（契約解除）等の措置に関する条項であって、免責条項ではない。法8条ではなく、法10条の適用が問題とされるべき条項である[2]。

しかし、本件では、Xは、Yに対する事前の問い合わせや事前請求（法41条1項参照）の段階から、規約7条3項の法8条違反を問題としており、このような問題の設定の仕方は、Xの一貫した方針ないし訴訟戦術であることが窺われる。法8条は、評価の余地なき条項禁止規範であり、法10条の前段要件・後段要件の主張・立証負担を回避できるため、Xにとって有利と見たものかは、筆者には不明である。しかし、理論的に見ると、やはり規約7条1項c号およびe号の差止めを請求するのが筋ではないか（大本の規約7条1項c号およびe号が不当な内容でないならば、規約7条3項自体は問題のない条項なのではないか）とも思われるし、実際上も、少なくとも法的には（事実上の作用はひとまず措く）、規約7条3項の使用差止めが命じられても、本丸であるはずの規約7条1項c号およびe号は、手つかずとなるわけであり、前記のような方針には、違和感がないではない[3]。

とはいえ、請求の特定、なかんずく差止めを求める条項をどう特定するかは、原告が決定すべきことであり、本件においても、裁判所は、Xの請求に応じて、規約7条3項の差止めについての判断という形式をとりつつ、実質的には規約7条1項c号およびe号の不当条項性審査を行うという作業を行っている。

そこで、個別判例研究としての本稿も、以下、そうした判旨に即した検討を加えることとする。

2 不明確な条項

本判決においてしばしば登場するのが、条項の「不明確性」という語であり、判決の判断を支えるキーワードになっていると目される。もっとも、不明確な条項という概念自体が、なお多義的であり、不明確性を残している。判旨の項で「一般的説示」として紹介した部分にも、複数の観点が区別されず、混在している憾みがある。

(1) 多義的な条項

両判決とも、「条項につき、解釈を尽くしてもなお複数の解釈の可能性が残ることがないように努めなければならない」と説示していることからすると、不明確な条項として、多義的な条項[4]のことを念頭に置いているようにも見える。しかし、本件で問題になっている条項が「多義的な条項」といえるかには、疑問もある。たとえば、原判決の段階での規約7条1項c号およびe号は、明確に「当社が判断」と定めており、別段「多義的」であるわけではない。これを多義的な条項と捉えるのは、「当社が判断」と定める条項につき、「当社が判断」と読む可能性と、「当社が合理的に判断」と読む可能性（合理的制限解釈）があるので、多義的であると理解するのであろう。しかし、不明確条項解釈準則が、一般的な手法で解釈してもなお多義的であるという場合の「一般的手法」には、合理的制限解釈は含まれないと解されてきたのではないか（解すべきではないか）と思われる。合理的制限解釈は、本来的な意味での契約解釈とは異なる修正的解釈、隠れた内容規制の一手法だからである。

同様のことは、改訂後の規約7条1項c号およびe号や規約7条3項についても当てはまり、いずれもそれ自体は、多義的な条項というものではないように思われる。

そのうえで「当社が判断」式の条項は、法12条3項の適用上は、法10条に反する不当条項として、差止めを認容するのが相当ではないかと考えられる（本判決では、前述の事情から、当該条項ではなく、法8条違反を理由に規約7条3項を差し止めるという、やや屈折した帰結を導いている）。これに対して、「当社が合理的に判断」式の条項は、これも、それ自体は多義的な条項ではなく、また、その内容自体が直ちに不当ともいえないように思われる。すなわち、事業者の判断が法的に見て客観的合理性を備えたものである場合の会員資格取消を定めた条項を不当条項として問題するのは難しいようにも思われるからである。ここにおいて問題となるのが、多義性とは別の意味での不明確性である。

(2) 不透明な条項

判旨の述べる不明確性とは、条項の多義性ではなく、条項の具体性の乏しさ・不確定性をいうものではないかとも考えられる（判旨の項で紹介した一般的説示の中には、こうした理解に適合的な表現も見られる）。すなわち、ここで問題とされているのは、条項を使用する事業者は、条項内容をできるだけ具体的かつ明確に記述し、要件と効果を、条項使用者に正当化できない裁量余地を残さず、なおかつ顧客である消費者がその権利・義務をできるだけ容易に認識できるように定めなければならないとの要請[5]に反していることなのではないかというのである。「当社が合理的に判断」するとの条項は、こうした要請を満たしておらず、その意味で不明確な条項とみなされることになる。

こうした理解からは、本判決は、抽象的に見れば直ちに内容的に不当とはいえない条項につき、その具体性の乏しさ・不確定性を理由に、差止請求を認容したという意味で、注目すべき裁判例であるということになる。

3 条項運用・顧客対応状況の顧慮

もっとも、本判決は、条項表現の具体性の乏しさ・不確定性のみを理由に差止請求を認容したものではない。「事業者が当該条項につき自己に有利な解釈に依拠して運用していることがうかがわれるなど、当該条項が免責条項などの不当条項として機能することになると認められる」ことをも必要と述べ、全国消費生活情報ネットワークシステムにおけるYに対する苦情・相談の登録状況、会員資格取消措置等の判断根拠についての会員への通知・説明の有無等の会員への対応状況等をも踏まえて、「法12条3項の適用上、当該条項は不当条項に該当する」と結論づけたものである。

この点に関しては、「差止めが認容されるためには、救済の必要性が求められることが通常であり、法12条3項に基づく差止請求についても……条項が実際にも不当条項として用いられ、そのように機能しているという状況が存することを要するとすることは自然な解釈であ」るとの肯定的なコメントがなされている[6]。

しかし、本判決や前記コメントが、仮に、事業者が苦情を申し出る顧客に対して、「合理的な根拠に基づく合理的な判断」による措置でなかった場合に規約7条3項を適用しない対応をとっていれば、条項は不当条項として機能していないから、差止請求は否定され、不明確な条項をそのまま使用し続けることが許されるということを意味するのだとすれば、それは、問題といわざるをえないであろう。平成18年の消費者契約法改正によって導入された不当条項使用等の差止請求権制度の主要な目的の一つは、法的知識に乏しい平均的消費者が、紛争に直面して契約条項の内容を確認した際に、正当な権利主張を諦めてしまうことのないように、はじめから契

約書や約款に不当条項が盛り込まれないようにするところにあったはずである。制度の本来の趣旨に照らし、本判決は、条項運用・顧客対応状況をも重視している限りで、なお不徹底な面を残しているように思われる。

4 合理的制限解釈の原則排除

本判決は、判旨の項で引用したように、事業者を救済する方向での条項限定解釈は極力控えるべきである旨を説示した。これは、個別訴訟の場面をも射程に収めるものと読む余地もないではないが、おそらくそこまでの意味はなく、判決は事案との関係において理解すべきものとの基本作法からいっても、差止訴訟の場面についての説示と理解すべきものであろう。

筆者自身は、かねてより、差止訴訟において契約条項の制限解釈を行うことには、原則として否定されるべき（ただし、条項の意味や目的に照らし当該条項によってはカバーされているとは見られない特殊なケースについて、条項文言上明示的に除外扱いされていないことを理由として差止請求がされた場合には、当該条項はそのような例外的事態に適用されるものではないとして、請求が退けられるべき）である旨を説いてきた[7]ところであるので、前記の判旨には基本的に賛意を表するものである。本判決とは異なる立場を示す判決[8]も現れている中、本判決の示したような理解が、裁判実務において浸透していくことを期待したい。

5 むすびに代えて

銀行実務においては、「貴行において債権保全の為め必要とお認めの場合には」等のあいまいな要件のもとに期限利益を喪失させる条項が用いられていた時代がある[9]。ICTが急速な発展を遂げ、短期間での新型コロナワクチン開発に医学・薬品化学の未曾有の発達を実感する21世紀にあって、本判決が扱ったような「当社が判断した場合は」式の条項に接すると、日本の契約条項策定実務の方は、旧態依然で、さほど進歩を遂げていないように感ずるのは、筆者だけであろうか。

本判決は、一下級審判決ではあるが、そうした現状に変革を迫りうる内容を含むものとして、貴重な裁判例といいうる。もっとも、本判決が示したような解釈は決して新奇なものではない。そのことを了解するためには、消費者契約法による差止請求の場面の議論ではないが、かつて我妻栄が、期限利益喪失条項に関して、「債権者が債務者の資力が悪化したと認めたとき、というような漠然として客観的に確定しえない事実を条件とすることは……その効力を認めるべきではあるまい」[10]と論じていたことを想起するだけで、十分であろう。このように、本件事案が提起した問題は、法律行為や契約に関する民法法理に深く関わる性格を有するものである。本判決などを契機に、学説・実務の議論が進展することを願いたい。

（やまもと・ゆたか）

1) 本判決については、NBL1184号（2020年）22頁以下において小特集「利用規約をめぐる東京高判令2・11・5の実務への影響を読み解く」が組まれており、松尾博憲、増田朋記、古川昌平＝小林直弥、福岡真之介、大坪くるみの諸氏の論稿が掲載されている。また、原判決に関する解説として、岡田愛・WLJ判例コラム203号（2020年）がある。
2) 規約7条1項c号およびe号が、事業者に損害賠償「責任の有無を決定する権限を付与する条項」として法8条1項1号および3号の適用対象となるかも問題となりうるが、そのような解釈には無理があるであろう。実際上も、そのように解釈したのでは、法8条の適用対象は際限なく広がりかねないであろう。
3) 単独でみれば有効な契約条項が、他の定型的に使用されている条項と結合して消費者に与えるべき不利益を理由に無効とされ、その使用停止が命ぜられる場合もあると考えるべきであるが、本件は、このタイプ（いわゆる、累積効果ケース。これについては、さしあたり野田和裕「約款の内容規制と約款全体・契約全体との関連性」広法21巻1号（1997年）88頁を参照）に属するわけでもない。
4) これは、伝統的に不明確条項解釈準則や条項使用者不利益解釈の原則などとの関連で論じられてきたものである。これについては、さしあたり、上田誠一郎『契約解釈の限界と不明確条項解釈準則』（日本評論社、2003年）7頁、『民法（債権関係）の改正に関する中間的な論点整理の補足説明（法務省ウェブサイト掲載のPDF版）』449頁を参照。
5) これは、従来、学説において、透明性原則として論じられてきた考え方に関係する。同原則に関しては、さしあたり、石原全「約款における『透明性』原則について」一橋大学研究年報法学研究28号（1996年）3頁、鹿野菜穂子「約款による取引と透明性の原則」長尾治助ほか編『消費者法の比較法的研究』（有斐閣、1997年）96頁。
6) 判時2458号85頁の囲みコメント。
7) より詳しくは、山本豊「適格消費者団体による差止請求」法律時報83巻6号（2011年）33頁以下、同「判批（東京高判平30・11・28）」現代消費者法48号（2020年）116頁。
8) 携帯電話通信サービス提供契約中の約款変更条項に対する差止請求に関する東京高判平30・11・28判時2425号20頁。
9) 京都地判昭32・12・11下民集8巻12号2302頁参照。
10) 我妻栄『新訂民法総則』（岩波書店、1965年）424頁。

取引 2　公営住宅の賃貸保証人に対する履行請求が権利濫用にあたるとされた事例

東京高判令元・7・17
平31(ネ)842号、建物明渡等請求控訴事件
判タ 1473 号 45 頁
第一審：横浜地相模原支判平 31・1・30

谷江陽介　立命館大学教授

現代民事判例研究会財産法部会取引パート

●——事実の概要

　平成 16 年 3 月 19 日、X（神奈川県相模原市）は、Aとの間で、相模原市市営住宅条例（以下、「本件条例」）に則り、X所有の市営住宅（以下、「本件住宅」）を賃貸する契約を締結した（賃料：月額 3 万 4100 円、入居：同年 4 月 1 日）。本件住宅は、低所得者、生活困窮者のための市営住宅であり、Aは、本件賃貸借契約締結当時、3 人の子がおり、生活保護を受給していた。Aの実母Yは、Xとの間で、本件賃貸借契約に基づくAのXに対する債務を連帯保証する旨の契約を締結した。本件連帯保証契約は、保証期間や保証額の上限等の定めはなく、Aに生じた債務を全て連帯保証する内容であった。

　Aは、平成 16 年 7、9、12 月分の賃料（計 10 万 2300 円）を滞納した。平成 17 年 4 月以降は、代理納付（生活保護の支給をする部署から入居者を通さず、直接賃料を支払う方法）の手続により賃料が支払われるようになった。XはAの子らに接触したもののAとは接触できず、平成 27 年 4 月にAの生活保護が廃止され、代理納付も終了したため、賃料の滞納分は月々増加していくことになった。この際に、Xが、Aの生活保護の廃止や滞納状況をYに連絡することはなかった。なお、Yは、平成 22 年 8 月頃からAに会えず連絡もつかず絶縁状態になっていた。

　Yは、平成 26 年に 70 歳で退職し、以後は年金生活となっており、Yによる誓約書に基づく分割納付は履行されず（X—Y間でYが平成 27 年 2 月から 9 回払いで滞納金を支払う旨の「債務承認及び分割誓約書」が作成されていた）、Aの賃料滞納分も増加した。Yは、平成 28 年 5 月 31 日、Xに電話し、Aとは長年連絡がとれず、Yも現在年金暮らしであるので、Aを本件住宅から追い出すなど厳しく対応して欲しいとの要望を伝えた。これに対して、Xは、本件賃貸借契約の解除や明渡しの手続を行うことはなく、これ以降も、毎月、滞納分が増加する一方、XやYがAと接触・連絡することはできなかった。Yも、Xから再三の督促を受けるも、平成 28 年 8 月から支払ができなくなり、Yは、度々Xに対してAの退去を要望してきた。

　平成 29 年 9 月 14 日の現地調査の際に、Xの債権対策課の主事ら 3 人がYに本件住宅の明渡しについて説明をした。Yは、早くAを追い出して欲しいと再度要請をなしたことから、本件住宅の明渡し等を訴訟で解決するという判断が固まり、同年 12 月開催の定例議会にて議案が承認され、平成 30 年 1 月 23 日に本件訴えが提起された。Xは、Yに対し、滞納賃料等（約 332 万円）の支払を請求した。

　原審（横浜地相模原支判平 31・1・30 判タ 1460 号 191 頁）は、Aを本件住宅から追い出すなど厳しく対応して欲しいとの要望をYがXに伝えた平成 28 年 5 月 31 日時点で、本件連帯保証契約につき黙示の解除の意思表示がなされたと認めるのが相当であると判断した。

●——判旨

変更

　本判決は、本件連帯保証契約につき、黙示の解除の意思表示を否定した上で、権利濫用によりXのYに対する請求の一部を制限した。

　「連帯保証契約の『解除』という重要な法律効果を発生させる意思表示について、『黙示』の意思表示によりその法的効果を発生させることを許容することとなれば、契約の他方当事者にとっていつ契約

の解除の意思表示がなされたのか不明になり、その予測可能性を害することになる場合があるから、『黙示の解除の意思表示』が認められるのは極めて限定的な場合に限られるべきところ、……同日以前のYの言動中に『黙示の解除の意思表示』と評価すべきものは認められ」ない。

一定の場合に保証債務の履行を請求することが信義則に反するとして否定されることがあり得るとした最一判平9・11・13集民186号105頁（後掲⑤判決）を引用した上で、「Xは、平成27年4月にAの生活保護が廃止されることをYに知らせなかったが、生活保護が廃止されれば、それまでの代理納付も廃止され、Aが自ら賃料を支払わなければならないところ、……Aの生活保護が廃止された以後は、XはYの支払債務の拡大を防止すべき措置を適切に講ずべきであり、かかる措置をとることなくその後の賃料をYに請求することは、権利の濫用にあたる」。

以上のように判示して、遅くともAの生活保護が廃止された2年後の平成29年4月分以降の支払をYに請求することは権利濫用として許されないと判断した。なお、本件については上告・上告受理申立てがなされたところ、最二決令2・7・17判例体系28282865は上告棄却の決定をした。

●──研究

1 問題の所在

賃貸保証人は、賃借人が債務不履行を続けながら建物を明け渡さない場合、賃借人に代わって建物を明け渡す法的権能も、賃貸人の意向を無視して賃貸借契約を解除してその後の債務負担の拡大を防止すべき法的権能も有していない。このように、保証債務が無制限に拡大していく可能性・危険性を有しており、賃貸保証人の責任制限について議論がなされてきた。

本判決は、公営住宅の賃貸保証について、XのYに対する履行請求の一部を権利濫用とした裁判例である。原審[1]は、YがXに要望を伝えた平成28年5月31日の時点で、黙示の解除の意思表示を認定した。これに対して、本判決は、黙示の解除の意思表示を否定し、Aの生活保護が廃止された2年後の平成29年4月分以降の請求は権利濫用にあたり許されないと判断した。本件では、黙示の解除の意思表示に対する評価、保証人に対する履行請求が制限される時点をどう考えるのかという点が問題となっている。これらの問題について、生活保護と密接に関係した公営住宅の特殊性に留意しながら検討を進めることとしたい。

2 賃貸保証人に対する履行請求とその制限

(1) 学説

学説では、賃貸保証人の保護に消極的な見解が伝統的な通説であった[2]。我妻栄説は、賃貸保証について、「その債務の額がほぼ一定したものが累積してゆくだけで、保証人の予測しない数額のものを生ずるということがない」ことから、「保証人の免責を認める特別の事情の認定は一層慎重であってほしい」とする[3]。我妻説の背景には、賃貸保証のように債務の額がほぼ一定したものが累積していく場合と、信用保証のように債務者への貸付額が予測しにくく保証人の負担が極端に増加するおそれのある場合との相違があり、この観点から賃貸保証人の責任制限が認められる範囲は狭く解されてきた。反対の立場として、西村信雄説は、賃貸保証について保証人保護を重視する論理を展開したものの[4]、学説は、我妻説の方向に沿うものが主流となった[5]。

その後、平成期から賃貸保証人保護の必要性を説く見解も有力に主張されてきた。保証人に予期せぬ高額の負担をもたらしたりすることがあるとして、保証人の負担（被保証債権の範囲並びに保証限度額）を制限する必要があるとの見解[6]、賃貸保証が成立した後に発生する事情変更に対して、一定の保証人保護が必要であるとの見解[7]等がある。

(2) 判例

判例は、保証人の責任制限を認めており、履行請求を制限する手段として、特別解約権構成、信義則・権利濫用構成の2点から判例法理が形成されてきた。

まず、特別解約権構成について整理する。判例は、賃貸保証につき、保証契約を締結してから相当の期間経過による任意解約権を否定しつつ、一定の要件の下に特別解約権を認めてきた。①判決（大判昭7・10・11新聞3487号7頁）は、建物賃貸借の保証については、毎月の賃料不払が主な保証債務となっており、その保証額がある程度予測可能であるという観点から、保証人の解除を認めなかった。例外的に特別解約権を認めた大審院判決として、次の②及び③判決がある。②判決（大判昭8・4・6民集12巻791頁）は、期間の定めのない保証契約が締結された後、相当の期間が経過し、賃借人が賃料の支払を怠り、債務を履行すべき見込みがないのに、賃貸人

が賃借人に使用収益をさせて賃貸借の解除・明渡しの処置をしない場合に保証人の責任を免れさせないのは信義則に反するとして、解除することができるとした。③判決（大判昭14・4・12民集18巻350頁）は、②判決で示された場合の他、保証人の求償権実現がおぼつかなくなる場合、賃借人の債務不履行について保証人に告知等をせずに、突如として延滞賃料の支払を求めて保証人の責任を過当に加重した場合にも、解除することができるとした。

信用保証の事案ではあるが、特別解約権を認めた最高裁の判例として④判決（最二判昭39・12・18民集18巻10号2179頁）がある。④判決は、保証人の主債務者に対する信頼関係が害されるに至っていることから、解約申入れをするにつき相当の理由があるとして解除を認めた。その後、次の信義則・権利濫用構成に軸足を移すことになる[8]。

信義則・権利濫用構成を用いた判例として、⑤判決（最一判平9・11・13集民186号105頁）がある。⑤判決は、更新後の賃貸借から生じる賃借人の債務についても保証責任を負うとしたものであるが、傍論のなかで「賃借人が継続的に賃料の支払を怠っているにもかかわらず、賃貸人が、保証人にその旨を連絡するようなこともなく、いたずらに契約を更新させているなどの場合に保証債務の履行を請求することが信義則に反するとして否定されることがあり得ることはいうまでもない」旨述べている。その後、裁判例は、信義則・権利濫用を適用して賃貸保証人に対する履行請求を制限してきた[9]。

本件と同様、公営住宅の賃貸保証が問題となった事案として、大田区区営住宅事件がある[10]。公営住宅の賃借人（保証人Yの母）が賃貸物件を退去した後、賃借人の息子でありYの弟であるAがX（大田区）の許可なく当該物件を不法占拠していた事案において、XがYに対して滞納使用料等の支払を求めた。東京高判平25・4・24判時2198号67頁は、「本件において信義則の適用を考えるに当たっては、当事者及び関係者の法律関係の全体を考察することが欠かせない事案と解される」として、Xの生活福祉課はAに対する必要な住宅扶助を支給して延滞発生を防止することが可能であった点等を考慮して、一定時点以降の滞納使用料等の請求は権利濫用にあたる旨判断した。

（3）　小括

履行請求を制限する構成として、特別解約権構成、信義則・権利濫用構成という形で議論がなされてお

り、特別解約権構成のなかでも、どのような場合に賃貸人の保証人に対する請求が信義則に反するのかという観点から議論がなされてきた。判例を踏まえると、次の事情が考慮されている。第1に、主債務者の状況として、賃料支払を懈怠しており、将来も履行の見込みがないという事情である。第2に、保証人の状況として、求償権実現が困難になっている、主債務者と保証人の信頼関係が害されるに至っているという事情である。第3に、債権者の帰責性として、保証人に対する主債務者の履行状況等の不告知、賃貸借の解除・明渡しの処置をせず主債務者に使用収益を継続させているという事情である。

本件では、前段で整理した事情を踏まえた上で、公営住宅の賃貸保証における当事者関係等、具体的には生活保護を担当する課の対応・連携関係、当事者及び関係者の法律関係の全体を考察して信義則・権利濫用の適用について判断するという視点が重要である。

3　本判決の評価

（1）　原審の構成とその限界

原審は、特別解約権の発生根拠を信義則上の保証債務拡大防止義務に求めた上で、判例（②・③・④判決）を引用して特別解約権の要件充足性を検討した結果、Yが要望を伝えた平成28年5月31日の時点で、黙示の解除の意思表示を認定した。この点に関して、「多少無理をしても『黙示の解除の意思表示』を認定した真意は、むしろ保証人への請求が権利の濫用にあたるとする基準点を明確にする点にこそあったと深読みすることは許されるであろう」との評価がなされている[11]。確かに、原審が示した特別解約権の要件は、従来の判例法理との整合性を保っているところ、本件場面は保証人が解除の意思表示を明示した場面とは大きく異なっている点に留意する必要がある。解除の効果発生を認めるにあたり、黙示の解除の意思表示を安易に認めると、解除の相手方の予測可能性を害することになるからである。本件では、Yの言動をもって連帯保証契約を解除する意思表示と評価することができるのかが問われている。Aを追い出してほしいとの言動を解除の意思表示とまで評価できるのか、特別解約権構成を用いることには限界があるように思われる。

（2）　本判決の判断枠組みとその評価

本判決は、⑤判決を引用して本件事実関係を検討した結果、Aの生活保護が廃止された2年後以降の

請求が権利濫用にあたると判断した。Aの生活保護が廃止された時点で保証債務拡大防止義務の発生を認める一方で、その時点以降の請求を権利濫用とするのではなく、2年後以降の請求を権利濫用にあたるとしている。そこで、保証債務拡大防止義務の発生時点と権利濫用の基準点を分けて検討する。

まず、保証債務拡大防止義務の発生時点について検討する。X・A間では、本件賃貸借契約締結直後に賃料未払の発生、代理納付による賃料支払、Aの生活保護廃止、Aの新口座からの引落し（未納）という一連の流れを経ている。これらの事実を踏まえると、Aが未払賃料及び将来の賃料を支払う意思も蓋然性もないのに、Xが生活保護廃止に伴い新口座からの引き落としの方法に移行したという事実が重要であり、保証債務拡大防止義務の発生時点をAの生活保護が廃止された時点とした本判決の判断は妥当である。また、2（3）で整理した判例の考慮要素を踏まえると、賃料を支払う意思も蓋然性もない（Aの状況）、Aに対する信頼関係は害されている（YはAと絶縁状態）ことに加えて、保証債務を履行したとしてもAに対する求償権実現は困難である（Yの状況）、XはYに生活保護の廃止自体を連絡しておらず、Yに対して解除権行使を検討する機会を与えていない（Xの帰責性）という点から、Xの履行請求を権利濫用にあたると評価することができるであろう。

次に、権利濫用の基準点について検討する。Xの保証債務拡大防止義務は、Aの生活保護が廃止された時点で発生しているものの、Xのような市の場合、訴訟提起等の拡大防止措置をとるためには議会の承認等の所定の手続を要する[12]。このような事情から、本判決は、保証債務拡大防止義務が発生しても、その時点以降のYに対する履行請求を権利濫用にあた

ると解するのではなく、拡大防止措置をとることができた時点、本件ではAの生活保護が廃止された2年後の時点を権利濫用の基準点としたものと考えられる。もっとも、権利濫用の基準点については、拡大防止措置をとるのに所定の手続を要するという側面のみならず、Yに生活保護廃止の事実を告げず、Aとの連絡を取る対応を十分にしてこなかったXの帰責性を踏まえて考えていく必要があるように思われる。そうすると、生活保護廃止から2年後を権利濫用の基準点とした本判決の判断が妥当なのか、本判決の認定した時点よりも権利濫用の基準点を早めることも可能なのではなかろうか。

4　結語

平成29年改正民法では、全ての個人根保証で極度額を定めない個人根保証は無効となる旨の規定が設けられた（465条の2第2項）。しかし、極度額の定めに関する規定が設けられたからといって賃貸保証の問題が生じなくなるわけではない。例えば、賃貸人が賃料の数か月分、数年分にも相当する金額を保証契約の極度額として設定した場合には、特別解約権、信義則・権利濫用の適用による履行請求の制限という形の他にも、消費者契約法10条による解釈を通して保証人の責任制限を図るべき場合も考えられる[13]。また、債権者の情報提供義務（458条の2、458条の3）の規定が設けられたところ、これと保証債務拡大防止義務とがいかなる関係にあるのか、体系的な整序が今後も重要な問題として残されている[14]。

（たにえ・ようすけ）

---

1)　原審の評釈として、片山直也「判批」私法判例リマークス61号（2020年）34頁、能登真規子「判批」判評737号（2020年）18頁がある。
2)　学説の動向について、詳しくは、中田裕康「不動産賃借人の保証人の責任」千葉大学法学論集28巻1＝2号（2013年）3頁以下参照。
3)　我妻栄『新訂債権総論』（岩波書店、1964年）476頁。
4)　西村信雄『継続的保証の研究』（有斐閣、1952年）、西村信雄編『注釈民法(11)』（有斐閣、1965年）166頁。
5)　我妻説と同旨のものとして、林良平＝石田喜久夫＝高木多喜男『債権総論〔改訂版〕』（青林書院、1982年）424頁〔高木多喜男執筆〕、奥田昌道『債権総論〔増補版〕』（悠々社、1992年）420頁等。
6)　潮見佳男『新債権総論Ⅱ』（信山社、2017年）762頁以下。
7)　遠藤研一郎「不動産賃借人保証と保証人保護法理」法学新報122巻1＝2号（2015年）115頁。
8)　平成以降に特別解約権を認めた裁判例は多くはないが、これを認めたものとして、東京地判平9・1・31判タ952号220頁等がある。
9)　裁判例の動向については、遠藤・前掲注7)111頁以下参照。
10)　他に、公営住宅の賃貸保証において、賃貸人の保証人に対する履行請求の権利濫用該当性を認めた裁判例として、広島地福山支判平20・2・21LEX/DB28140925がある。
11)　片山・前掲注1)37頁。
12)　片山・前掲注1)37頁は、「市や区が『拡大防止措置』をとるには時間を要するということであろうか」という。
13)　能登・前掲注1)22頁、岡田愛「判批」京女法学11号（2017年）196頁。
14)　債権者の義務を検討するものとして、中田・前掲注2)35頁〔損害軽減義務〕、大澤慎太郎「保証人の保護に関する一考察──フランス法におけるその規律の構造を素材として」私法（2017年）103頁〔危険防止義務〕等参照。

不動産　登記申請等の委任を受けた司法書士の第三者に対する不法行為責任

最二判令 2・3・6
平 31(受)6 号、損害賠償請求事件
民集 74 巻 3 号 149 頁、判時 2464 号 3 頁、判タ 1477 号 30 頁、金判 1603 号 8 頁、金法 2148 号 64 頁
第一審：東京地判平 29・11・14 金判 1603 号 27 頁
控訴審：東京高判平 30・9・19 金判 1603 号 21 頁

伊藤栄寿　上智大学教授

現代民事判例研究会財産法部会不動産パート

●——事実の概要

A 名義の土地について、A を売主、B を買主とする売買契約（第 1 売買契約）、B を売主、X を買主とする売買契約（第 2 売買契約）、X（原告、控訴人、被上告人。不動産の売買・管理等を目的とする会社）を売主、C を買主とする売買契約（第 3 売買契約）が順次締結された。A から B への所有権移転登記の申請（前件申請）および B から中間省略登記の方法による C への所有権移転登記（後件申請）が同時にされることとなった（不動産登記規則 67 条による連件申請）。前件申請については弁護士 Z（被告）が AB から委任を受けた。後件申請については、Y（被告、被控訴人、上告人）が BC から委任を受けたが、その際、前件申請がその申請人となるべき者による申請であるか否かについての調査等をする具体的指示は受けなかった。

Z の法律事務所において、自称 A、B、C、X、Y らが、前件申請および後件申請に必要な書類等の確認のための会合を行った際、A の本人確認書類として印鑑証明書が提出されたが、自称 A が発言した生年月日と印鑑証明書の生年月日について齟齬があり、さらに、そのコピーに「複製」の文字がないことが確認された。自称 A は、代金決済日に新たな印鑑証明書を持参するなどと述べ、他の出席者らはこれに対して異議を述べなかった。

前件申請について、A の印鑑証明書が偽造であることが判明し申請が却下されたため、Y は後件申請を取り下げた。そこで、X が Z および Y に対して、不法行為に基づく損害賠償等を求めた。X は、Y について、前件申請がその申請人となるべき者による申請であるか否かの調査等をしなかった注意義務違反があると主張した。

第一審は、X の Z に対する請求を認容したが、Y に対する請求は棄却した（Z の部分については確定）。原審は X の Y に対する請求を一部認容した（5 割の過失相殺）。そこで、Y が上告。

●——判旨

破棄差戻し。

①司法書士の委任者に対する責任について、「当該委任に基づき、当該登記申請に用いるべき書面相互の整合性を形式的に確認するなどの義務を負うのみならず、当該登記申請に係る登記が不動産に関する実体的権利に合致したものとなるよう、上記の確認等の過程において、当該登記申請がその申請人となるべき者以外の者による申請であること等を疑うべき相当な事由が存在する場合には、上記事由についての注意喚起を始めとする適切な措置をとるべき義務を負うことがあるものと解される。そして、上記措置の要否、合理的な範囲及び程度は、当該委任に係る委任契約の内容に従って定まるものであるが、その解釈に当たっては、委任の経緯、当該登記に係る取引への当該司法書士の関与の有無及び程度、委任者の不動産取引に関する知識や経験の程度、当該登記申請に係る取引への他の資格者代理人や不動産仲介業者等の関与の有無及び態様、上記事由に係る疑いの程度、これらの者の上記事由に関する認識の程度や言動等の諸般の事情を総合考慮して判断するのが相当である。」

②司法書士の第三者に対する責任について、①と同様の判断はできないものの、「委任者以外の第三者が当該登記に係る権利の得喪又は移転について重要かつ客観的な利害を有し、このことが当該司法書士に認識可能な場合において、当該第三者が当該司法書士から一定の注意喚起等を受けられるという正当な期待を有しているときは、当該第三者に対して

も、上記のような注意喚起を始めとする適切な措置をとるべき義務を負い、これを果たさなければ不法行為法上の責任を問われることがあるというべきである。そして、これらの義務の存否、あるいはその範囲及び程度を判断するに当たっても、上記に挙げた諸般の事情を考慮することになるが、特に、疑いの程度や、当該第三者の不動産取引に関する知識や経験の程度、当該第三者の利益を保護する他の資格者代理人あるいは不動産仲介業者等の関与の有無及び態様等をも十分に検討し、これら諸般の事情を総合考慮して、当該司法書士の役割の内容や関与の程度等に応じて判断するのが相当である。」

③本件について、「Yは、Xと委任契約は締結しておらず、委任者以外の第三者に該当するものの、Yが受任した中間省略登記である後件登記の中間者であって、第2売買契約の買主及び第3売買契約の売主として後件登記に係る所有権の移転に重要かつ客観的な利害を有しており、このことがYにとって認識可能であったことは明らかである。

そして、Yは、Aの印鑑証明書……に記載された生年に食違いがあること等の問題点を認識しており、相応の疑いを有していたものと考えられる。なお、Xがその利益を保護する他の資格者代理人を依頼していたという事情はうかがわれない。

しかし、Yが委任を受けた当時本件不動産についての一連の売買契約、前件登記及び後件登記の内容等は既に決定されており、Yは、そもそも前件申請が申請人となるべき者による申請であるか否かについての調査等をする具体的な委任は受けていなかったものである。さらに、前件申請については、資格者代理人であるZ弁護士が委任を受けていた……のである。しかも、Xは不動産業者である上、その代表者自身がXの依頼した不動産仲介業者……の代表者やCの担当者と共に本件会合に出席し、これらの者と共に印鑑証明書の問題点等を確認していたものであるし、印鑑証明書の食違いはYが自ら指摘したこともうかがわれる。

そうすると、上記の状況の下、Yにとって委任者以外の第三者に当たるXとの関係において、Yに正当に期待されていた役割の内容や関与の程度等の点について検討することなく、上記のような注意喚起を始めとする適切な措置をとるべき義務があったと直ちにいうことは困難であり、ましてYにおいて更に積極的に調査した上で代金決済の中止等を勧告する等の注意義務をXに対して負っていたということはできない。」

なお、草野耕一裁判官の意見がある。

●——研究

1 本判決の意義

本判決は、地面師などによる「なりすまし」の場合における司法書士の責任を判断している。第一審はXのYに対する請求を棄却したのに対し、原審は請求を認容したため（ただし過失相殺されている）、最高裁の判断が注目されていた。最高裁は、①司法書士が委任者に対して負う責任の内容、②司法書士が第三者に対して負う責任の内容、③本件事案においてYがXに対して負う責任の内容を具体的に示し、原審に差し戻した。

本判決は、司法書士の責任について、①で委任者、②で第三者に対する内容を示しており、最高裁として一般的な判断を行っている点が重要である。ただ、③に関連して、なぜ自判ではなく破棄差し戻しなのかはわかりにくい。また、本判決の射程も問題となる。

2 司法書士の責任
(1) はじめに

かつての司法書士は、委任者から依頼された内容の書面を作成し、登記申請をすればよいと考えられており、登記の実体的な有効性を審査する必要はなく、形式（手続法）的な有効性も（登記官の審査と同様）書面審査で足りると考えられていた。この考え方によれば、たとえば、本件で問題となったような実体的権利関係（本人性等）については、原則として調査確認義務は負わないことになる[1]。

これに対して、現在は、司法書士の権限が拡大したこともあり[2]、実体的な有効性も形式的な有効性についても、委任者への説明・助言を与える必要があると理解されている[3]。問題は、その（本人性等の確認の）範囲である。

(2) 本人性等の確認義務[4]

第1に、原則として本人性等の確認義務を認める考え方（本件確認義務原則モデル）がある。裁判例の中にも、本人確認について、司法書士の高度の注意義務を認めたものがある[5]。ただ、この裁判例は、なりすましの者が、登記済証を提出（登記識別情報を提供）できなかったところ、司法書士が資格者代理人として本人確認情報を提供した場面（不登法23条4項1号）において、登記義務者・登記権利者に対して本人確認義務を負うとしたものである。委任者に対して本人確認義務を認めたものではない。

第2に、本人性等について疑うべき相当な理由が存在する場合に、調査確認義務を負うとする考え方（疑念性判断モデル）がある[6]。司法書士には公益性・専門性があるが、また、同時に取引当事者には自己責任もあるところ、バランスを図るため、一定の場合に調査確認義務を認める。

本判決は、第2の考え方によっている。そのうえで、本人性等の確認義務の内容は、委任契約によって定まるとするとし、その解釈にあたっては、委任の経緯、取引への司法書士の関与の有無・程度、委任者の不動産取引の知識・経験の程度、他の資格者代理人や不動産仲介業者等の関与の有無・態様、上記事由に係る疑いの程度、これらの者の上記事由に関する認識の程度や言動等の諸般の事情を総合考慮するとしている。事案ごとにきめ細かい判断を下すことになる。

司法書士に公益性・専門性があるといっても、常に実体的な権利関係を認めることは不可能を強いることとなる。契約において実体的権利関係を調査するとされておらず、疑うような事情がない場合には、確認義務を認めることはできない。本判決の枠組みは適切であろう。

(3) 第三者に対する責任

司法書士の責任については、おもに委任者との関係で議論をされてきた。本判決は、委任者と第三者との関係に分けて判断をしている点に特徴がある。

第一審および原審は、連件申請であることに着目した判断を行っていた。両者は、義務の範囲について大きく異なった理解をしているものの[7]、連件申請に着目し、委任者・第三者を区別していないことは共通していた[8]。

委任者との関係では債務不履行責任が、第三者との関係では不法行為責任が問題となるため、両者を区別するのは当然であろう。問題は、いかなる第三者との関係で、いかなる範囲で司法書士が責任を負うかという点にある。

本判決は、司法書士が責任を負う第三者の範囲について、「委任者以外の第三者が当該登記に係る権利の得喪又は移転について重要かつ客観的な利益を有し、このことが当該司法書士に認識可能な場合において、当該第三者が当該司法書士から一定の注意喚起等を受けられるという正当な期待を有している」に限定して認めた。司法書士の公益性・専門性から、一定の利害関係人への責任を認めることは正当化できよう。

本件のXは、中間省略登記の中間者であることか

ら、第三者に該当する。また、中間者でなくても、たとえば、取引に深く関与する不動産業者などは、第三者に該当する可能性があろう。その他、なりすましの者について、資格者代理人として本人確認情報を提供した司法書士が、なりすましの者からの買受人の存在を知っていた場合には、この買受人は第三者に含まれることになろう。

司法書士が第三者に対して負う義務の存否、その範囲・程度は、諸般の事情を考慮して判断される。特に、疑いの程度や、第三者の不動産取引に関する知識・経験の程度、第三者の利益を保護する他の資格者代理人あるいは不動産仲介業者等の関与の有無・態様等をも十分に検討し、総合考慮して、司法書士の役割の内容や関与の程度等に応じて判断される。ここでも事情に応じたきめ細かな判断が行われることになる。

(4) 本件の結論

本判決は、自判ではなく破棄差し戻しをしている。その理由は、「Yに正当に期待されていた役割の内容や関与の程度等の点について検討する」ことが必要であるからとされる。それでは、具体的にどのような事情が認められればYの本人確認義務が認められるのであろうか。「Yにはいかなる意見を述べることが現実的に可能であったのか」がポイントとなるとする指摘もある[9]。XとYとの間での具体的なやりとりを明らかにする必要があるのかもしれない。ただ、本件において、会合以外で個別にXYのやりとりなどがあったとは考えにくく（そのような事情があればXはそのことを述べているはずである）、自判によりXの請求を棄却してもよかったのではないかと思われる[10]。

3　本判決の射程等

(1)　射程

本判決は、登記申請の委任を受けた司法書士の、第三者に対する本人義務についての判断である。すなわち、(ア) 本人へのなりすましが問題となっており、(イ) 連件申請における後件申請が実現できず、(ウ) 後件申請の登記権利者が委任関係にない司法書士に対しての責任を追及するという事案である。(ア)〜(ウ) とは異なる場面において、本判決の射程が及ぶかが問題となる。

まず、(ア) 本人へのなりすましでない事案、たとえば、実体上の権利がないにもかかわらず所有者であるかのような登記関係書類を有している（本人は

実在している）場合にも、本判決の射程は及ぶと考えられる[11]。判旨①では、実体的な権利に合致するように登記申請を行うことが求められており、そうでないことを疑うべき相当事由が存在する場合には、適切な措置をとるべき義務を負うべきこととなろう。

本件では、(イ) 連件申請が問題となっているが、①②の判示は、連件申請を前提とした判示とはなっておらず、一つの事情として考慮されるに過ぎないから（前述 2 (3) 参照）、司法書士の登記申請の場合に広く適用されることになる。

また、(ウ) 委任関係がない場合に限られず、委任関係にある場合にも広く射程が及ぶ。①は委任関係にある場合の説示をしているからである[12]。

本判決は冒頭で、司法書士が公正かつ誠実に業務を行わなければならないこと（司法書士法 2 条）などから、公益的な責務を負わされていることを示しており、弁護士など他の専門家に本判決の直接の射程は及ばない。

(2) 草野意見

草野耕一裁判官は、「職業的専門家」という観点から意見を述べており、この考え方の射程はきわめて広く興味深い。

草野意見は、原則として、「職業的専門家が依頼者以外の者に対して知見の提供を怠ったことを理由として法的責任を負うことは否定されてしかるべきである」とする。しかし、例外的に、(ア) 対応可能な職業的専門家が一人しかいない状況において知見の提供を必要とする突発的な事態が発生した場合、(イ) 法的には依頼者でないにもかかわらず職業的専門家から知見の提供を受け得ると真摯に期待している者がおり、その者がそのような期待を抱くことに正当事由が認められ、その者に対して職業的専門家が知見を提供することに対して真の依頼者（もしいれば）が明示的又は黙示的に同意を与えている場合などは、特段の事情があるとして、法的義務が発生するべきだとする。

草野意見の構造自体は明快であり、有力な見解は草野意見に賛意を示している[13]。しかしながら、この考え方がどのような職業にあてはまるのかは明快とは言いがたい。「職業的専門家」について「長年の研さんによって習得した専門的知見を有償で提供することによって生計を営んでいる者のこと」との定義がなされているが、具体的に司法書士以外のいかなる職業が含まれるのかは明らかでない。ただちに草野意見を採用することはできないものの、さまざま職業的専門家の「具体的義務」を考えるにあたって、参考になりうる。

（いとう・ひでとし）

---

1) もちろん、この考え方によっても、例外的に、依頼者からの依頼がある場合や、問題があることが明らかである場合には義務を負うとされる。
2) 司法制度改革の一環として、2003（平成 15）年に、司法書士に簡易裁判所における訴訟代理権が付与されたことが大きいであろう。また、2019（令和元）年にも法改正がなされ、司法書士の職務の公益性や専門性が強調されている。前者について詳しくは、加藤新太郎『司法書士の専門家責任』（弘文堂、2013 年）1 頁以下など参照。
3) この点については、七戸克彦「不動産登記業務における司法書士の専門家責任をめぐる近時の動向」市民と法 58 号（2009 年）52 頁参照。なお、同論文は、考え方が変化した主要な要因として、司法書士の専門家としての義務違反を問う判例の増加をあげる。
4) 本人確認義務および義務違反の判断枠組みについては、加藤・前掲注 2) 181 頁以下が詳しい。
5) 東京地判平 20・11・27 判時 2057 号 107 頁。
6) 東京高判平 17・9・14 判タ 1206 号 211 頁。
7) 第一審は、後件申請の登記手続代理人は、「原則として、前件の登記が受理される程度に書類が形式的に整っているか否かを確認する義務を負うにとどまり、依頼者との合意があったり、前件の手続代理人がおよそその職務を果たしていないことが明らかであるなどの特段の事情のない限り、これらの書類の真偽についての確認義務は負わないものと解するのが相当である」としていた。また、原審は、「前件申請の形式的な要件の充足を確認することはもとより、その職務の遂行過程で、前件申請の却下事由その他前件申請のとおりの登記が実現しない相応の可能性を疑わせる事由が明らかになった場合には、前件申請に関する事項も含めて速やかに必要な調査を行い、その結果も踏まえて、登記申請委任者その他の重要な利害関係人に必要な警告……をすべき注意義務を負うと解する」としていた。
8) 連件申請の裁判例については、武川幸嗣「本件判批」新・判例解説 Watch 民法（財産法）No.201（文献番号 z18817009-032011968）3 頁、加藤新太郎「本件判批」NBL1169 号（2020 年）112 頁参照。また、東京地判令 2・1・31 金法 2152 号 69 頁は、連件申請で前件申請の登記手続を代理する司法書士代理人は、「原則として、前件の登記が受理される程度に書類が形式的に整っているか否かを確認する義務を負っているが、前件の登記手続書類の真否等については前件の司法書士が一定の場合に調査確認義務を負っていることから、特段の事情がない限り、後件申請の司法書士は調査確認義務を負わないものの、「前件の登記手続を代理した司法書士が、その態度等からおよそ司法書士としての職務上の注意義務を果たしていないことを疑うべき事情等の特段の事情がある場合については、例外的に、前件の登記手続書類の真否等について調査確認すべき義務を負う」としている。
9) 加藤新太郎「土地所有権移転登記手続の連件申請の後件申請を受任した司法書士の第三者に対する不法行為責任（草野意見に関する考察）」NBL1171 号（2020 年）92 頁。
10) 武川・前掲注 8) 4 頁も、Y が「注意喚起または調査確認することが正当に期待されていたとは言い難い、と判断すべき余地が十分にあると思われる」と指摘する。
11) 武川・前掲注 8) 4 頁。
12) 村田大樹「本件判批」法学教室 478 号（2020 年）137 頁。
13) 加藤・前掲注 9) 92 頁。

不法行為 1 　名誉感情侵害事案における同定可能性の位置付け

福岡地判令元・9・26
平 30 年(ワ)2240 号、損害賠償請求事件
判時 2444 号 44 頁

竹村壮太郎　小樽商科大学准教授
現代民事判例研究会財産法部会不法行為パート

●──事実の概要

　平成 26 年当時、X は福岡県内に居住していたところ、栄養士免許を取得し、管理栄養士国家試験の受験資格を取得することを希望し、それが可能である県内唯一の公立大学法人である A 女子大学の平成 27 年度特別入試にかかる入学願書を提出した。しかし、A 女子大学は X が男性であることを理由に、その出願を不受理とした。X はこのことにつき、平成 27 年 1 月 20 日に、その不受理処分が憲法 14 条に違反するものであるなどと主張し、A 女子大学を被告として、不受理処分の取り消し、国家賠償法 1 条 1 項に基づく損害賠償の支払などを求めた。

　ところで、書籍や雑誌の制作、出版、販売を行う株式会社 Y₁ は、平成 27 年 1 月 29 日に発行の雑誌で、「女子大に入りたい男」との表題が付された記事（以下、本件記事）を掲載した。それによれば、次のア)～エ) の記載がなされていた。ア)「20 代の男が A 女子大学に入学願書を提出したという。…バカじゃないかしら」、イ)「「法の下の平等」を…極端に解釈した…「平等バカ」が大量発生した」、ウ)「江戸時代には女が男を買っていた。歌舞伎役者も芝居より売春の稼ぎのほうがよかった」、エ)「結局 A に文句を言っている男の子も甘ったれているのよ。そんなに小遣いが欲しいなら歌舞伎役者みたいに体を売ればいいじゃない」。

　このことにつき、X が、かかる記事によって自身の名誉を毀損されるとともに名誉感情を侵害されたとして、Y₁ およびその編集者である Y₂ に対し、民法 709 条等の不法行為に基づく損害賠償を求めた。

●──判旨

　一部認容、一部棄却（控訴）
　本判決は、名誉毀損の主張を認めなかった。本件記事は、全体として、本件記事の男性が別件訴訟を提起したことに対する批判がその中心となるものであり、X の社会的評価が低下するものとはいえないなどとしたのである。
　しかしながら、一方で、名誉感情の侵害については、次のように述べ、その成立を認めた。
　1　「名誉感情、すなわち人が自分自身の人格的価値について有する主観的評価（主観的名誉）も法的保護に値する利益であり、表現態様が著しく下品ないし侮辱的、誹謗中傷的である等、社会通念上許容される限度を超える侮辱行為は、人格権を侵害するものとして、名誉毀損とは別個に不法行為を構成する」。
　2　「名誉毀損は、表現行為によってその対象者の社会的評価が低下することを本質とするところ、社会的評価低下の前提として、一般の読者の普通の注意と読み方を基準として、不特定多数の者が対象者を同定することが可能であることを要すると解されるのに対し、名誉感情侵害はその性質上、対象者が当該表現をどのように受け止めるのかが決定的に重要であることからすれば、対象者が自己に関する表現であると認識することができれば成立し得ると解するのが相当である。そして、本件でも、対象者である本件記事の男性、すなわち原告は本件記事が自己に関する記事であると認識している。これに対し、一般の読者が普通の注意と読み方で表現に接した場合に対象者を同定できるかどうかは、表現が社会通念上許容される限度を超える侮辱行為か否かの

考慮要素となるにすぎない」。

3 「別件訴訟の提起について「そんなに小遣いが欲しいなら歌舞伎役者みたいに体を売ればいいじゃない…と論評した部分及び歌舞伎役者の売春事情等を記載した部分は、別件訴訟を提起するよりも売春を行うように勧奨するものであり、今日では売春が社会的な害悪であって違法行為とされていることに鑑みれば、別件訴訟を提起することにより教育分野における逆差別を議論の俎上に載せようとした原告の意向を殊更に無視し、原告が到底受け入れられない提案をあえてすることによって、原告を攻撃するものということができる。そうすると、本件記事の上記部分は、もはや原告の行為に対する正当な批判の限度を超えて原告の人格に対する攻撃に及んでいるというべきであって、本件雑誌の社会的影響力等諸般の事情を総合的に考慮すれば、本件記事の上記部分は社会通念上許容される限度を超える侮辱行為に当たると解するのが相当である」。本件では、「一般の読者の普通の注意と読み方を基準として、本件記事の男性が原告であると同定することが可能であると認められ、同定可能性が認められない場合に比べ、原告の名誉感情を侵害する程度が大きいということができる」。

●──研究

1 本判決の意義

不法行為法においては、しばしば「名誉」の侵害が問題とされる。そのうち、名誉毀損として取り上げられる「名誉」、すなわち民法723条に規定される「名誉」とは、「人がその品性、徳行、名声、信用等の人格的価値について社会から受ける客観的な評価、すなわち社会的名誉を指すもの」であるとされている。したがって「人が自己自身の人格的価値について有する主観的な評価、すなわち名誉感情」は、そこには含まれない（最二判昭45・12・18民集24巻13号2151頁）。しかしながら、その名誉感情の侵害が、不法行為法上全く問題とされないわけでもない。名誉感情の侵害も人格的な利益に対する侵害であることにほかならないのであるから、慰謝料の請求事由とはなりうるのである[1]。実際、近年ではインターネット記事などの表現によって中傷を受けたなどとして、名誉毀損と並んで、この名誉感情侵害が問われる例も数多く見られるようになっている[2]。

ところで、名誉感情侵害については、特にその成

否を慎重に判断する必要がある。客観的な評価の低下を問題とする名誉毀損と異なり、名誉感情の侵害はあくまで人の主観の問題であり、その侵害の有無を明確に判断することができないからである。仮にその保護を過度に認めるとするならば、人の社会活動、特に表現活動にとっては、大きな制約ともなりえよう。近年では人格権の主観化が指摘されるが、名誉感情についても、そうした主観的なものをどこまで保護できるかが、問われることになるわけである[3]。

本判決は、その名誉感情の侵害を認めた一事例であるとともに、これまで必ずしも意識的に議論されることがなかった、同定可能性の位置付けについても明らかにした意義がある。この点は、今後の同種の事案の解決にあたっても検討すべき課題となろう。そこで以下では、その名誉感情侵害事案における同定可能性の位置付けを中心に、本判決の分析、検討を試みる。

2 同定可能性の位置付け

(1) 名誉感情侵害の要件

名誉感情は客観的に把握できる性質のものではないため、特定の侵害行為との関係で、その保護が認められるか否かを検討する必要がある[4]。平成22年の最高裁判決も、傍論ではあるが、「社会通念上許される限度を超える侮辱行為であると認められる場合に初めて…人格的利益の侵害が認められ得るにすぎない」としている（最三判平22・4・13民集64巻3号758頁。以下、平成22年判決）。

もっとも、名誉感情侵害は、本件の事案のように、しばしば対象を匿名とした表現行為によって生じる。そこで、いわゆる"同定可能性"が必要となるかが問題となる。ここで同定可能性とは、侵害行為の対象となっている者が、まさに侵害を訴えるその者であると周囲からも判別可能であることを指す（例えば、記載されている氏名や住所、肩書き、ハンドルネームなどから、本人だと識別される場合）[5]。名誉毀損をめぐる事案の多くでは、この同定可能性に言及されてきた。それは名誉毀損が人の社会的評価の低下と捉えられているゆえに、その表現によって"誰が"、"不特定多数から"どう評価されるか、を判断せざるをえないからである。

他方で、名誉感情侵害について、この同定可能性を必要とするかどうかは、これまであまり論じられてはこなかった[6]。ただ、一般的には、その存在が前提とはされてきたようにうかがわれる。裁判例に

おいても、同定可能性が存在しなかったことから名誉感情侵害を否定した例がある（一例として、東京地判平28・12・27D1-Law29020727）。もっとも、なぜそれが必要であるかについてまで積極的言及した例は、ほとんど見られない。逆に、本判決と同様に、名誉毀損との違いに着目して、それを不要とするかのような前例もある（東京地判平30・12・12D1-Law29051362）。

（2）　本判決における同定可能性の位置付け

この点、本判決は、判旨のとおり、その同定可能性を名誉感情侵害の判断にあたって必要とはしないという立場を明らかにした。その理由は、「社会的評価が低下することを本質とする」名誉毀損と異なり、「名誉感情侵害はその性質上、対象者が当該表現をどのように受け止めるのかが決定的に重要である」からである。

確かに、名誉感情は個人の主観的な価値を問題とするものであるので、必ずしも不特定多数に同定されうる必要がないようにも考えられる。ただし、続いて本判決が「対象者が自己に関する表現であると認識することができれば」名誉感情侵害は成立し得るとした点には、次の二つの点で留意が必要となろう。

すなわち、これまで同定可能性をめぐる判断の中では、不特定多数から対象者を認識できるかどうかだけでなく、そもそも侵害行為の対象は誰であったかを確定する作業も含まれていたように思われる。本件では、Y側自身、記事の対象がXであることを自認していたかのようにもうかがわれるが、本件とは異なり、表現者自身が対象を明らかにしていない場合には、（周囲から判別できるかどうはとは別にしても）なお対象者の確定という作業は必要となろう。仮に、文字通り「自己に関する表現であると認識することができれば」名誉感情侵害が成立し得るとすると、次の問題が生じうる。例えば、「Bは低脳だ」という表現が問題とされ、Bという名の人物が複数いた場合。実際には対象とされていなかった複数のBが「それは自分のことだ」と受け止めたというときにも、それぞれ名誉感情の侵害が認められることになる。本判決も、「対象者である本件記事の男性、すなわち原告は…自己に関する記事であると認識している」としているから、そもそもの対象者が絞り込めていることは前提としていたものといえる。

そして、より問題となるのは、これまで同定可能性は、実質的には、保護される表現を選別する一つ

の客観的な基準としても機能していたのではないかという点である。すなわち、一般の読者では対象が誰かを判別できないようなものは、その時点で名誉感情侵害を生じさせるものではないとすることで、どの程度までの表現が法的責任を伴うものとなるのか、一定程度明確にすることが可能となる。ここで対象者の認識で足りるとすると、およそいかなる表現であっても、「社会通念上許容される限度を超える」かどうかの評価を待たなければ、それが法的責任を問われるものであるか、明らかとはならないことにもなる。その限度はあらかじめ客観的に判断しづらいゆえに、本判決の立場は表現活動に対する大幅な制約につながるおそれもある。

なお、本判決が名誉感情侵害にあたって同定可能性を要しないものとしたのは、本件の事案においては、それが認めにくかったことにも一因があろう。実際、本件記事自体からは、Xの実名や住所などは明らかではなく、示されている属性も、20代の男性、程度である（本判決は同定可能性を不特定多数の者から同定されることと定義しているようであるが、それと異なり、属性をいくつか知る者が対象者を原告と結び付けて考えることができる場合にそれが認められるとするものもある。東京地判平28・9・15D1-law29020224。ただ、そう解したとしても、本件では同定可能性は認めにくいように思われる）。また本判決は、弁護士や報道関係者など、ごく限られた者からの特定は可能であり、その者を起点として記事の対象がXであることが世間に伝播しうるとはするが、この点も後述のとおり、いささか無理があるようにうかがわれる。

3　社会通念上許容される限度を超える侮辱行為
（1）　社会通念上許容される限度はどう評価されるか

前述のように、名誉感情侵害は、最終的には、その表現が「社会通念上許容される限度を超える侮辱行為」である場合にのみ認められる[7]。ただ、それが表現行為に対する制約につながることに鑑みても、本来は限定的に認められるべきものではあろう。平成22年判決が、意見、感想として述べた「気違い」との表現一語のみでは「社会通念上許容される限度を超える侮辱行為であることが一見明白であるということはでき」ず、その内容や経緯などを考慮しなければならない、としていたのも、そうした方向性を示唆するものといえる（平成22年判決以前のもの

であるが、「看過しがたい、明確、かつ、程度の甚だしい侵害行為がされた場合」に名誉感情侵害が認められるとした例がある。東京地判平8・12・24判タ955号195頁）。

(2) 本判決による評価

ところで、本判決は、ウ）、エ）の表現をXの人格に対する攻撃に及んだものであり、「社会通念上許容される限度を超える侮辱行為」であるとする。ただ、それが一見明白とまでいえたかどうかについて、次の二つの点で疑問を残す。

まず、本判決では、本件記事が売春を提案したものであるとの評価が前提とされている。しかし、当該部分は、「文句を言っている男の子も甘ったれている」という部分に続く仮定として表現されているものであるから、積極的に体を売れとまで述べているものともいい難い。文脈から推察するならば、「甘ったれている」ことを強調したものと読むことも可能であろう。そうであるとすると、本件記事が「原告が到底受け入れられない提案をあえてすることによって」Xの人格を攻撃するものとの見方は、飛躍しているといわなければならない。

次に、前述のとおり、本判決は、同定可能性を、その「社会通念上許容される限度を超える」かどうかの考慮要素と位置付けている。実際、名誉感情が人の主観とはいっても、それは周囲の評価を取り込んで形成されているものでもある[8]。それゆえ、周囲から対象が誰かがわかるような侮辱行為は、通常、より名誉感情への影響が強くなるものと捉えることはできよう。しかしながら、本判決が不特定多数への伝播可能性を含めて同定可能としている点は、検討の余地がある。なぜなら、本判決においてその起点とされている、見積依頼を受けた弁護士などは、何らかの形で守秘義務を負う者（例えば、弁護士法23条）のようにも考えられるからである。名誉毀損の公然性をめぐる事案であるが、事情を知る特定の人物に何らの守秘義務が認められる場合、そこからの伝播性を認めない例がある（さいたま地熊谷支判平25・2・28判時2181号113頁）。これを踏まえると、特に見積依頼を受けた弁護士などがXの氏名、住所を特定できる状態にあったとしても、それが不特定多数に同定されるようになることは、想定し難いのではなかろうか。

慨してみれば、名誉感情侵害による責任を認めうるかという点で、本判決は微妙な例であったものと評価できる。個人をからかうかのような表現によって利益を収めること自体が好ましくない、という価値判断もありえはしよう。ただ、名誉感情侵害が自由な表現行為と緊張関係に立ちうるものである以上、不法行為法による救済にも限界があるといわなければならない。本判決を機に、同定可能性の位置付けを含め、いかなる場合に名誉感情侵害として救済を認めるべきか、改めて慎重に検討しなおす必要がある。

（たけむら・そうたろう）

---

1) かねてから学説上でも認められてきたところである。例えば、宗宮信次『名誉権論』（有斐閣、1939年）228頁、五十嵐清『人格権論』（一粒社、1989年）14頁、竹田稔『プライバシー侵害と民事責任』（判例時報社、1991年）236頁。教科書、体系書でも、四宮和夫『不法行為（事務管理・不当利得・不法行為　中巻・下巻）』（青林書院、1987年）397、398頁、平井宜雄『債権各論Ⅱ不法行為』（弘文堂、1992年）47頁、など参照。
2) 損害賠償との関係のほか、プロバイダ責任制限法4条1項との関係で取り上げられることが多い。以下では、一先ず両者の事案を区別せずに検討を進めていく。
3) 例えば、秋山幹雄ほか「（座談会）現代判例を斬る——マスメディアによる名誉毀損」現代民事判例研究会（編）『民事判例1　2010年前期』（日本評論社、2010年）140頁（秋山発言）でも、名誉感情の侵害について不法行為が成立すると簡単に言ってしまうのは危険であることを指摘される。また、近年でも、石橋秀起「名誉毀損と名誉感情の侵害」立命館法学363・364号（2015年）53頁。
4) 正確が曖昧な権利、利益については、特定の侵害行為との関係でその保護の要否が検討される。この点については、窪田充見『不法行為法〔第2版〕』（有斐閣、2018年）149頁、参照。
5) 同定可能性の厳密な定義がなされる例はほとんど見られないが、明示的に言及するものとして、松尾剛行=山田悠一郎『最新判例にみるインターネット上の名誉毀損の理論と実務〔第2版〕』（勁草書房、2019年）406頁。
6) 松尾剛行=山田悠一郎・前掲注5)406頁は、対象者が「誰なのか誰もわからなければ、誰の名誉感情侵害の問題も発生しない。これに対し、一般読者基準から対象者のことだと分かれば、名誉感情侵害の問題となる」とされる。
7) このことは、平成22年判決以前から学説でも主張されてきた。竹田稔・前掲注1)236頁、四宮和夫・前掲注1)398頁、など。
8) 近年、社会から受ける客観的評価である名誉と、主観的な評価である名誉感情を直ちに区別できるかは微妙であるという指摘がなされている。大村敦志=道垣内弘人=山本敬三（編代）、窪田充見（編）『新注釈民法(15)債権(8)』（有斐閣、2017年）501頁以下（水野謙）。

不法行為 2　後遺障害逸失利益についての定期金賠償の可否とその終期

最一判令 2・7・9
平 30(受)1856 号、損害賠償請求事件
民集 74 巻 4 号 1204 頁
第一審：札幌地判平 29・6・23 民集 74 巻 4 号 1254 頁
第二審：札幌高判平 30・6・29 民集 74 巻 4 号 1281 頁

白石友行　筑波大学准教授

現代民事判例研究会財産法部会不法行為パート

●――事実の概要

4 歳のXは、道路を横断中にY₁が運転する大型貨物自動車に衝突される交通事故に遭い、脳挫傷とびまん性軸索損傷を負った。Xには高次脳機能障害の後遺障害が残り、Xは労働能力を全部喪失した。そこで、Xは、Y₁、加害車両の保有者Y₂およびその保険会社Y₃に対し、後遺障害逸失利益として、その就労可能期間の始期（18 歳になる月）の翌月からその終期（67 歳になる月）までの間に取得すべき収入額を、各月の定期金により賠償すること等を求めた。原審は、後遺障害逸失利益との関連で、Yらに対し、平成 32 年 9 月から平成 81 年 8 月まで毎月 35 万 3120 円を支払うよう命じた。Yらが上告受理申立て。

●――判旨

上告棄却。

「被害者が事故によって身体傷害を受け、その後に後遺障害が残った場合において、労働能力の全部又は一部の喪失により将来において取得すべき利益を喪失したという損害」は、不法行為時に発生するが、「不法行為の時から相当な期間が経過した後に逐次現実化する性質のものであり、その額の算定は、不確実、不確定な要素に関する蓋然性に基づく将来予測や擬制の下に行わざるを得ないものであるから、将来、その算定の基礎となった後遺障害の程度、賃金水準その他の事情に著しい変更が生じ、算定した損害の額と現実化した損害の額との間に大きなかい離が生ずることもあ」る。民法は、不法行為に基づく損害賠償の方法を一時金賠償に限定しておらず、民訴法 117 条は、上記性質の損害について定期金賠償が認められることを前提に、事後的に上記

かい離を是正することが公平に適うとの趣旨に基づき、定期金賠償を命じた確定判決の変更を求める訴えを規定する。「不法行為に基づく損害賠償制度は、被害者に生じた現実の損害を金銭的に評価し、加害者にこれを賠償させることにより、被害者が被った不利益を補填して、不法行為がなかったときの状態に回復させることを目的とするものであり、また、損害の公平な分担を図ることをその理念とする」。「交通事故の被害者が事故に起因する後遺障害による逸失利益について定期金による賠償を求めている場合において、上記目的及び理念に照らして相当と認められるときは、同逸失利益は、定期金による賠償の対象となる」。

一時金賠償の場合における後遺障害逸失利益の算定に当たっては、不法行為後に被害者が死亡したとしても、その時点で死亡の原因となる具体的事由が存在し、近い将来における死亡が客観的に予測されていたなどの特段の事情がない限り、死亡の事実は就労可能期間の算定上考慮されない（最一判平 8・4・25 民集 50 巻 5 号 1221 頁等）。後遺障害逸失利益の賠償に係る定期金賠償は、「交通事故の時点で発生した 1 個の損害賠償請求権に基づき、一時金による賠償と同一の損害を対象」としており、上記特段の事情がないのに、不法行為後に被害者が死亡したことにより、賠償義務者がその義務の全部又は一部を免れ、損害賠償請求権者が損害を填補されないことは、一時金賠償と定期金賠償のいずれにおいても衡平の理念に反する。後遺障害逸失利益につき定期金賠償を命ずるに当たっては、「交通事故の時点で、被害者が死亡する原因となる具体的事由が存在し、近い将来における死亡が客観的に予測されていたなどの特段の事情がない限り、就労可能期間の終期より前の被害者の死亡時を定期金による賠償の終期とすることを要しない」。

（小池裁判官の補足意見がある）

●——研究[1]

1　意義

本判決は、後遺障害逸失利益が定期金賠償の対象になることを示した初めての最高裁判決である。

本判決は、①不法行為時に発生しその後に逐次現実化するという損害の性質（Ⓐ）と損害額算定の擬制的性格（Ⓑ）を背景とした事情の著しい変更に伴う算定額と現実の損害額との間のかい離の発生可能性（Ⓒ）、②損害賠償の方法を限定した条文の不存在（Ⓐ）、民訴法117条の存在とその趣旨（Ⓑ）、③原状回復の目的（Ⓐ）と損害の公平な分担の理念（Ⓑ）を定期金賠償が認められるべきことの理由およびその相当性の判断基準として挙げ、④被害者による定期金賠償の申立てがある場合に即してその可能性を肯定する。③の目的と理念は、直接的には相当性判断の基準として示されているが、①ⒷⒸの問題性を浮き彫りにするという意味で、①を間接的に補強し定期金賠償それ自体を基礎付ける下支えになる。また、本判決は、⑤一時金賠償の対象と定期金賠償の対象との同一性から、⑥平成8年判決の理解が定期金賠償の場面にも及び、特段の事情がない限り就労可能期間の終期が被害者の死亡時にならないことを導く。⑤は①Ⓐを前提にしており、平成8年判決は⑥でのみ意味を持ち①Ⓐに影響を与えていない。

裁判例には肯定例と否定例があったが、本判決は、従前の肯定例とは[2]、被害者による定期金賠償の申立ての有無、変更がありうるものとして想定された事情の内容、付された理由、終期を被害者の死亡時にすることの要否等で異なる。

2　理由

(1)　定期金賠償

定期金賠償については、（A）不法行為時に発生し具体化した損害に関する分割的な賠償、（B）不法行為時には発生しておらずその後に逐次発生していく損害に関する回帰的な賠償、（C）不法行為時に発生しその後に逐次具体化していく損害に関する回帰的な賠償として捉える各考え方がある。本判決は、①Ⓐを基礎に（C）を示す。(A)によると、定期金賠償は、原告が既に発生し履行期の到来した損害賠償債権を分割的に請求することを意味するにすぎず特段の意義を持たない。また、（B）は、不法行為に基づく損害賠償債権が1個でその損害が不法行為時に発生するという判例の立場（①Ⓐの前半）、民訴法117条の文言や同条制定過程での議論に反する。更に、損

害の発生とその具体化とを区別する考え方は、損益相殺的調整に際して対象になる損害が法的に填補されたと評価する時期とその場合における遅延損害金について判示した判例等にみられる[3]。従前の判例を前提にする限り（C）は違和感なく受け入れられる。

(2)　損害と損害額

（C）による場合、本判決と平成8年判決との関係が問われる。同判決では、労働能力の喪失による損害は不法行為時に一定の内容のものとして発生し、その後に生じた事由によってその内容に消長を来すものではないとして、不法行為後に被害者が死亡したことは、特段の事情がない限り逸失利益の額の算定における就労可能期間の認定に当たって考慮すべきではないとされているからである。三つの理解の仕方が想定される。

（ a ）平成8年判決と本判決との間の不整合を指摘する理解の仕方がある。平成8年判決における労働能力の喪失による損害は不法行為時に一定の内容のものとして発生するという部分を、不法行為時に損害が発生し一定額として具体化するという意味で捉えると、①Ⓒは法的には想定されず、本判決は、損害の捉え方について平成8年判決とは異なる理解を示すものとして位置付けられる。(b)平成8年判決と本判決とを一時金賠償と定期金賠償との区別に対応させて把握する理解の仕方がある。不法行為の被害者が介護を要する状態になった後に別原因で死亡した場合における死亡後の期間に係る介護費用が当該不法行為による損害には該当しないとした判例を参考に[4]、平成8年判決の前記部分を一時金賠償の採用に伴う法的擬制として位置付け、定期金賠償が求められている場面を平成11年判決がいう法的擬制を及ぼすための衡平性の裏付けが欠ける場合として理解すれば、本判決は、平成8年判決が想定するのとは異なる場面を対象に、損害の捉え方について法的擬制を必要としない原則的な理解を示すものとして位置付けられる。(c)損害の発生とその額としての具体化とを区別し、平成8年判決と本判決との間に整合的な関係を読み取る理解の仕方がある。平成8年判決は、労働能力の喪失による損害それ自体が不法行為時に一定の内容のものとして発生すること、その具体化である逸失利益の額がその後の被害者の死亡により影響を受けないことを判示しているだけで、被害者の死亡以外の事情変更により逸失利益の額が変動することを排除していない。この理解によれば、本判決が①Ⓒを措定したとしても、その

ことは平成8年判決の理解を否定するものではない。

(b)は、本判決の読み方としては適切でない。本判決は⑤で一時金賠償の対象と定期金賠償の対象との同一性を指摘しているほか、介護費用が将来の現実的な支出により具体化するものであるのに対して、後遺障害逸失利益が期間の経過のみにより具体化するものであることを踏まえれば、両損害にはその性格に差があり、後遺障害逸失利益について定期金賠償が求められている場面は、平成11年判決がいう法的擬制を及ぼすための衡平性の裏付けが欠ける場合には該当しないからである。また、本判決が①でⒷⒸのみならずⒶに言及していること、平成8年判決を①ではなく⑥の文脈でのみ引用していること、現実化した損害の金銭的評価との関連で③を示していることを強調すれば、本判決は、(a)よりも(c)に親和性を持つ。

3 範囲

(1) 相当性

本判決は、③で、後遺障害逸失利益につき、原告による申立てがあれば常に定期金賠償の対象になるとするのではなく、原状回復の目的および損害の公平な分担の理念に照らして相当と認められるときに定期金賠償の対象になるとする。③を①Ⓒと結び付けて捉え、②Ⓑで民訴法117条とその趣旨が援用されていることを踏まえると、定期金賠償を命ずることが相当であるというためには、少なくとも、過少または過剰な賠償の回避および是正を図るために、口頭弁論終結の時点で後遺障害逸失利益の額の算定の基礎になった事情に著しい変更が生ずると予想されたことが必要になる。

被害者が死亡した事案で死亡逸失利益に係る定期金賠償を基礎付けるために遺族らによって主張されることがある懲罰的意味、定期金賠償の利点として指摘されてきた浪費や運用リスクの回避、賠償義務者の負担、中間利息控除に関する利害といったと諸点は、③とは直接的に関わらないため、相当性の判断に際して過度に強調されるべきではない。これに対し、定期金賠償の履行確保の可能性または賠償義務者側の支払能力は、実際上の帰結として③の実現に関わるため、相当性の判断に際して考慮される。

(2) 終期

本判決の⑤⑥のように被害者の死亡によっても定期金賠償は終了しないとした場合、(B)によると、死亡した被害者の下でその死後に損害が発生することを認めざるをえなくなるため、この解決の正当化には困難が生ずる。他方で、(C)によると、死亡した被害者の下でその生前に損害と抽象的な損害賠償請求権は発生しているため、この損害の金銭的評価として就労可能年齢までの逸失利益の額を予定することが適切かという点は別としても、後遺障害逸失利益に係る定期金賠償の終期を被害者の死亡時にせず、その相続人が被害者の死後に具体化していく定期金賠償の支払を求める権利を承継すること自体には一応の説明を付けることはできる。

本判決の立場を前提にした場合、その後の規律のあり方としては、二つの可能性が想定される。(Ⅰ)上記の結論をそのまま受け入れるという処理の仕方がある。その当否はともかく、従前の判例のように被害者に生じた逸失利益を遺族の被扶養利益に結び付けて理解するとすれば、現実的な処理として(Ⅰ)が浮かび上がる。次に、(Ⅱ)補足意見が示すように、判決の変更を求める訴えによる一時金賠償への変更を認めるという処理の仕方がある。被害者の死亡により後遺障害等の変動可能性はなくなる一方、賃金水準のほか遺族の生活それ自体の変動可能性は残るがこの点が当該事案で著しい事情の変更にはあたらないとすれば、(Ⅱ)の処理もありうる。

4 影響

(1) 死亡逸失利益

不法行為によって死亡した者の相続人が死亡逸失利益に係る損害賠償請求権を相続するという構成を前提にする場合[5]、(B)によると、3(2)で示したのと同じ理論的問題が生ずるが、(C)によれば、この損害賠償請求権をその相続人が承継すること自体には一応の説明が付く。本判決の射程はこの問題に及ばないが、2と3での整理を前提にした場合、死亡逸失利益についての定期金賠償の可否に関して、三つの理解の仕方が想定される。

(ⅰ)従前の判例と併せて読むことにより死亡逸失利益についても相当性が充たされることを前提に定期金賠償が認められる場合があるとの理解の仕方がある。判例は死亡逸失利益の場面でも①ⒶⒷの理解を示していること[6]、死亡逸失利益についても賃金水準その他の事情の著しい変化に伴い①Ⓒが生ずること、その当否は別として、判例のように死亡逸失利益を遺族の被扶養利益に結び付けて捉えるとすれば③の要請が強く作用することが、その理由である。本判決以前の裁判例の中には、この理解を基礎に据えるものがある[7]。(ⅱ)抽象的には死亡逸失利益について定期金賠償は認められるが、現実的にはこれが

認められる可能性はほぼないとする理解の仕方がある。①②を前提にする限りその論理的な可能性は認められるが、相当性判断の中核をなす事情変更を後遺障害の程度の変化に力点を置いて評価すれば、被害者が死亡した場合にはその変更の可能性がないため、定期金賠償を命ずることの相当性も否定されるというのがその理由である。これは、補足意見が被害者の死亡後における後遺障害逸失利益に係る定期金賠償の当否を論じた文脈で示した理解を死亡逸失利益の場面に即して構成したものである。(iii)①を後遺障害逸失利益についてのみ妥当させ、死亡逸失利益に関しては定期金賠償を否定する理解の仕方がある。ここでは、被害者が死亡した場合には、労働能力の喪失により将来において取得すべき利益を喪失したという損害が不法行為時に発生し具体化するとした上で、(A)が受け入れられない以上、定期金賠償も認められないと理解される。本判決以前の裁判例の多くは、この理解を基礎に据える[8]。

ただし、(iii)については、相続という承継の問題を起点として損害と損害額の捉え方を変容させることの当否、労働能力の喪失により将来において取得すべき利益を喪失したという損害の捉え方が場面に応じて変わることの適否、本判決が後遺障害逸失利益についての定期金賠償の終期を被害者の死亡時にしなかったこととの整合性、不法行為時における損害の発生および具体化と中間利息の控除との一貫性の有無等が問題になる。

(2) 原告による申立てがない場面

本判決は、被害者が定期金賠償を求めていない場合に加害者側の主張または裁判官の裁量に基づき定期金賠償が認められるかについては判断していない。裁判例では、(α)原告が訴訟上一時金賠償の支払を申し立てている場合に定期金賠償の支払を命ずる判決をすることはできないとした判例と同じ解決を示すものが多いが[9]、(β)両者が同一の損害に係る賠償についての支払方法の相違にすぎないこと等を理由に、原告による申立てがなくても裁判所は定期金賠償を命ずることができるとした裁判例もある[10]。

①Ⓐと⑤で一時金賠償と定期金賠償が一つの実体上の権利として位置付けられていること、不法行為法の目的および理念として被害者を起点とした③Ⓐのみならず両当事者に配慮した③Ⓑも援用されていることを踏まえると、本判決の説示の仕方は実体法の次元では(β)の裏付けになる。ただし、その場合でも、③Ⓐの存在を強調すれば、原告による申立ての有無が定期金賠償を命ずることの相当性の判断の中で考慮される可能性はある。また、仮に①Ⓐと⑤を前提にしても、一方の請求が他方の請求を包含する関係にないこと等を理由に[11]、(α)を維持する理解の仕方も排除されない。

5 おわりに

逸失利益に係る定期金賠償は、可能な限り正確にその額を金銭的に評価する点に意味を持ち、現実の中で生きる個人に焦点を当てその生を具体的に把握する手法である。しかし、後遺障害逸失利益についての定期金賠償の終期を被害者の死亡時にせず、死亡逸失利益についての定期金賠償を認める可能性を残すことは、補足意見が言う違和感を生じさせ、被害者を遺族にとっての収益の客体としてのみ位置付けるという側面を強くする[12]。上記の可能性を持つ定期金賠償は、近親者を起点として現実には生きることのない個人の生を把握する手法でもある。本判決は、不法行為法を通じた人の生の評価方法を問う一つの契機になる[13]。

(しらいし・ともゆき)

---

1) 評釈等として、加藤新太郎・NBL1177号67頁以下、窪田充見・NBL1182号4頁以下、柴田龍・Watch民法（財産法）No.196、山城一真・法学教室482号138頁以下、越山和広・法学教室482号140頁。
2) 名古屋地判昭47・11・29判時696号205頁、札幌地判昭48・1・23判タ289号163頁、仙台地判昭58・2・16判時1116号110頁。
3) 最一判平22・9・13民集64巻6号1626頁、最大判平27・3・4民集69巻2号178頁等。
4) 最一判平11・12・20民集53巻9号2038頁。
5) 扶養侵害構成では①から③までを介して定期金賠償が基礎付けられる。大判大5・9・16民録22輯1796頁、神戸地尼崎支判昭36・3・28不法下民昭36年度164頁等。
6) 前掲・最大判平27・3・4等。
7) 東京地判平15・7・24判時1838号40頁。また、札幌地小樽支判平15・11・28判時1852号130頁等。
8) 大阪地判平16・3・29交民37巻2号453頁、盛岡地二戸支判平17・3・22判時1920号111頁等。
9) 最二判昭62・2・6判時1232号100頁。
10) 東京高判平15・7・29判時1838号69頁、東京高判平25・3・14判タ1392号203頁等。
11) 山本克己「定期金賠償と民事訴訟法246条」『民事手続の現代的使命』（有斐閣、2015年）667-670頁等。
12) 窪田・前掲注1)11頁。
13) 拙稿「民事責任法における人の生」『民法と金融法の新時代』（慶應義塾大学出版会、2020年）453-480頁。

家族 1　相続放棄の熟慮期間の起算点

東京高決令元・11・25
令元(ラ)1872号、1970号、相続放棄申述却下審判に
対する各抗告事件
判時2450・2451合併号５頁、家判29号64頁

神谷　遊　同志社大学教授
現代民事判例研究会家族法部会

●——事実の概要

　被相続人Ａは平成29年に92歳で死亡した。Ａ
の法定相続人は、姉の子らであるX₁（昭和７年生）、
B（昭和15年生）およびX₂（昭和19年生）である。
X₁らは、長年にわたって被相続人Ａとはまったく
交流がなく、Ａが死亡したことも知らなかったが、
平成31年２月下旬にD市長作成の文書（本件文書）
を受領した。本件文書には、被相続人ＡがD市に固
定資産を所有していたところ、Ａが死亡したので、
相続人の中から固定資産税に関する書類の受取に
ついての代表者を決めてもらう必要があるとの記
載があり、このことからX₁らは、被相続人Ａが死
亡した事実とX₁らがＡの法定相続人であることを
知った。

　その後、X₂がD市役所に問い合わせたところ、
Ａが所有する不動産の所在地は判明したが、その価
値等は一切分からなかった。そこでX₂とB、さら
にX₁から対応を一任された娘のCが協議をした結
果、面倒な事態に巻き込まれたくないといった漠然
とした思いから、相続放棄を決意したが、代表者が
相続放棄をすれば足りると誤解していたことから、
令和元年５月18日頃、Bのみが申述人と記載され
た相続放棄申述書が前橋家庭裁判所太田支部宛てに
郵送された。なお、この申述書はBに代わってX₂
が記載したものであり、３人分の申立費用額に相当
する収入印紙が添付されていた。

　令和元年６月上旬頃、D市役所から問合せがあ
り、X₂が、Bが代表して相続放棄をした旨述べた
ところ、市役所の担当者から、相続放棄は各人が行
う必要があることが指摘され、また固定資産税２万
9000円が滞納になっていること、今後、固定資産
税は相続人代表者に支払義務があることが説明され

た。

　そこで、X₂は、同年６月19日、前橋家庭裁判所
太田支部に相続放棄の申述をした。またX₁もCを
介して事情説明を受け、改めて相続放棄の決意をし
て、同年７月16日、前橋家庭裁判所太田支部に対
して相続放棄の申述を行った。

　原審（前橋家太田支審令元・９・10、同令元10・3）
は、民法915条１項に定める相続放棄の熟慮期間に
つき、本件においては、X₁およびX₂がD市役所か
らの本件文書を受領した平成31年２月下旬頃から
起算すべきであり、本件の相続放棄の申述はその熟
慮期間の経過後になされているとして、いずれの申
述も受理せず、却下した。そこで、X₁およびX₂か
ら抗告。

●——決定要旨

　原審判取消、受理（確定）

　「抗告人（X₁・X₂）らの本件各申述の時期が遅れた
のは、自分たちの相続放棄の手続が既に完了したと
の誤解や、被相続人の財産についての情報不足に起
因しており、抗告人らの年齢や被相続人との従前の
関係からして、やむを得ない面があったというべき
であるから、このような特別な事情が認められる本
件においては、民法915条１項所定の熟慮期間は、
相続放棄は各自が手続を行う必要があることや滞納
している固定資産税等の具体的な額についての説明
を抗告人らが市役所の職員から受けた令和元年６月
上旬頃から進行を開始するものと解するのが相当で
ある。」

　「なお、付言するに、相続放棄の申述は、これが
受理されても相続放棄の実体要件が具備されている
ことを確定させるものではない一方、これを却下し
た場合は、民法938条の要件を欠き、相続放棄した

ことがおよそ主張できなくなることに鑑みれば、家庭裁判所は、却下すべきことが明らかな場合を除き、相続放棄の申述を受理するのが相当であって、このような観点からしても、上記結論は妥当性を有するものと考えられる。」

●——研究

1 問題の所在

民法882条・896条によると、被相続人が死亡すると、相続人は被相続人の財産に属した一切の権利義務を包括的に承継する（当然包括承継主義）。もっとも、近代相続法において相続は義務ではなく権利であり、民法もこれを踏まえて相続人に相続を強制することはしない。相続人は、「自己のために相続の開始があったことを知った時」から3か月以内に、単純承認、限定承認または相続放棄のいずれかを選択でき（民法915条1項）、この熟慮期間内に家庭裁判所に限定承認または相続放棄の申述をしなければ、単純承認をしたものとみなされる（民法921条2号）。相続人の選択に熟慮期間という制限がつけられているのは、相続人の利益（放棄の自由の保障）と他の相続人や利害関係人の利益、さらに一般的に法律関係の早期安定についての公共的要請との調整の結果といえる[1]。

家庭裁判所での相続放棄の申述受理件数には大きな波があるとされ、戦後、家督相続が廃止されて均分相続に移行した際には、長男に相続させる目的で他の相続人が相続放棄をしたことから年10数万件程度となったが、その後、相続放棄の申述に代わって相続分なきことの証明書が活用されるようになって、申述件数は年4万件台に激減したものの、最近は再び増加していると指摘される[2]。現に司法統計年報によると、平成12年に申述の新受件数が再び10万件を超え（104,502件）、平成31年／令和元年には実に225,415件となっている。こうした増加の要因は定かではないが、相続人が被相続人とは疎遠で[3]、相続財産への執着もなく、むしろ本件のように「面倒な事には巻き込まれたくない」といった理由から相続放棄の申述がされるケースは今後も現れるように思われる。

いずれにしても、民法915条1項の熟慮期間が経過すると相続人はもはや相続を放棄することはできなくなり、相続債務についても無限に責任を負うことになるから、熟慮期間の起算点をどこに置くかは極めて重要な問題となる。

2 熟慮期間の起算点をめぐる議論

民法915条1項の熟慮期間は、「自己のために相続の開始があったことを知った時」から起算される。この起算点の解釈をめぐっては、明治民法下の当初の判例は、相続開始の原因たる事実の発生（被相続人の死亡）を知った時と解していた（相続原因覚知時説）。その後、大審院は、判例を変更した[4]。事案は、被相続人には妻がいたものの未入籍であったため、母が遺産相続人とされる場合であったものの、母は被相続人の死亡は知っていたが、法律の規定を知らず、自分が遺産相続人であるとは思わず、相続放棄をすることなく熟慮期間が経過してしまったというものである。大審院は、「自己ノ為ニ相続ノ開始アリタルコトヲ知リタル時」とは、相続人が①相続開始の原因たる事実の発生を知り、かつこれによって②自己が相続人となることを覚知した時を指すと判示し（相続人覚知時説）、あわせて法律の不知または事実の誤認等のために自己が相続人となったことを覚知していなかったといった主張がある場合は、その事実の有無を審究判断すべきとした。学説もこれを支持している[5]。

相続人覚知時説は、戦後の下級審裁判例にも引き継がれ、被相続人の死亡の事実を知っていても、法律の不知または事実の誤認によって自己が相続人になったことを知らない間は熟慮期間は進行しない旨の裁判例が現れていた[6]。

その後、悪質な金融業者が故意に熟慮期間の経過を待って相続人に債務の取り立てをするといった事例が増加したこともあり、相続財産が全くないと信じていた相続人、あるいは相続債務の存在を知らなかった相続人を保護すべきではないかが問われるようになり、学説上も下級審の裁判例においても見解が分かれる状況となった[7]。こうした状況の中で登場したのが、最二判昭59・4・27民集38巻6号698頁（以下、昭和59年判決という）である。事案は、被相続人の3人の子が相続人となったところ、子らは被相続人と長らく没交渉で、被相続人の死亡を知った後も、遺産は全くないと誤信して放置していたという場合において、相続開始から1年経過後に被相続人に対する1000万円の連帯保証契約の履行請求を認容する判決正本が子らに送達されたことから、子らが相続放棄の申述をしたというものである。昭和59年判決は、熟慮期間は、原則として、相続人が相続開始の原因たる事実およびこれにより自己が相続人になったことを知った時から起算すべきとしたうえで、相続人がこれらの事実を知った場合で

あっても、それから3か月以内に限定承認または相続放棄をしなかったのが「被相続人に相続財産が全くないと信じたためであり」、かつ、「被相続人の生活歴、被相続人と相続人との交際状態その他諸般の事情からみて当該相続人に対し相続財産の有無の調査を期待することが著しく困難な事情があって、相続人において右のように信ずるについて相当な理由があると認められるとき」は、熟慮期間は相続人が相続財産の全部または一部の存在を認識した時または通常これを認識すべき時から起算すべきとした。

昭和59年判決は、原則として従来の判例（相続人覚知時説）を維持しながら例外的に起算点を遅らせる場合があることを認めた。もっとも、その例外が、相続人において「相続財産が全くないと信じた」場合に限られるのか（限定説）、相続財産の一部の存在を知っていたが、後に積極財産を超える債務の存在が判明したような場合も含まれるのか（非限定説）が問われることになった。最高裁は、その後の二件の裁判例[8]も含めて限定説に立つものと評価されるのが一般的となっている[9]。もっとも、学説は非限定説にたつものが多くみられ[10]、昭和59年判決後の下級審裁判例の中にも非限定説に立つものが少なからず現れている[11]。もっとも、非限定説に立つ裁判例は、いずれも審判事件であることに注意を要する。

3　審判事件と訴訟事件

相続放棄に関する裁判例を分析する場合、審判事件か訴訟事件かを区別する必要がある。相続放棄をする場合、まずもって家庭裁判所で放棄の申述をし、これを受理する審判が確定する必要があるが、申述を受理する審判には既判力がないから、審判が確定した後も、訴訟において相続放棄の効力が争われることがあるのである。相続人の側からすると、相続放棄の申述が却下されると、もはや相続債務を免れる方策はない一方、相続債権者は相続債務の履行請求訴訟を提起し、その訴訟において相続放棄の効力を争うことができる[12]。

近時の審判事件においては、こうした事情を指摘したうえで、限定説にはとらわれずに相続放棄を認める事例が目に付くようになっている。例えば、東京高決平22・8・10家月63巻4号129頁がそれであり、その事案は、土地を借りて生活していた被相続人が死亡し、その約5年後に賃貸人が相続開始後の滞納賃料の支払を求める通知文書を相続人に送

付し、その5か月後に滞納賃料等の支払を求める訴訟の訴状が相続人に送達されたという場合に、訴状送達から3か月以内に相続人が相続放棄の申述をしたというものであった。原審が熟慮期間の起算点を訴状送達の日ではなく、通知文書の配達日とし、本件相続放棄の申述を不適法として却下したのに対し、本決定は、「相続放棄の申述がされた場合、相続放棄の要件の有無につき入念な審理をすることは予定されておらず、受理がされても相続放棄が実体要件を備えていることが確定されるものではないのに対し、却下されると相続放棄が民法938条の要件を欠き、相続放棄をしたことを主張できなくなることにかんがみれば、家庭裁判所は、却下すべきことが明らかな場合以外は、相続放棄の申述を受理すべきであると解される。」とし、熟慮期間の起算点について明確に認定しないままに、相続放棄の申述を受理すべきと判示した[13]。

これに対して、訴訟事件においては、昭和59年判決に依拠した厳格な審査が行われており、非限定説に立った裁判例はみられない[14]。

4　本決定の意義

そもそも限定説・非限定説の対立は、相続人が「自己のために相続の開始があったことを知った時」から3か月経過後に相続債務の存在が明らかとなった場合でも、相続放棄を許すべきかという局面で顕在化する。他方、本決定の事案において、X₁らは、D市からの本件文書を受領して、没交渉であった叔母のAが死亡し、自分たちが相続人となったこと、相続財産としてD市に不動産があること、その固定資産税の納付が必要となることを認識していた。そこで「面倒な事態に巻き込まれたくない」といった思いから相続放棄の決意をしたが、代表者のみ相続放棄をすれば足りると誤信していたことから、Bを除く二人の相続人X₁・X₂については、相続放棄の申述が遅れ、本件文書を受領してから3か月が経過してしまったというのである。すなわち、本決定は、限定説あるいは非限定説の対立が顕在化する典型的な事案とは異なる。むしろ端的に相続人に「法の不知」がある場合であり、それでも熟慮期間の起算点を遅らせて相続放棄の申述を受理すべきかが問題となった事例である。

熟慮期間の起算点が問題となる事例では、程度の差こそあれ「法の不知」が内在する場合が少なくない。例えば、相続人覚知時説を打ち出した大審院の決定[15]は、法律の規定を知らず、わが子の遺産相

続人になるとは思わなかった母につき、熟慮期間の起算点を遅らせた事例であったし、この決定自体、「法の不知」が保護される場合がある旨を明言していた[16]。

もっとも、「法の不知」といっても、本件の場合、X_1らは自己が相続人となったことは覚知しており、そのうえで相続放棄は各相続人がしなければならないことを知らなかったというのである。また、本決定は、こうした誤解に起因して申述の時期が遅れたことも「やむを得ない面があった」として、熟慮期間の起算点をD市役所の職員から誤解を指摘された時点とした。同種の先例を見出しがたい事例といえ、条文解釈としてもいささか無理があるように思われる。その意味で、今後の解釈指針を示すものとも評価できないが[17]、さりとて具体的事案の解決として、本決定を批判する気運が高まるとも思えない。

その理由は、X_1ら相続人が相続財産（積極財産）の存在を認識しながら、例えば、それを第三者に処分するなどして利害関係人が現れているというわけではなく、また、X_1らの財産との混同が生じているわけでもなく、さらに現時点において、D市はと

もかく、目立った相続債権者の姿もみえないからであろう。すなわち、本件では、相続人の利益（放棄の自由の保障）に対立する要請が乏しく、利益調整の必要性を見出しがたいのである[18]。こうした状況を踏まえて、本決定は、相続放棄の申述は、却下すべきことが明らかな場合を除き、できる限り受理すべきとし、相続放棄の実体要件については訴訟事件での審理に委ねればよいとの姿勢を打ち出した。裁判手続の二重構造を前提に、両手続における解釈規準の乖離を肯定するとしても、審判事件において、どこまでの柔軟な解釈を許容するかが今後の課題となろう。

（かみたに・ゆう）

---

1) 潮見佳男『詳解相続法』（弘文堂、2018年）55頁等参照。
2) 遠藤賢治「民法915条1項所定の熟慮期間の起算点——訴訟と非訟のねじれ現象」曹時63巻6号（2011年）1291頁。
3) 再転相続の熟慮期間の起算点について判示した最二判令元・8・9民集73巻3号293頁も、第一次相続人が被相続人とは疎遠であった弟、その子が第二次相続人という事案であった。
4) 大決大15・8・3民集5巻679頁。
5) 穂積重遠・判批・法協45巻9号（1927年）1754頁。
6) 福岡高決昭23・11・29家月2巻1号7頁、大阪高決昭27・6・28家月5巻4号105頁。その後も、同種の事例として、大阪高判昭51・9・10家月29巻7号43頁、仙台高決昭59・11・9家月37巻6号56頁。
7) この時期の裁判例については、松原正明『全訂 判例先例相続法III』（日本加除出版、2008年）6頁以下参照。
8) 最三判平13・10・30家月54巻4号70頁、最三決平14・4・26家月55巻11号113頁。
9) 松田亨「相続放棄・限定承認をめぐる諸問題」松原正明・右近健男編『新家族法実務大系3』（新日本法規、2008年）391頁、393頁、遠藤・前掲注2)論文1270頁など。
10) 学説の状況については、潮見佳男編『新注釈民法(19) 相続(1)』（有斐閣、2019年）500頁〔幡野弘樹〕参照。
11) 昭和59年判決以降の裁判例を分析したものとして、久保豊「相続放棄の熟慮期間の起算日について——下級審裁判例の分析と実務」家月45巻7号（1993年）1頁、尾島明「民法915条1項の熟慮期間の起算点——昭和59年4月27日最高裁第二小法廷判決の射程の問題を中心にして」家月54巻8号（2002年）10頁、松田・前掲注9)392頁、潮見編・前掲注10)495頁〔幡野弘樹〕。
12) 尾島・前掲注11)29頁。
13) 本決定のほか、仙台高決平元・9・1家月42巻1号108頁、大阪高決平10・2・9家月50巻6号89頁、大阪高決平14・7・3家月55巻1号82頁、東京高決平26・3・27判時2229号21頁。
14) 潮見編・前掲注10)500頁〔幡野弘樹〕はこれを指摘する。なお、限定説に立って放棄の効力を認めた事例として、東京高判昭61・11・27判タ646号198頁、東京高判平15・9・18家月56巻8号41頁。放棄の効力を認めなかった事例として、東京高判昭62・2・26判時1227号47頁、福岡高判昭62・5・14判時1250号49頁、大阪高判平2・11・16家月43巻11号61頁、高松高判平8・1・30訟月43巻3号914頁、大阪高判平21・1・23判タ1309号251頁。
15) 大決前掲注4)。
16) また、他の相続人に相続財産を取得させるために「事実上の相続放棄」をした相続人が、相続債務は免れることができないことを知らなかったという場合も「法の不知」といえるし、その場合でも「自らが取得すべき相続財産はないと信じていた」として放棄の申述を受理することは、その「法の不知」を保護することになる（仙台高決平7・4・26家月48巻3号58頁など）。潮見編・前掲注10)504頁〔幡野弘樹〕も同旨を指摘する。
17) 羽生香織・本件判批・新・判例解説Watch◆民法（家族法）No.114、4頁は、基準としての明確性を欠くとする。
18) 松田・前掲注9)402頁は、起算日についての新たな解釈規準として、相続人が積極財産を第三者に処分するなどして利害関係人が現れたり、財産が混同したりしていなければ、起算日の例外を認めるべきとする。

家族 2　　夫婦同氏制度の憲法適合性

東京地判令元・10・2
平30（ワ）14572号・21530号、損害賠償請求事件
判時2443号55頁（控訴）

二宮周平　立命館大学教授
現代民事判例研究会家族法部会

●——事案の概要と訴訟の経過

　2018年3月14日、事実婚の当事者（4組7人）が「婚姻後の夫婦の氏」欄の「夫の氏」および「妻の氏」の双方にチェックを入れ、かつ、「夫は夫の氏、妻は妻の氏を希望します」と明記して婚姻届を提出したが、民法750条および戸籍法74条1号を根拠に不受理とされた。そこで当事者は東京家裁、東京家裁立川支部、広島家裁に対して、この婚姻届を受理すべきことを命ずる審判申立てをした。続いて5月10日、同じく東京地裁、東京地裁立川支部、広島地裁に対して、上記各規定が憲法14条1項、24条1項、国連女性差別撤廃条約、市民的及び政治的権利に関する国際規約に違反するものであり、正当な理由なくその改廃等を怠っている立法不作為に当たるとして国家賠償請求を提訴した。

　3月の家事審判事件について、①東京家審平31（2019）・3・28、②東京家立川支審平31（2019）・3・28、③東京家立川支審平31（2019）・3・28、④広島家審令元（2019）・9・27は、いずれも申立却下、抗告審の①東京高決令2（2020）・1・21、②東京高決令元（2019）・11・25、③東京高決令2（2020）・1・23、④広島高決令2（2020）・10・26も、いずれも抗告棄却、いずれも特別抗告をしたところ、①②③については、2020年12月9日、最高裁大法廷に回付された。

　5月の国賠請求事件について、①東京地判令元（2019）・10・2判時2443号55頁、②東京地立川支判令元（2019）・11・14判時2450・2451合併号85頁、③広島地判令元（2019）・11・19判時2450・2451合併号102頁は、いずれも最大判平27（2015）・

12・16民集69巻8号2586頁を踏襲して請求を棄却した。控訴審の①東京高判令2（2020）・10・20、②東京高判令2（2020）・10・23、③広島高判令2（2020）・9・16も同様に請求棄却であり、いずれも上告している。

　上記の家事審判事件も国賠請求事件も、夫婦同氏制度の憲法適合性が争点であり[1]、原告が平成27年最大判当時の主張に新たな主張を加えたことから、今次判決がそれらにどう対応したかが重要と考える。そこで、原告の主張を比較的丁寧に記述している本判決（国賠請求事件の第一審①）を取り上げ、関連する論点について第一審②③も適宜紹介することにした。

●——判旨

　請求棄却（以下（1）（2）（3）は、便宜のため筆者が付したものである）

　（1）憲法14条1項後段の「信条」とは、宗教上の信仰のほか、政治や人生に関する信念・主義・主張を含むものであるから、婚姻に際して婚姻後も夫婦別氏を希望することは「信条に」当たると考えられる。（中略）

　民法750条の規定は、婚姻の効力の一つとして、夫婦が夫又は妻の氏を称することを定めたものであり、婚姻をすることについての直接の制約を定めたものではない（平成27年最大判参照）。……同規定は、夫婦となろうとする者のうちの、夫婦同氏を希望する者、夫婦別氏を希望する者、そのいずれにも属さない者のすべてに対し一律に、夫婦が夫と妻のいずれの氏を称するかの選択について、夫婦となろうとする者の間の協議に委ねるという均等の取扱いをし

ているのであって、法律婚に関し、同規定の法内容
として、夫婦同氏を希望する者と夫婦別氏を希望す
る者との間でその信条の違いに着目した法的な差別
的取扱いを定めているものではないから、同規定の
定める夫婦同氏制それ自体に夫婦同氏を希望する者
と夫婦別氏を希望する者との間の形式的な不平等が
存在するわけではない。

　したがって、民法750条は憲法14条1項に違反
せず（平成27年最大判）、民法750条を受けて婚姻
の届出の際に夫婦が称する氏を届書に記載するとい
う手続について規定した戸籍法74条1号もまた憲
法14条1項に違反するものではない。（中略）

　(2)　婚姻をするについての自由は、憲法24条1
項の趣旨に照らし十分尊重に値するものであって、
憲法上保護されるべき人格的利益であると解される
が、婚姻を希望する者にとって、婚姻に関する法制
度の内容に意に沿わないところがあることを理由と
して、法律婚をしないことを選択したり、法制度に
適合しない婚姻の届出をしたため受理されなかった
りしたとしても、そのことをもって、直ちに婚姻す
ることについての自由に対し憲法24条1項の趣旨
に沿わない制約を課したものと評価することはでき
ない。夫婦同氏制といった婚姻制度の内容により婚
姻をすることが事実上制約される場合があることに
ついては、婚姻及び家族に関する法制度の内容をど
のように定めるべきかという制度設計の具体的内容
の問題として、国会の立法裁量の範囲を超えるもの
であるか否かの検討の場面で考慮すべき事項である
（平成27年最大判参照）。（中略）

　(3)　原告らの主張するように、女性が婚姻およ
び出産後も継続して就業する傾向にあり、女性が就
業することについての社会の意識も高まっている傾
向にあり、氏が家族の一体感につながるとは考えて
いない者の割合は増加傾向にあって、制度としても
選択的夫婦別氏制度の導入に賛成する者の割合も増
加傾向にあることが認められる。……しかしながら、
これらの点において、平成27年最大判の当時と比
較して判例変更を正当化しうるほどの変化があると
までは認められず、……平成27年最大判の正当性
を失わせるほどの事情変更があったと認めることは
できない。

●──研究

　原告が平成27年最大判での主張に新たに加えた
ものは以下の4点である。

1　信条による差別的取扱い

　原告は、「夫婦双方が婚姻後も継続して生来の氏
の継続使用を希望し、かつ互いのそうした希望を尊
重しあう夫婦として生きるか、あるいは夫婦の一方
が氏を変更することによって不利益を被る面がある
としても同氏であることに一体感を感じ同氏夫婦と
して生きるかは、夫婦としての在り方を含む個人と
しての生き方に関する自己決定に委ねられるべき事
項であり、憲法14条1項後段の『信条』に他なら
ない」とし、民法が夫婦別氏を希望する者の婚姻を
認めないことによって、婚姻の自由を制約し、民法
上、税法上の権利・利益その他さまざまな不利益を
生じさせており、信条による差別的取扱いに該当す
ると主張する（以下、本判決判旨中の記述による）。

　これに対して、本判決は、判旨(1)で「信条」に
当たるとしながら[2]、厳格な判断基準に言及せず、
民法750条は夫婦同氏希望者、別氏希望者等に一律
に適用され、信条の違いに着目した法的な差別的取
扱いを定めているものではないから、形式的な不平
等は存在しないとする。この判断の前提には、平成
27年最大判同様、民法750条が婚姻の効力の一つ
を定めたものであり、婚姻をすることについての直
接の制約を定めたものではないとの認識がある。

2　婚姻届書の必要的記載事項と婚姻の成立要件

　この点について、原告は、民法750条は、民法
739条1項、742条2号の届出婚主義の下、戸籍法
74条1号において「夫婦が称する氏」が婚姻届の
必要的記載事項とされていることによって、婚姻の
際に夫婦が称する氏を選択することが実質的には婚
姻の要件となっていると主張する[3]。これに対して、
本判決は、判旨(1)で、民法750条は憲法14条1
項に違反しないこと、したがって、民法750条を受
けて婚姻の届出の際に夫婦が称する氏を届書に記
載するという手続について規定した戸籍法74条1
号もまた憲法14条1項に違反するものではないと
し、判旨(2)で、夫婦同氏制という婚姻制度の内容
により婚姻をすることが事実上制約される場合にす

ぎず、婚姻の自由を制約するものとは捉えないとして、判旨(1)で示した認識を繰り返す。

しかし、日本において届出主義に拠って婚姻をする場合には[4]、原告の主張が正しいと考える。届出主義の下では、婚姻は、戸籍管掌者に対する婚姻届書または口頭でなされる。戸籍管掌者は、婚姻の届出があれば、これを受領し、届書が適法かどうかを審査し、適法であれば届書を受理し、不適法であれば不受理とする。戸籍法74条は、「婚姻をしようとする者は、左の事項を届書に記載して、その旨を届け出なければならない。一　夫婦が称する氏　二　その他法務省令で定める事項」と定めており、夫婦が称する氏は婚姻届書の必要的記載事項となる。他方、民法740条によれば、婚姻の届出は、民法731条から736条までの規定その他の法令の規定に違反しないことを認めた後でなければ、受理することができない。婚姻の届出があると、戸籍管掌者は夫婦の称する氏の記載を確認し、本件事案のように、婚姻後の夫婦の氏の選択をしていない場合には、戸籍法74条に違反するものとして、婚姻の届出を不受理とする結果、婚姻は不成立となる。届出主義の下では、届出は受理によって完了するのだから、戸籍管掌者の受理・不受理という行政処分を抜きにして婚姻の成立を考えることはできない。確かに夫婦同氏制は婚姻の効力、婚姻制度の内容であるが、同時に、届出主義の構造から、婚姻の届出の受理要件として婚姻の法律上の成立要件になる。民法750条による夫婦同氏をすべての婚姻当事者に強制するには、婚姻の成立要件とする必要があったからである。

したがって、民法750条および戸籍法74条1号は、民法上の効力とその手続に関する規定ではなく、別氏希望者の婚姻の自由を、法律上、直接制約する規定である。本判決は、婚姻に際して婚姻後も夫婦別氏を希望することは「信条」に当たるとするのだから、「信条」によって婚姻の成否が左右されることになる。このような信条に基づく取扱いの違いについて、合理性があるかどうかが問われる。

3　夫婦別氏という選択肢を認めないことの合理性

原告は、夫婦別氏希望者に対する別異取扱いが事柄の性質に応じた合理的な根拠に基づくか否かの判断は、「夫婦を同氏とすることに何らかの合理性があるか否かという観点からではなく、夫婦別氏という

選択肢を認めず、夫婦別氏を希望する者を婚姻制度から排除することが、我が国における婚姻制度という事柄の性質に応じたものとして正当化され得るかという観点から判断されるべきである」とする。平成27年最大判の木内道祥裁判官の意見は「立法裁量の合理性という場合、単に、夫婦同氏となることに合理性があるというだけでは足りず、夫婦同氏に例外を許さないことに合理性があるといえなければならない」と指摘したが、それに沿った主張である。さらに、氏の選択に関する自己決定の保障という視点を加える。夫婦別氏希望者にとって、「夫婦別氏での法律婚ができないことは、個人の生き方・家族の在り方に関する自己決定に決定的な影響を及ぼす。他方で、夫婦別氏の選択肢を認めても、夫婦同氏の選択肢は存在する以上、夫婦同氏を希望する者の自己決定に影響はない。そのため、夫婦別氏の選択肢を認めれば、個人の生き方・家族の在り方に関する自己決定を自己の希望に沿った形でなし得る者の総数が増えるのであり、それが『個人の尊厳』に資することは明白である」とする。

これに対して、本判決は、原告の主張に正面から答えず、平成27年最大判同様の夫婦同氏制の合理性判断をし、「氏は家族の呼称としての意義があるところ、現行の民法の下においても、家族は社会の自然かつ基礎的な集団単位と捉えられ、その呼称を一つに定めることには合理性があること、夫婦が同一の氏を称することは、家族という一つの集団を構成する一員であることを対外的に公示し、識別する機能を有していること」などを挙げる。しかし、「家族」の構成員も範囲も明示しないのだから[5]、単位の意味も不明であり、同一呼称の氏が多数存在する日本社会では、同じ氏を称しているからといって夫婦とは限らないのだから、公示、識別機能は不完全であり、いずれも法的根拠として薄弱である。

夫婦別氏という選択肢を認めないことの合理性については、「夫婦同氏制は、婚姻前の氏を通称として使用することまで許さないというものではなく、近時、婚姻前の氏を通称として使用することが社会的に広まってきていることにより上記の不利益は一定程度緩和され得ることなどの事情も認められる」とするのみである。しかし、通称使用には限界がある。例えば、給与、税、社会保険、国家資格、クレジットカード、預貯金口座、不動産や法人登記、携帯電話の契約、パスポート等、個人の特定識別が不可欠

な事項、生活領域では、なりすましなど不正行為の
リスクを避けるため、原則、戸籍上の氏での対応と
なる。また、住民票や運転免許証等で戸籍上の氏と
婚姻前の氏を併記する制度が導入されたが[6]、パス
ポートを除いて併記での対応はなく、パスポートに
ついても、海外では併記が理解されず、口座やクレ
ジットカードの氏名とは違うために、通用しない。
さらに、併記は、その人が婚姻し相手方の氏を名乗っ
ていることを、本人の意思に関わらず、明示するも
のであり、個人のプライバシーを侵害する。何より
も個人が戸籍上の氏名と通称あるいは併記という2
つ以上の氏名を使い分けることは、氏名の有する個
人の特定識別機能[7]を阻害する。このように限界と
問題がある通称使用を合理性の根拠とすることには
無理がある。

4　最大判平成27年判決以降の社会の変化

　判決は、原告主張の社会の変化があることを事実
として認めるものの、判旨(3)のように判例変更を
正当化しうるほどの変化とは評価しない。他方、同
性婚を定めない民法・戸籍法を憲法14条1項違反

とした札幌地判令3（2021）・3・17は、「同性愛
者のカップルに対する法的保護に肯定的な国民が
増加し、同性愛者と異性愛者との区別を解消すべ
きとする要請が高まりつつあ（る）」ことを、考慮
すべき事情であるとする。2017年12月の内閣府世
論調査では、法改正に賛成42.5％、反対29.3％[8]、
60歳未満全体では、賛成50.0％、反対16.8％であ
る。2019年厚労省人口動態調査によれば、全婚姻
の97.0％が20〜50代であり、この世代の賛成が反
対の3倍に増加したことは、選択的夫婦別氏制度に
対する社会的な受容度が高まったことを物語ってい
る[9]。判例変更を正当化しうる重要な考慮要素では
ないだろうか。

（にのみや・しゅうへい）

---

1)　国連女性差別撤廃条約違反との関係では、条約の直接適用可能性が論点となり、自由権規約との関係では、規約委員会の一般的意
見の法的拘束力が論点となる。前者について、判決は直接適用を否定し、後者について、法的拘束力を否定した。この論点については、
近江美保「第2次選択的夫婦別姓訴訟〜国際人権法の視点から」TKCローライブラリー新・判例解説Watch・国際公法No.47（2020
年10月23日掲載）参照。

2)　②東京地立川支判令元（2019）・11・14も信条に当たるとするが、③広島地判令元（2019）・11・19は、信条に該当するかどうかの
判断をしていない。なお原告は、信条に該当しないとしても、同氏希望者か別氏希望者かによって、重要な権利、利益の差別があり、
憲法14条1項に違反すると主張していたが、本判決は信条に該当するとしたので、原告の予備的主張について判断していない。

3)　この点を指摘するのは、星野澄子『夫婦別姓時代』（青木書店、1987年）81頁、二宮周平編『新注釈民法(17)』（有斐閣、2017年）
169頁［床谷文雄］など。「実質的に」とは、婚姻の実質的成立要件（婚姻の意思、婚姻障害事由の不存在）のことではない。

4)　外国で日本人カップルが婚姻する場合、婚姻の方式は婚姻挙行地の法律によるので、届出主義は適用されず、氏を定める必要はない。
ただし、夫婦の戸籍を編製する場合には、夫婦が称する氏を申し出させる扱いをする。ニューヨーク州で婚姻し、夫婦別姓を実践す
るため、氏の申し出をせず戸籍が編製されていない夫婦が、2018年6月18日、国に対して婚姻関係確認訴訟を提起している（東京地裁）。

5)　氏が家族の呼称だとすると、夫の氏に結婚改姓した娘は、実家の家族ではなくなり、婚家先の家族となる。家制度の再来である。
父母が離婚して母が離婚復氏した場合、母と子の氏が異なることがあるが、もはや家族ではないのだろうか。範囲も構成員も定まら
ないものを「単位」とすることはできない。

6)　判旨において旧姓併記に言及するのは、③広島地判である。

7)　1872年5月7日太政官布告149号は、通称実名など複数名を用いていた者に対し、複数名を禁止し、いずれか1つ選択することを
命じる一人一名主義を採用し、同年8月24日太政官布告235号は、いったん苗字を名乗った以上、苗字を変えてはいけないとする苗
字不変更の原則を示した。犬伏由子「選択的夫婦別氏（別姓）制度導入の意味」二宮周平・犬伏由子編『現代家族法講座第2巻　婚姻
と離婚』（日本評論社、2020年）64頁は、氏の固定化政策と位置付ける。

8)　②東京立川支地判は、通称使用に賛成24.4％について、夫婦同氏制を前提とした上での通称使用であることから、夫婦同氏制を支
持する立場と評価できるとし、改正反対との合計は50％を超えるのだから、選択的夫婦別氏制を導入すべきとの意見が大勢を占めて
いるとは認められないとする。設問の趣旨を自己の主張に都合よいように解釈してはならない。統計の分析については、二宮周平「選
択的夫婦別氏制度実現の方向性〜内閣府世論調査と2つのタイプの別姓裁判(1)」戸籍時報768号（2018年）12頁以下。

9)　早稲田大学法学部・棚村政行研究室と選択的夫婦別姓・全国陳情アクションによる47都道府県「選択的夫婦別姓」意識調査（2020
年10月、全国7000名、通称使用という回答枠をもうけない調査）によれば、夫婦同姓・別姓選択制に賛成70.6％、反対14.4％である。
2020年の新聞社等マスコミ調査でも、賛成は70〜80％になる（朝日新聞社69％、西日本新聞社約80％、TOKYOFM82.9％等）。こ
れらについては、二宮周平「第5次男女共同参画基本計画と選択的夫婦別氏制度(1)」戸籍時報807号（2021年）6頁参照。

環境　東京電力福島原発事故生業訴訟控訴審判決

仙台高判令2・9・30
平29(ネ)373号・令2(ネ)56号・62号、原状回復等請求控訴、
同附帯控訴事件
裁判所HP、LEX/DB25571153
第一審：福島地判平29・10・10判時2356号3頁

大塚　直　早稲田大学教授

環境判例研究会

●──事案の概要

　本判決は、東電（Y₁）および国（Y₂）を被告とする福島第一原発事故の避難者集団訴訟の1つに関するものである。福島原発事故の国家賠償訴訟判決においては、経済産業大臣の技術基準適合命令権限の不行使の違法が争われ、国の賠償責任を肯定する裁判例と、否定する裁判例が分かれているが、本判決は、国家賠償請求に関しては最初の高裁判決であり、これを認容した。本判決前に、東電のみを被告とする訴訟の高裁判決としては、〔1〕仙台高判令2・3・12、〔2〕東京高判令2・3・17が出されている（いずれも一部認容）。

　原審は、原状回復請求および将来の損害賠償請求を却下し、口頭弁論終結時までの損害賠償請求を一部認容した。Y₁に対する原賠法3条1項に基づく不法行為責任およびY₂の規制権限不行使に対する国家賠償法1条の責任を肯定し、X₁らのうち2907名について合計約5億円の支払を命じた。X₁ら控訴、Y₁ら附帯控訴。X₁らは、将来の損害賠償請求については訴えを取下げた[1]。

●──判旨

　1　原状回復請求について
　「X₁らの原状回復請求は、Y₁らにおいてなすべき作為（除染工事）の内容が全く特定されていないから、請求の特定性を欠き不適法である。」
　2　損害賠償請求について
　Y₁およびY₂の責任を認め、両者に、連帯して、X₁らのうち3550名に対する合計約10億1000万円の損害賠償および遅延損害金の支払を命じた。
　(1)　Y₁の責任
　「原賠法3条1項は、一般不法行為法の特則であっ

て、同項が適用される場合には、民法上の不法行為責任の規定は排除されると解するのが相当である。」
　(2)　Y₂の責任
　①予見可能性について
　Y₂の予見可能性の対象は、Y₁と同様、全電源喪失を招くような津波（O.P+10m超の津波）の到来である。平成14年7月、地震本部により「長期評価」が公表されたが、地震本部は文部科学省に設置された組織であるから、これは当然にY₂の知見とすべきものであるところ、Y₂はY₁と同じ知見をY₁と同時に認識していたのであるから、経済産業大臣において、Y₁に対し、直ちに「長期評価」の見解を踏まえた試算を開始するように指示し、あるいは規制当局として自ら「長期評価」の見解を踏まえた試算をするなどしていれば、遅くとも平成14年末頃までには、福島第一原発にO.P.＋10m超の津波の到来する可能性について認識し得た。「長期評価」の見解は、Y₂自らが地震に関する調査等のために設置し多数の専門学者が参加した機関である地震本部が公表したものとして、個々の学者や民間団体の一見解とはその意義において格段に異なる重要な見解であり、相当程度に客観的かつ合理的根拠を有する科学的知見であったことは動かし難い。
　②結果回避可能性について
　Y₂の結果回避可能性に係る事実の主張立証責任も、Y₁と同様の理由等により、少なくとも、X₁らが一定程度具体的に特定して結果回避措置について主張立証した場合には、Y₂において、その措置が実施できなかったことまたはその措置を講じていても本件事故が回避不可能であったこと等の結果回避可能性を否定すべき事実を主張立証すべきであり、これらの主張立証を尽くさない場合には、結果回避可能性があったことが事実上推認されると解するのが相当である。Y₂は、X₁らが主張する防潮堤の設置による結果回避可能性について、平成20年試算

に基づき敷地南側および北側に防潮堤を設置する対策では、敷地東側から到来した本件津波を防ぎきれなかったと主張するが、同出張は失当である。また、X_1らが主張する重要機器室およびタービン建屋等の水密化による結果回避可能性については、水密化という技術自体は新しいものではなく、現に他の原発においては本件事故前に建屋の水密化工事が行われるなどしていたのであるから、経済産業大臣から技術基準適合命令が発せられた場合には、防潮堤の設置とともに、重要機器室等の水密化についても検討の対象となったであろうと推認することが相当であり、これらの対策では本件事故という結果の回避が不可能であったことについての的確な主張立証はされていない。

③総合的検討

以上のほか、平成18年5月の溢水勉強会におけるY_1の報告により、敷地高さを超える津波が到来すれば福島第一原発が重大事故を起こす危険性が高いことはY_2がこれを現実に認識したと認められること、同年9月には、耐震設計審査指針が全面改訂されて既存の原子炉施設に対する耐震バックチェックが始まり、津波安全性評価もその対象とされるに至ったことなど、全ての事情を総合考慮すると、本件における経済産業大臣による技術基準適合命令に係る規制権限の不行使は、専門技術的裁量が認められることを考慮しても、遅くとも平成18年末までには、許容される限度を逸脱して著しく合理性を欠くに至ったものと認めることが相当であり、X_1らとの関係において、国賠法1条1項の適用上違法となる。

(3) 損害論

本判決では、X_1らの主張する「『生存と人格形成の基盤』の破壊・毀損（生存と人格形成の基盤の法益が破壊ないし損傷を受けたこと）による損害を『ふるさと喪失』損害と呼称する」こととし、「ふるさと喪失」損害も、これを除いた平穏生活権侵害に基づく損害も、いずれも訴訟物は異ならないから、本判決では、旧居住地が帰還困難区域、旧居住制限区域または旧避難指示解除準備区域であるすべてのX_1らにおいて、「ふるさと喪失」損害および平穏生活権侵害に基づく損害が認められるか、認められるとしてその額をいくらと評価すべきかを判断した。そして、X_1らについて、区域による9つのグループに分類したうえで、1) 本件事故により侵害された事柄、2) 侵害態様・程度、3) 本件事故後の経緯・現状等を考慮要素とし、放射線に関する知見、本件事故と放射性物質の放出、低線量被曝に関する知見

等に係る認定事実に加えて、X_1らの旧居住地ないし居住地の状況等に係る認定事実等を基にして、各グループごとに本件事故と相当因果関係のある損害の有無および額を判断した。

●──研究

1 本判決の特徴

本判決は、第1に、Y_2の国家賠償請求を認容した点、第2に、損害論において、「ふるさと喪失」損害を認めつつ、これを平穏生活権侵害による損害と同じ訴訟物に基づく損害とした点、第3に、原状回復請求に対して原判決と同様の理由で不適法とした点に特色がある。

2 国家賠償請求について

本判決は、高裁判決として初めて国の責任を肯定したことが注目される（本判決以後、〔3〕東京高判令3・1・21は国の責任を否定した。他方、〔4〕東京高判令3・2・19は肯定し、長期評価について相応の科学的信頼性があり、その信頼性は土木学会の知見と同等と評価した）。

(1) 判断枠組み

本判決は、規制権限の存在を違法判断の前提としたうえで、規制権限行使の有無について裁量が認められている場合や、規制権限行使の要件が具体的に定められていない場合には、「①規制権限を定めた法が保護する利益の内容および性質、②被害の重大性および切迫性、③結果発生の予見可能性、④結果回避可能性、⑤現実に実施された措置の合理性、⑥規制権限行使以外の手段による結果回避困難性（被害者による被害回避可能性）、⑦規制権限行使における専門性、裁量性などの諸事情を総合的に検討して、具体的な事情の下において、その不行使がその許容される限度を逸脱して著しく合理性を欠くと認められるときは」国賠法1条1項の適用上違法となるとする。〔3〕は、本判決と判断枠組みは変わらないといってよいが、③予見可能性、④結果回避可能性、選択裁量の点について判断が異なっており、その結果、権限行使義務の発生が否定されている。

(2) 予見可能性

本判決は、予見可能性の対象を、全電源喪失を招くような津波（O.P+10 m超の津波）の到来であるとし、国が平成14年7月に公表した「長期評価」の見解を基礎に津波を試算すれば、敷地地盤面超の津

波を予見可能であったとした。

これらは従来、国の責任を肯定する裁判例も否定する裁判例もいずれも肯定していた点であるが、〔3〕はこれとは異なる判断をした。〔3〕は、「長期評価」の見解について、科学的・専門技術的な見地からの合理性を有する知見であったと認めることが困難であるとし、同見解を予見可能性判断の基礎とはしえないとした。理由としては、「長期評価」の見解が前提とする事実に異論が示されていたこと、当時の一般的知見である地震地体構造論に基づく異論があったこと、行政実務上活用されていた「津波評価技術」の知見と整合しないことを指摘している。

しかし、本判決を含む従来の裁判例は、長期評価を、科学的知見として確立されていないとしつつ、同見解が国自身が策定した最大公約数的見解であり、合理性のある根拠を有する知見であるとしてきた。伊方最高裁判決（最一判平4・10・29民集46巻7号1174頁）に基づく考え方であり、原子力法制においては、科学的不確実性がある中で予防原則の考え方[2]を取り入れており、これを過失の判断に導入することが必要である（もっとも、確立されていない知見ではあるため、どの時点で予見可能となり、どの時点で回避義務が発生するかの判断は行われる必要がある）。その意味で、本判決等の判断が妥当である。

(3) 結果回避可能性

本判決は、防潮堤の設置と建屋等の水密化を結果回避措置として取り上げ、国の主張立証（防潮堤の設置については津波の来る方向などが事前に明確ではなかったことを主張する）の不十分性を重視して結果回避可能性を肯定している。その際、本判決は、伊方最判に依拠しつつ、被告への証拠資料の偏在を理由として、被告が主張立証を尽くさなければ結果回避可能性が推認されるとする。従来の裁判例の中にもこのような立場をとるものが存在する（東京地判平30・3・1など）。学説においてもこれを積極的に評価するものがある[3]。

もっとも、本判決は、このような判示について、まず「予見可能であった（予見義務のある）津波に関して、X₁らにおいて、一定程度具体的に特定して結果回避措置についての主張・立証を果たした場合」であることを前提としており、これは伊方最判の立場とは異なり、むしろ民事差止訴訟で志賀型[4]と呼ばれるものに近い。

原告の立証負担に関する本判決のこのような配慮は、証明負担の公正な配分に資するとみることがで

きる。ただ、深く立ち入らないが、検討すべき課題はあると思われる。すなわち、本判決が、損害賠償における過失および因果関係の一部について立証負担を軽減している点である。伊方最判は行政訴訟としての取消訴訟の判決であり、これを民事差止訴訟に応用する例は多くみられるが（いわゆる伊方型の判決）、（基本的には過去の損害を扱う）損害賠償訴訟に応用することが適切かという問題は検討されるべきであろう。本判決の立場は、損害賠償訴訟の因果関係に関する蓋然性説に近いが、この見解に対しては、高度の蓋然性を必要とする判例の例外を認めることに対する批判が強い[5]。別の観点から見ると、——本判決のいうように、南側からの津波の襲来のみに対して防潮堤を設置すれば足りることにならず、シミュレーションの誤差を考慮した安全裕度を踏まえた一定の幅をもった範囲の対応が必要なことは当然であるが——、立証負担の軽減によらずに、むしろ、国がある程度幅の広い措置をとる命令を発出することを義務付けることによって同様の解決が得られなかっただろうか。

なお、〔3〕は、防潮堤の設置について、平成20年東電試算の津波と福島原発事故時の津波の相違を踏まえれば事故を回避できなかったと認定し、建屋等の水密化については技術が未確立であったとして、結果回避可能性を否定した。しかし、立証負担の軽減がなくても、結果回避可能性・結果回避義務はそれほど厳格に判断されるべきではないし、予見義務に裏打ちされた予見可能性に基づき（技術の向上を含めた）結果回避義務が発生することも強調しておきたい。

なお、リソースの有限性から、リスクに応じた規制として緊急性の高い地震対策を優先することが許容されるとする国の主張を本判決は認めていないが、その理由としては「複数のリスクのいずれも直ちに対策を講ずることが必須であるという場合もあり得ることはいうまでもな(い)」などの（Y₁の主張に対する）判示を参照するに留まる。結果回避義務を否定する裁判例は、長期評価が科学的知見として確立していない中で、行政のリソースの有限性を国が考慮することを容認したとみる余地もあろう。

学説上、行政リソースの有限性を考慮し緊急性の高い地震対策を優先しても、権限の趣旨に反するとまではいえないとする見解も有力に主張されている[6]。このように行政リソースに着目する考え方は、過失の判断を現実的にすることに貢献する面はある。しかし、次のような疑問も生じる。すなわち、津波についても、それによる生命侵害の可能性があ

るのだから、行政リソースが乏しいからといって措置の必要性を切り捨てるべきではなく、科学的に不確実な段階であっても、多数の者の生命健康侵害が問題となる以上、コストが比較的低額で費用効果性の高い措置は求めるべきではないか。行政のリソースが乏しいことを理由にして過失を認めないのであれば、むしろ電気事業法40条に基づき使用停止命令の発出を検討すべきであるとの議論もありうるのではないか。

原発の津波対策に関する行政リソースの問題は、①（もっぱら自然現象への人身被害等防止のための対策であり、完全な回避が困難であり、回避のためには相当の費用がかかるという特徴を有し）リソースの限定を前提とした判例理論が確立している（水害における）堤防の瑕疵の場合、および②（自然現象が関連するとしても、人工的な構築物自体が問題となり、最初の自然現象の後の対応としては通行止め等により対策が容易であるという特徴を有し）リソースの限定を考慮する必要が少ない（落石後一定時間経過後の）陥没などの道路の瑕疵の場合と比べると、(i) 自然現象を契機とするが、人為的な構築物によって発生する損害であり、最初の自然現象を契機とする事故自体が問題となり、(ii) 損害の回避のためには相当な費用がかかるという点で、①および②の中間にあると考えられる[7]。

3　損害論

本判決は、ふるさと喪失損害を認めたが、これを平穏生活権侵害[8]による損害と同じ訴訟物に基づく損害とし、独立の損害としなかったため、理論的に大きな進展はない。そもそも中間指針が通常の精神的損害の中に「生存と人格形成の基盤」の破壊・毀損による損害（ふるさと喪失損害）を含めていないと見るべきかには議論があろうが、仮に含まれていないとすると、ふるさと喪失損害が帰還困難区域の旧居住者のみを対象とするものでないとする点は、中間指針と異なるといえよう。

4　原状回復請求

原状回復請求については、日本民法がそもそも不法行為の効果として原状回復を原則として認めていないことを前提とする必要があるが（722条1項）、国道43号線訴訟最高裁判決（最二判平7・7・7民集49巻7号2599頁）などを参照すると、本判決のような請求が特定されていないとするのは困難であろう。他方、最近、差止訴訟によって原状回復を認めさせることはできないとするドイツ民法学における一部の議論を積極的に取り入れようとする裁判例もみられるが（仙台高判令2・9・15判例集未登載）、この解釈をわが国に取り入れるのは不適当である。日本民法では不法行為法において原状回復を原則として認めていないのであり、この点がドイツ民法と大いに異なるのにそれを無視する解釈であるからである。地下水汚染の場合のように差止と原状回復の効果が重なる場合に、差止訴訟によって原状回復の効果を認めることも是非とも行う必要があり[9]、本件のような場合に原状回復請求を棄却したいという要請があるからといって、やみくもにその場限りの議論を行うのは禁じ手である。結局、この問題の核心は、ある土地についてのみ、行政が行ってきた除染以上の除染や客土を求めることは衡平の観点から残念ながら認められにくいという点にあり、原告には真に気の毒であるが、権利濫用と類似の状況にあると見ることになろうか。その上で金銭賠償の問題が残るが、一定の場合の農畜産業を営まれていた方の金銭賠償については、なお交渉が継続しているところであり、検討課題である。

（おおつか・ただし）

1)　紙数の関係から問題提起に留まる点も多いことをお断りしておく。本判決の評釈として、清水晶紀・新・判例解説 Watch 環境法 no.95。
2)　大塚直「平穏生活権と権利法益侵害・損害論」論究ジュリスト30号（2019年）110頁参照。
3)　清水晶紀「福島原発事故損害賠償訴訟」環境と公害49巻3号（2020年）16頁。
4)　大塚直『環境法BASIC〔第2版〕』（2016年）419頁。
5)　大塚・前掲注4)402頁。
6)　清水・前掲注3)15頁。
7)　研究会での議論に基づく。なお、選択裁量の問題につき清水・前掲注1)4頁参照。
8)　これについては、大塚・前掲注2)106頁参照。
9)　大塚直「差止請求権の根拠について」『民事責任法のフロンティア』（平井宜雄先生追悼記念）（2019年）384、403頁。

医事

医師法17条にいう「医業」の内容となる医行為の意義——タトゥー事件最高裁決定

最二決令2・9・16
平30(あ)1790号、医師法違反被告事件
裁時1752号3頁

小谷昌子　神奈川大学准教授
医事判例研究会

●——事実の概要

　タトゥー施術店において、医師でないのに業として先端に針のついた器具を用い、平成26年7月から平成27年3月までの間、複数の被施術者に針に色素を付け連続的に多数回皮膚内の真皮部分まで突き刺すことにより、色素を真皮内に注入し定着させる行為（以下、本件行為）を行った者が医師法17条違反であるとして同法違反の罪に問われた事案。

　第一審[1]は、本件行為につき、医師が行うのでなければ保健衛生上危害を生ずるおそれのある行為であることを認め、医行為該当性を肯定、罰金15万円を言い渡した。これに対し原審[2]は、医師法17条にいう医行為の解釈について、ある行為が医行為に該当するというためには、その行為が医療及び保健指導に属する行為であること（医療関連性）および、医師が行うのでなければ保健衛生上の危害が生ずるおそれ（保健衛生上の危険性要件）の2つの要件を充たす必要があるとした。そのうえで、本件行為は一定の保健衛生上の危険性はあるものの、医療関連性要件を充たしていないとしてタトゥー施術の医行為該当性を否定、無罪を言い渡した。

●——判旨

　最高裁は、「医行為とは、医療及び保健指導に属する行為のうち、医師が行うのでなければ保健衛生上危害を生ずるおそれのある行為をいうと解するのが相当である。」としたうえで、「ある行為が医行為に当たるか否かを判断する際には、当該行為の方法や作用を検討する必要があるが、方法や作用が同じ行為でも、その目的、行為者と相手方との関係、当該行為が行われる際の具体的な状況等によって、医療及び保健指導に属する行為か否かや、保健衛生上危害を生ずるおそれがあるか否かが異なり得る。また、医師法17条は、医師に医行為を独占させるという方法によって保健衛生上の危険を防止しようとする規定であるから、医師が独占して行うことの可否や当否等を判断するため、当該行為の実情や社会における受け止め方等をも考慮する必要がある。」と判断基準を示した。そして、「ある行為が医行為に当たるか否かについては、当該行為の方法や作用のみならず、その目的、行為者と相手方との関係、当該行為が行われる際の具体的な状況、実情や社会における受け止め方等をも考慮した上で、社会通念に照らして判断するのが相当である。」とし、「タトゥー施術行為は、装飾的ないし象徴的な要素や美術的な意義がある社会的な風俗として受け止められてきたものであって、医療及び保健指導に属する行為とは考えられてこなかったものである。また、タトゥー施術行為は、医学とは異質の美術等に関する知識及び技能を要する行為であって、医師免許取得過程等でこれらの知識及び技能を習得することは予定されておらず、歴史的にも、長年にわたり医師免許を有しない彫り師が行ってきた実情があり、医師が独占して行う事態は想定し難い。」とし、本件行為は「社会通念に照らして、医療及び保健指導に属する行為であるとは認め難く、医行為には当たらないというべきである。」として原審の判断を是認し、

上告を棄却した。

なお、草野耕一裁判官の補足意見がある。

●──研究

1　本件においては、医師免許を持たない者がタトゥー施術を業としてなすことが医師法17条違反となるかが問題となった。医師法17条は「医師でなければ、医業をなしてはならない。」と規定するが、同法にこの「医業」の定義規定はなく、解釈により「医行為を業としてなすこと」と理解されてきた[3]。本件行為が業として、すなわち反復継続の意思をもってなされていたことについては争いがなく、専ら問題とされたのは本件行為、すなわちタトゥー施術が医行為に該当するかである[4]。

なお、医師法17条が医業を医師に独占させるのは「無資格者の業務遂行を禁じることにより患者一般の生命・健康を保護する免許制の基本的趣旨に基づく」[5]、「医学的な知識も技術も能力もない者が、濫りにこれを行うことになれば、多くの人々の生命・身体が危険にさらされることになるために、医行為を一般的に禁止されるべき行為として扱い、医師にのみ解除することにより、医療の安全性の担保をした」[6]と説明され、人々を保健衛生上の危険から保護することを意図するものと理解される。

2　本決定[7]は、本件行為が「医療及び保健指導に属する行為」ではないことから医行為該当性を否定した点で、原審の判断と同じである。もっとも、原審判決と本決定とでは以下のような若干の相違がある。

第一に、本決定が医行為該当性の判断において、その考慮要素として「その目的、行為者と相手方との関係、当該行為が行われる際の具体的な状況、実情や社会における受け止め方等」を挙げたうえで「社会通念に照らして」判断すべきとする点である。「行為の方法や作用が同じ」であっても「医療及び保健指導に属する行為か否かや、保健衛生上危害を生ずるおそれがあるか否かが異なり得る。」とされることから、おそらく、本決定は原審判決が重視した美容外科（美容整形）との区別[8]ではなく、従前行政解釈によれば医行為とされてきた「針先に色素を付けながら、皮膚の表面に墨等の色素を入れる行為」[9]、たとえばアートメイク[10]との区別を主眼に置くものと考えることができる。つまり、「社会における受け止め方」などは、行為の外形により区別し難いアートメイクとタトゥー施術とで医行為該当性の結論が異なる根拠として持ち出されたものと理解できよう。

第二に、本件行為に存する「保健衛生上危害を生ずるおそれ」として、原審判決ではタトゥー施術の積極的危害の可能性、すなわち感染症やアレルギー反応が生ずるおそれを認めていたのに対し、本決定においてはそのようなことにつき言及がない（辛うじて補足意見が「被施術者の身体を傷つける」と述べる）。また、これまでは行為の内容や作用から客観的外形的に判断されてきた「保健衛生上危害を生ずるおそれ」すら、本決定によると、上記の考慮要素や社会通念に照らし判断すべきと示したとも読める点も、原審の判断とは若干異なるといえる。

3　とはいえ、本決定も、ある行為が医行為であるというために当該行為が「医療及び保健指導に属する行為」であることを求め、これを否定することによって医行為該当性も否定する。すなわち、判断枠組み自体は、原審の基本的な考え方を概ね維持したものと評価できるであろう。

たしかに、医行為であるというために人の疾病治療の目的でなされていること、現代医学の原理に適う行為であることなどを要求する判例も古くは存在する[11]。しかし、そのような解釈には、按摩鍼灸や加持祈祷などを排しつつ、他方で疾病予防のための行為、移植のための健康体からの組織や臓器の摘出、人工授精行為などを含めて医行為を解釈することができないといった問題点が指摘された[12]。そのような経緯から、最高裁は従前、「医師がなすのでなければ保健衛生上危害を生ずるおそれのある行為」[13]と、純粋に保健衛生上の危険の有無により医行為かを決する解釈を採用するに至っている[14]。したがって、本決定による医師法17条の解釈は、これまでの最高裁による解釈とは実質的に異なるものとみることができる。

しかし、すでに医師法の立法時に指摘されていたことであるが[15]、医療に属する行為といっても、日進月歩で発展し変化しうる医療を定義することは簡単なことではない。当該行為が医療に属する行為で

あるか否かを「社会による受け止め方」や「社会通念」により決することが可能であり、また適切であるのか疑問が生ずる。たとえば、アートメイクやピアスの穴あけ[16]が医療であるとする社会通念が現在存するのだとすれば、それはそれらの行為が医行為とされてきたことに由来する可能性があるであろう[17]。本決定の医行為該当性判断において考慮されている事情もけっきょくはタトゥー施術が医療か、医療と考えられてきたか、医師が行う施術かといったことであり、医療に該当する行為や医師がなすとされている行為であれば医行為に該当するとのトートロジーに陥っている。新規技術や施術が登場したときにそれが医療か否かをいかに判断するのだろうか。

　また、仮に最高裁が「保健衛生上危害を生ずるおそれ」の有無についても客観的外形的に決するのではなく社会通念に照らし判断すべきと考えているのであれば、医療関連性の判断と相まって医行為とは何かの基準はまったく明確なものでなくなるだろう[18]。医療のみならず、介護、美容やリラクゼーションなどと称してなされる様々な施術としても新規のものが登場することが考えられるそれらと医療との区別が必要となったときにも、いかに判断するのか疑問が生ずる。

　本決定は、医師法17条の趣旨、すなわち国民を保健衛生上の危険から保護するとの側面を軽視し、他方で同条の医師の業務独占という側面を重視しすぎたゆえの判断であったのではないか。ある行為の医行為該当性を判断するときには、その行為を医師がなしてきたかどうかではなく、施術の受け手の安全の見地から医師が行うべき行為かどうかで判断すべきであったと考える。本件においても、医師でなくても施術の受け手の身体の安全が十分図れるかどうか、本件行為が被施術者にもたらす保健衛生上の危険を、医師免許を有しない者であっても医師がその学識と技倆をもって行うのと同等に縮減可能であるか否かを基準として、より客観的に判断すべきであった。原審はこのような判断を可能とする事実認定をしているとはいい難いが、そのように判断したとしても、本決定と同じ結論はありえたであろう。

　4　なお、被施術者による同意のないタトゥー施術は違法であり、刑法上傷害罪が成立しうるとともに、民法上も不法行為が成立しうる。しかし、補足意見が述べるようにタトゥー施術は「被施術者の身体を傷つける行為」であるのだから、身体への侵襲を伴う医療への同意と同様、タトゥー施術への同意も適切な説明に基づいてなされた同意でなければならないと考えるのが自然である。タトゥー施術の場合、この同意は契約を成立させる際の意思表示が兼ねるだろう。タトゥー施術契約が消費者契約であると考えると、少なくとも不利益事実は告知したうえで契約を締結することが求められるであろうが（消費者契約法4条2項）、仮に適切な説明のないままタトゥー施術がすでになされていた場合にはその施術も違法な施術となりうる。したがって、被施術者が適切に理解したうえで同意をするためにいかなる説明義務を施術者が負うかについては別途検討が必要である。

　他方、タトゥー施術と同様に他者への侵襲を前提とする臨床研究においては研究者に学問の自由が認められるけれども、研究参加者の自律の尊重や安全の担保との関係においてこの権利は制限されうる[19]。そうであるならば、タトゥー施術者に営業の自由や表現の自由などの権利が認められるとしても[20]、これはタトゥー被施術者が最低限タトゥーのリスク等を知らされたうえで同意をし、さらに安全な施術がなされることが担保されてはじめて成り立つものであると考えるべきである。このことに鑑みても、どのような事項につきタトゥー施術者が説明義務を負うのかは重要な問題である。

　現在、タトゥー施術一般については日本タトゥーイスト協会が2019年に策定したタトゥースタジオにおける衛生管理に関するガイドライン[21]が存在するのみである。最高裁はタトゥー規制を立法によるべきと強調するが、最も重視すべきは被施術者の安全であり、これ以外に何らかの立法による規制が必要か否かについてもその観点から議論すべきである。

【付記】校正段階で、三重野雄太郎「『医行為』の意義と該当性判断枠組」社会学部論集72号81頁以下（2021年）に接した。

　また、医師免許なくスプリットタン（舌先を2つに割る）施術を複数の被施術者に対して彫師が医師法違反で逮捕されたとの報道にも接した（2021年3月31日朝日新聞デジタル https://www.asahi.com/articles/

ASP306QGSP30OIPE01R.html、2021 年 4 月 7 日最終閲覧）。報道によるとこの事件では麻酔薬の注射が無資格者により実施されていたとのことで、少なくともその部分は最高裁の判断の射程外であるだろうが、このような施術が現実に行われていることを窺い知ることができる。

これが仮に施術者および被施術者双方の合意の下、麻酔なしで行われた場合どのように考えられるかは難しい問題であろう。

（こたに・まさこ）

1)　大阪地判平 29・9・27 判時 2384 号 129 頁。
2)　大阪高判平 30・11・14 判時 2399 号 88 頁。
3)　医師法 17 条をめぐる議論の詳細は、小西知世「医行為論序論――これからの検討の礎石として」いほうの会編『医と法の邂逅 第 2 集』3 頁以下（尚学社、2015 年）参照。
4)　なお、タトゥー施術とは明言されていないものの「針先に色素を付けながら、皮膚の表面に墨等の色素を入れる行為」につき、医師免許を有しない者が業として行った場合医師法第 17 条に違反するとした通知が存在する（各都道府県衛生主管部（局）長あて厚生労働省医政局医事課長通知「医師免許を有しない者による脱毛行為等の取扱いについて」平成 13・11・8 医政発 105 号）。
5)　米村滋人『医事法講義』39 頁（日本評論社、2016 年）。
6)　小西・前掲注 3) 9 頁。なお、同 37 頁は「保健衛生上の安全性を担保するという考え方は約 110 年前からすでに重視されており、そして約 110 年後の今日に至っても、それは維持されていると言っていいだろう。とするのであれば、……もはやただ単に医行為概念の目的論のレベルに収めることができない時代を超えた普遍的な考え方あるいは価値観と位置づけるべきではなかろうか。」と指摘する。
7)　主な判例評釈として、新井誠「判批」WLJ 判例コラム臨時号第 214 号文献番号 2020WLJCC026（2020 年）、河嶋春菜「判批」新・判例解説 Watch 憲法 No.180 文献番号 z18817009-00-011801967（2020 年）、辰井聡子「タトゥー施術行為と医行為」刑事法ジャーナル 67 号 4 頁以下（2021 年）がある。なお、第一審判決および原審判決に関する評釈等は拙稿「医事法的観点からみたタトゥー施術」小山剛＝新井誠編『イレズミと法』135-136 頁（尚学社、2020 年）参照。
8)　原審は、診療標榜科名があること、形成外科の一分野をなして専門分化してきていること、医学部における美容整形外科教育の存在といった客観的な事実や、また、被施術者の「情緒的な劣等感や不満を解消する」ことを挙げ、タトゥー施術とは異なり美容整形は医療に該当することを説く。
9)　前掲注 4)。
10)　東京地判平 2・3・9 判時 1370 号 159 頁。医師免許がないのに 10 名の顧客に対し、あざ、しみ等を目立ちづらくする目的で、注射器もしくは針を使用して治療部位に色素を注入する等の行為をなした者が医師法違反の罪に問われた事案に関する判決であり、アートメイクの施術は医行為であるとされた。警察庁生活安全局生活環境課長あて厚生省健康政策局医事課長通知「医師法上の疑義について」（平成 12・6・9 医事第 59 号）も、「電動式のアートマシンに縫い針を取りつけたアートメイク器具を使用して、針先に色素をつけながら、皮膚の表面に墨等の色素を入れる行為」を医行為であるとする。
11)　たとえば大判大正 3・4・7 刑録 20 輯 485 頁や広島高岡山支判昭 29・4・13 高刑判 31 号 87 頁など。
12)　大谷實「医師法一七条にいう『医業』の意義」福田平・大塚仁古稀『刑事法学の総合的検討 (上)』449 頁（有斐閣、1993 年）。
13)　最一決平 9・9・30 刑集 51 巻 8 号 671 頁。
14)　このような主旨の判断を最初に示したのは最三判昭 30・5・24 刑集 9 巻 7 号 1093 頁であり、「医学上の知識と技能を有しない者がみだりにこれを行うときは生理上危険がある程度に達していること」をもって医行為であることを認める。同判決については寺尾正二「判解」最高裁判所判例解説刑事篇昭和 30 年度号 177 頁以下（1956 年）が、医行為とは「医学上の知識と技能を必要とし、そうでない者がみだりにこれを行うときは生理上危険のある性質のもの」との見解を示す。なお、最高裁が従前実質的には医行為の解釈において医療関連性を要求してきたとする見解に対する批判は天田悠「判批」刑事法ジャーナル 60 号 180 頁（2019 年）の脚注 16 を参照。
15)　第 2 回國会衆議院厚生委員会議録 16 号 14 頁、久下勝次厚生事務官は医業とは何か規定したかったが断念した旨答弁する。
16)　医務局長医事課長発兵庫県衛生部長宛「医師法第 17 条の疑義について」（昭和 47・10・3 医事第 123 号）は、器具を用いて客の耳に穴をあけイヤリングを装着させる行為を医行為であると述べる。
17)　河嶋・前掲注 7) 3 頁はこの点につき、「タトゥー施術については、社会通念上、彫り師は『医療及び保健指導』の実施を企図せず、被施術者もそれを期待しないであろうことをもって医療関連性を否定する趣旨ではないか。」と分析するが、仮に最高裁がそのように考えているとすると、アートメイクにも同じことがいえるのではないかとの疑問が生ずる。（医師免許を持たない者によりなされるアートメイクについては、国民生活センターが 2011 年に公表した「アートメイクの危害」http://www.kokusen.go.jp/news/data/n-20111027_1.html およびこのサイトに掲載の pdf 資料参照。2021 年 1 月 23 日閲覧）。
18)　松宮孝明「タトゥー事件大阪高裁判決に対する刑事法学からの検討」季刊刑事弁護 99 号 91-92 頁（2019 年）は、原審についてではあるが、医行為該当性の判断において医療関連性と保健衛生上の危険とが相関的な関係にある可能性を指摘するが、これを明示的に推し進めたのが本決定だとみることもできよう。
19)　佐藤雄一郎「臨床研究」佐藤雄一郎＝小西知世編『医と法の邂逅 第 1 集』275-279 頁（尚学社、2014 年）は、被験者の権利保護のためインフォームド・コンセントが機能するだけでなく、研究手法すら変化してきたと述べる。
20)　新井誠「タトゥー施術規制をめぐる憲法問題：大阪高裁平三〇年一一月一四日判決を契機として」廣島法學 42 巻 3 号 21 頁以下（2019 年）など。
21)　日本タトゥーイスト協会ウェブサイト https://tattooist.or.jp/ により閲覧可能。「施術者は、施術後のケアについて十分な説明をすること。」（12 条 4 項）、「施術者は、施術に伴う健康被害発生のリスクなどについて、施術を行う前に十分な説明を行うこと。説明、承諾は、口頭だけではなく書面で行うことが望ましい。」（同 5 項）と規定する。

労働

アルバイト職員と正職員の労働条件相違と労働契約法20条違反の有無——大阪医科薬科大学事件

最三判令2・10・13
令元(受)1055号・1056号、地位確認等請求上告事件
裁時1753号4頁、労判1229号77頁
第一審：大阪地判平30・1・24労判1175号5頁
控訴審：大阪高判平31・2・15判タ1460号56頁、
労判1199号5頁

山畑茂之　弁護士

労働判例研究会

●——事案の概要

1　請求内容

本件は、第一審被告（以下「Y大学」という）と期間の定めのある労働契約を締結して勤務していた第一審原告（以下「X」という）が、期間の定めのない労働契約を締結している正職員とXとの間で、賞与、業務外の疾病による欠勤中の賃金等に相違があったことは労働契約法20条（平成30年法律第71号による改正前のもの。以下同じ）に違反するものであったとして、Y大学に対し、不法行為に基づき、上記相違に係る賃金に相当する額等の損害賠償を求めた事案である。

2　前提となる事実関係

(1)　Y大学の概要等

Y大学は、平成28年4月に学校法人大阪医科大学と学校法人大阪薬科大学が合併して設立された学校法人である。

Y大学の事務系職員には、正職員（雇用期間の定めなし）、契約職員、アルバイト職員（雇用期間1年以内、更新上限は5年）、嘱託職員の4種類の職員が在籍していた。

正職員と契約職員は月給制、嘱託職員は月給制又は年俸制であったが、アルバイト職員は時給制であり、フルタイムである者の数は4割程度であった。

平成27年3月時点において、Y大学の全職員数は約2600名で、このうち事務系の職員は、正職員が約200名、契約職員が約40名、アルバイト職員が約150名、嘱託職員が10名弱であった。

(2)　Xとの雇用契約

Xは、平成25年1月29日、Y大学との間で雇用期間を同年3月31日までとする期間雇用契約を締結し、以後、アルバイト職員として、雇用契約（契約期間は1年間）の更新をしながら、平成28年3月31日までY大学に在籍していた。Xの所定労働時間はフルタイムであった。

Xは、平成27年3月4日に適応障害と診断され、同月9日から退職する平成28年3月31日まで、Y大学には出勤していない。この間、Xは、平成27年4月9日から同年5月15日までは年次有給休暇を取得し、その後は欠勤扱いとなった。

(3)　正職員とアルバイト職員の労働条件の相違

正職員とアルバイト職員の労働条件の相違のうち、賞与、夏期特別有給休暇、私傷病欠勤中の賃金に関する相違は、以下のとおりである。

	正職員	アルバイト職員
賞与	Y大学が必要と認めたときに臨時又は定期の賃金を支給すると規定 年2回、通常で4.6か月分が一応の基準（契約職員には正職員の約80%の賞与支給）	なし なお、Xに対する賃金の年間支給額は、正職員の基本給及び賞与の合計額の55%程度の水準
夏期特別有給休暇	毎年7月1日〜9月30日までの間に5日間	なし
私傷病欠勤中の賃金及び休職給	私傷病で欠勤した場合、6か月間は賃金全額支払われ、6か月経過後は、休職が命じられた上で休職給として、標準賃金の2割が支払われる	欠勤中の保障なし

3　一審および二審

一審および二審の比較対象者、賞与、夏期特別有給休暇、私傷病による欠勤中の賃金および休職給に関する結論は、以下のとおりである。

	一審	二審
比較対象者	正職員全体	正職員全体
賞与	不合理ではない	正職員基準の60%を下回る支給は不合理
夏期特別有給休暇	不合理ではない	フルタイムのアルバイト職員に対して付与しないのは不合理（上告不受理）
私傷病による欠勤中の賃金及び休職給	不合理ではない	1か月の賃金保障、2か月の休職給保障を下回るのは不合理

●——判旨

最高裁は、Y大学の上告に基づき、原判決のう

ち、賞与と私傷病による欠勤中の賃金及び休職給に関する正職員とアルバイト職員との間の相違を労働契約法20条に違反するとした判断を破棄し、夏期特別有給休暇の相違に係る損害賠償請求のみを認容した。

1 賞与に関する相違について

(1) 結論

教室事務員である正職員に対して賞与を支給する一方で、アルバイト職員であるXに対してこれを支給しないという労働条件の相違は、労働契約法20条にいう不合理と認められるものに当たらない。

(2) 理由

・Y大学の正職員に対する賞与は、Y大学の業績に連動するものではなく、算定期間における労務の対価の後払いや一律の功労報償、将来の労働意欲の向上等の趣旨を含む。

・Y大学は、正職員としての職務を遂行し得る人材の確保やその定着を図るなどの目的から、正職員に対して賞与を支給することとしたものといえる。

・Xにより比較の対象とされた教室事務員である正職員とアルバイト職員であるXの職務の内容に一定の相違があったことは否定できない。

・教室事務員である正職員については、正職員就業規則上人事異動を命ぜられる可能性があったのに対し、アルバイト職員については、原則として業務命令によって配置転換されることはなく、人事異動は例外的かつ個別的な事情により行われていたものであり、両者の職務の内容及び配置の変更の範囲（以下「変更の範囲」という）に一定の相違があったことも否定できない。

・Y大学は、教室事務員の業務の内容の過半が定型的で簡便な作業等であったため、平成13年頃から、一定の業務等が存在する教室を除いてアルバイト職員に置き換えてきたものである。その結果、Xが勤務していた当時、教室事務員である正職員は、僅か4名にまで減少することとなり、業務の内容の難度や責任の程度が高く、人事異動も行われていた他の大多数の正職員と比較して極めて少数となっていたものである。このように、教室事務員である正職員が他の大多数の正職員と職務の内容及び変更の範囲を異にするに至ったことについては、教室事務員の業務の内容やY大学が行ってきた人員配置の見直し等に起因する事情が存在したものといえる。

・アルバイト職員については、契約職員及び正職員へ段階的に職種を変更するための試験による登用制度が設けられていた。

2 私傷病による欠勤中の賃金について

(1) 結論

教室事務員である正職員に対して私傷病による欠勤中の賃金を支給する一方で、アルバイト職員であるXに対してこれを支給しないという労働条件の相違は、労働契約法20条にいう不合理と認められるものに当たらない。

(2) 理由

・Y大学が、正職員休職規程において、私傷病により労務を提供することができない状態にある正職員に対し給料（6か月間）及び休職給（休職期間中において標準給与の2割）を支給することとしたのは、正職員が長期にわたり継続して就労し、又は将来にわたって継続して就労することが期待されることに照らし、正職員の生活保障を図るとともに、その雇用を維持し確保するという目的によるものと解される。

・Xにより比較の対象とされた教室事務員である正職員とアルバイト職員であるXの職務の内容等をみると、職務の内容及び変更の範囲に一定の相違があったことは否定できない。

・教室事務員である正職員が、極めて少数にとどまり、他の大多数の正職員と職務の内容及び変更の範囲を異にするに至っていたことについては、教室事務員の業務の内容や人員配置の見直し等に起因する事情が存在したほか、職種を変更するための試験による登用制度が設けられていたという事情が存在する。

・アルバイト職員は、契約期間を1年以内とし、更新される場合はあるものの、長期雇用を前提とした勤務を予定しているものとはいい難い。

・教室事務員であるアルバイト職員は、上記のように雇用を維持し確保することを前提とする制度の趣旨が直ちに妥当するものとはいえない。

・Xは、勤務開始後2年余りで欠勤扱いとなり、欠勤期間を含む在籍期間も3年余りにとどまり、その勤続期間が相当の長期間に及んでいたとはいい難く、Xの有期労働契約が当然に更新され契約期間が継続する状況にあったことをうかがわせる事情も見当たらない。

●──研究

1 比較対象者の選定による結論への影響

(1) 労働契約法20条は、「有期労働契約を締結している労働者の労働契約の内容である労働条件が、期間の定めがあることにより同一の使用者と期間の定めのない労働契約を締結している労働者の労

働契約の内容である労働条件と相違する場合において
ては、当該労働条件の相違は、労働者の業務の内容
及び当該業務に伴う責任の程度（以下この条におい
て「職務の内容」という。）、当該職務の内容及び配
置の変更の範囲その他の事情を考慮して、不合理と
認められるものであってはならない」と規定してお
り、労働条件の相違の比較対象者として「同一の使
用者と期間の定めのない労働契約を締結している労
働者」と定めるのみで、無期契約労働者の類型が複
数ある場合に、どの無期契約労働者との間で比較検
討すべきかについて定めていない。

本事件ではこの点が争点となり、第一審判決と控
訴審判決は、比較対象者を「正職員全体」と解して
いた。

しかし、最高裁は、この点について明示的に判示
はしていないものの、「第1審原告により比較の対
象とされた教室事務員である正職員」との判示をし
ており、労働契約法20条における比較対象者につ
いて、原告である有期契約労働者が比較対象として
選定した無期契約労働者との間で比較検討すべきと
判示したものと解される。

(2)　この点については、本事件と同じ日に最高
裁判決がなされたメトロコマース事件（最三判令2・
10・13裁時1753号7頁、労判1229号90頁）におい
ても同様の判示がなされており、同事件の第一審判
決（東京地判平29・3・23労判1154号5頁）が「広
く被告の正社員一般の労働条件を比較の対象とする
のが相当」と判示したのを、控訴審判決（東京高判
平31・2・20労判1198号5頁）が「労働契約法20
条が比較対象とする無期契約労働者を具体的にどの
範囲の者とするかについては……不合理と認められ
ると主張する無期契約労働者において特定して主張
すべきものであり、裁判所はその主張に沿って当該
労働条件の相違が不合理と認められるか否かを判断
すれば足りる」と判示して第一審判決を変更してい
たが、最高裁は、「第1審原告らにより比較の対象
とされた売店業務に従事する正社員」と判示し、東
京高裁の控訴審判決を支持した。

(3)　民事訴訟における重要な原則の一つとして
弁論主義があり、「主張責任」と呼ばれる第一のテー
ゼとして「主要事実は、当事者が口頭弁論で陳述し
ない限り判決の基礎に採用することができない」（新
堂幸司『新民事訴訟法第4版』412頁）という原則が
あるが、かかる考え方からすれば、労働契約法20
条の比較対象者を設定すべきは訴訟を提起した原告
ということになり、有期契約労働者である原告によ
り比較対象とされた無期契約労働者との間で比較検

討すべきとした最高裁の結論は妥当なものであると
考える。

(4)　他方、最高裁は、本事件でもメトロコマース
事件でも「その他の事情」として様々な事情を考慮
しているところ、本事件では「教室事務員である正
職員が他の大多数の正職員と職務の内容及び変更の
範囲を異にする」と指摘し、メトロコマース事件で
は「売店業務に従事する正社員と、第1審被告の本
社の各部署や事業所等に配置され配置転換等を命ぜ
られることがあった他の多数の正社員とは、職務の
内容及び変更の範囲につき相違があった」と指摘し、
これらの事情を労働条件の相違が不合理と認められ
るかどうかの考慮要素にして判断している。

このように、比較対象者は原告の選定に従うとし
ても、原告の選定から漏れたその他の無期契約労働
者の存在は「その他の事情」として考慮されること
になり、無期契約労働者全体を比較対象者として検
討した場合との間で結論に大きな差は生じないので
はないかと思われる。

(5)　なお、労働契約法20条が廃止され、同条は
パート有期法8条に引き継がれたが、同条は比較対
象者を「通常の労働者」と定めており、労働契約法
20条とは文言が異なるため、今回の最高裁判決の
判示がパート有期法の下でも妥当するかどうかは不
透明である。

2　不合理性についての割合的認定

(1)　本事件の最高裁判決は、賞与に関して、ア
ルバイト職員に対する賞与が正職員の賞与基準額の
60％を下回る場合には不合理な相違に当たると判
断した原判決を見直してアルバイト職員に対する賞
与が不支給でも不合理な相違には当たらないと判示
し、また、私傷病による欠勤中の賃金及び休職給に
ついて、アルバイト職員に1ヶ月の賃金保障、2ヶ
月の休職給保障もないのは不合理な相違に当たると
した原判決を見直してこれらの保障が無くても不合
理な相違には当たらないと判示した。

また、メトロコマース事件でも、最高裁は、退職
金に関して、契約社員Bに対して正社員の4分の1
の退職金も支給しないのは不合理な相違に当たると
したのを見直して退職金が不支給でも不合理な相違
には当たらないと判示した。

これらの最高裁の判示は、原審が不合理性につい
て割合的認定（100％不合理とは言えないが、ある一
定のレベルを下回ると不合理）をしていたのを改め、
不合理性について白か黒かの二択で判断したものと
いえる。

(2) 他方で、本事件において、最高裁は、正職員に対して5日付与している夏期特別有給休暇について、フルタイムのアルバイト職員には正職員と同日数の休暇を与えなければ不合理な相違に当たると判断した原判決について上告不受理とし、判決が確定している。

また、日本郵便（佐賀）事件（最一判令2・10・15裁時1754号1頁、労判1229号5頁）において、最高裁は、正社員には夏期に3日、冬期に3日付与される夏期冬期休暇が時給制契約社員には付与されないという相違について、「両者の間に夏期冬期休暇に係る労働条件の相違があることは、不合理であると評価することができる」と判示しており、時給制契約社員に対して正社員と同日数の夏期冬期休暇を付与しなければ不合理な相違に当たると判断している。

これらの最高裁の判示からすれば、労働条件の相違について不合理と判断された場合には、当該労働条件について無期契約労働者と有期契約労働者の労働条件を同一とすべきという前提で損害賠償額の認定がなされているといえる。

(3) 以上の各最高裁判示を検討すると、「不合理性の割合的認定」については、裁判所があたかも使用者に代わって新たな中間的な労働条件を設定するのと実質的に同じになることから、最高裁はその採用には消極的であったものと考えられ、不合理な相違に当たると判断した労働条件については、有期契約労働者と無期契約労働者の労働条件は同一にすべきという前提で損害賠償額の認定を行っているものと解される。

(4) さらに、最高裁は、日本郵便（東京）事件（最一判令2・10・15裁時1754号2頁、労判1229号58頁）において、正社員には有給の90日の病気休暇があるのに対し、時給制契約社員には無給の10日の休暇があるのみという相違について、「私傷病による病気休暇の日数につき相違を設けることはともかく、これを有給とするか無給とするかにつき労働条件の相違があることは、不合理である」と判示している。

この「私傷病による病気休暇の日数につき相違を設けることはともかく」という判示からすれば、最高裁は、裁判所が新たな中間的な労働条件の設定を行ったのと実質的に同じになる「不合理性の割合的認定」には消極的であるものの、使用者自らが有期契約労働者と無期契約労働者の労働条件の相違の「程度」に差を設けた場合には、それを許容しようとする姿勢が窺える。長澤運輸事件の最高裁判決（最

二判平30・6・1民集72巻2号202頁、裁時1701号5頁、判タ1453号47頁、金判1552号8頁、判時2389号107頁、労判1179号34頁）が「労働者の賃金に関する労働条件の在り方については、基本的には、団体交渉等による労使自治に委ねられるべき部分が大きい」と判示していることからしても、労使自治によって設定された労働条件の相違の「程度」の差については尊重されるべきと考える。

3 「長期雇用を前提とした勤務」の解釈

(1) 本事件の最高裁判決は、私傷病による欠勤中の賃金及び休職給に関する判示の中で、「長期雇用を前提とした勤務を予定しているものとはいい難い」と判示している。

また、前掲日本郵便（東京）事件の最高裁判決は、病気休暇に関する判示の中で、「相応に継続的な勤務が見込まれるのであれば、私傷病による有給の病気休暇を与えることとした趣旨は妥当する」と判示し、日本郵便（大阪）事件の最高裁判決（最一判令2・10・15裁時1754号5頁、労判1229号67頁）も、扶養手当に関する判示の中で、「郵便の業務を担当する正社員に対して扶養手当が支給されているのは、上記正社員が長期にわたり継続して勤務することが期待されることから」、「扶養親族があり、かつ、相応に継続的な勤務が見込まれるのであれば、扶養手当を支給することとした趣旨は妥当する」という判示をしている。

(2) これらの「長期雇用を前提とした勤務」、「相応に継続的な勤務」、「長期にわたり継続して勤務すること」というものがどのくらいの継続勤務を想定しているのかが問題となるが、最高裁はこの点について明確な基準を示していない。

この点については個々の事案ごとに判断する他ないと考えるが、日本郵便（東京）事件や日本郵便（大阪）事件が契約更新を繰り返して通算契約期間が5年を超えていたのに対し、本事件は5年の更新上限が設定されており、原告の通算契約期間は約3年2ヶ月にとどまっていることからすれば、通算契約期間5年というのが一つのメルクマールになると考えて良いのではないかと思われる。

（やまはた・しげゆき）

知財　置換「可能に構成した」フレーム構造に係る特許権の侵害と付随品への特許法 102 条 2 項の適用の可否

東京地判令 2・9・25
平 29(ワ)124210、特許権侵害差止等請求事件
最高裁ウェブサイト掲載

金子敏哉　明治大学教授
知財判例研究会

●——事実の概要

1　概要

本件は X（原告）が Y（被告）に対し、Y によるベッドの販売が X の有する 3 件の特許権（本件特許権 1 等）を侵害するとして、差止・損害賠償等を請求した事案である。裁判所はうち 2 件の特許権の侵害を肯定し損害賠償請求を一部認容した。本稿ではこのうち本件特許権 1 に関する判断を取り上げる。

2　本件発明 1

本件特許権 1 に係る特許（特許 3024698 号）の特許請求の範囲の請求項 1 の記載は以下である。

「ベッド等において、床板を支えるフレームを、使用者の体格に対応させるべく、フレームの一部を異なった長さの交換装着用フレームに置き換え可能に構成したことを特徴とするベッド等におけるフレーム構造。」

上記請求項 1 記載の発明（本件発明 1-1）と請求項 2 記載（特に足側のフレームを交換可能に構成したもの）の発明（本件発明 1-2）をまとめて本件発明 1 と表記する。X は本件発明 1-1 及び 1-2 の実施品であるベッド（X 製品）を販売している。

3　Y 製品 3・5 の構成と販売

Y は、フレーム、ボトム（床板）、ヘッドボード・フットボードの構成品群（裁判所はこれらの構成品群がベッド本体を購入する際の「最小の構成単位」であると認定している）からなる、二種類のサイズ（レギュラータイプ、ショートタイプ）のベッド本体（Y 製品 3・5）を販売した。

Y 製品 3・5 のフレームのうちヘッドフレーム（HF）とフットフレーム（FF）には、ベッドサイズに対応した 2 種類のもの（レギュラー用、ショート用）があり、購入したものとは異なる HF・FF 等の交換用パーツを別途購入し交換してセンターフレームに装着することでベッドの長さを変更することが可能であった。

Y は、平成 19 年 11 月に Y 製品 3 のレギュラータイプの販売を、平成 21 年 11 月にショートタイプの販売を開始し、平成 26 年 9 月頃、Y 製品 3 の後継製品として Y 製品 5 のレギュラータイプ及びショートタイプの販売を開始した。また Y は、サイズ変更用の交換用パーツを別途販売していた。

4　損害額に関する当事者の主張

X は、特許法 102 条 2 項に基づく損害額、Y 製品 3・5 等の販売による限界利益につき本件発明 1 の貢献の程度を考慮した金額（該当の別紙部分が最高裁ウェブサイト等では非公開）を X の損害額として主張した（弁護士費用と合わせた請求額は Y 製品 3 につき 2 億 4696 万 2222 円、Y 製品 5 につき 5 億 6324 万 8383 円）。

特許法 102 条 2 項の適用対象となるべき利益につき、X は、（交換用パーツと同時に購入されていない場合も含む）ベッド本体の販売利益の他、交換用パーツ・（Y 製品 3・5 と同時に購入された）サイドレールの販売利益も含まれると主張した。これに対し Y は、[1] 本件発明 1 の実施は Y 製品 3・5 の売上に全く寄与していないため Y 製品 3・5 の販売により X に損害が発生したといえない、[2] 2 項が適用される場合もその対象は交換用パーツと同時に購入された Y 製品 3・5 に限られ、また [3] 本件発明 1 の実施が Y 製品 3・5 の販売に寄与した程度は Y 製品 3 につき 0 %、Y 製品 5 について 2.86 % であり、その余の利益については覆滅が認められるべきと主張した。これに対して X は「Y の顧客がベッドのタイプを交換する場合が実際にも相当程度あること等に照らせば、」覆滅の程度は Y 製品につき 9 割、Y 製品 5 につき 7 割を超えるものではないと主張した。

請求一部認容、一部棄却

1　本件特許権1の侵害の成否について

ショートタイプの販売が開始された後のY製品3につき、2種類のタイプのベッドが販売されHF及びFFを交換しセンターフレームに装着することでベッドの長さの変更が可能となったこと、及び、交換用パーツがベッド本体とは別に販売されていたことから、「フットフレームを含むフレームの一部について、あらかじめ用意された長さの異なる交換装着用フレームに選択的に交換装着することが想定された製品」であったと認定し、本件発明1-1及び1-2の技術的範囲に属すると認定し、特許権の侵害を肯定した。Y製品5についても侵害を肯定した。

2　損害額

X製品の販売の事実から「侵害行為がなかったならば利益が得られたであろうという事情が存在する」として、Y製品3（平成21年11月以降）及びY製品5のベッド本体の販売による限界利益額を2項の利益額として推定した上で、Y製品3（Y製品5）につき利益額の95％（90％）分につき推定が覆滅するとし、2項による損害額と弁護士費用相当の損害額の合計額を1億1459万1925円（1億5734万5847円）と認定した。

（1）ベッド本体の販売について

「Y製品3及び5のベッド本体は、レギュラータイプ及びショートタイプのいずれについても、床板（ボトム）、フレーム及びボード等によって構成されており、Y製品3及び5が販売される場合の最小の構成単位はベッド本体であり…、そのベッド本体の販売が本件発明1−1及び1−2の実施となり、本件特許権1を侵害する。したがって、Y製品3及び5のベッド本体の販売によりYが得た利益は、特許法102条2項により原告が受けた損害と推定される。

（Y主張[1]につき）本件発明1は「いずれもフレーム構造の発明」であり、Y製品「3及び5は、いずれも、」本件発明1「の技術的範囲に属するフレーム構造を有し、それらのベッドが販売された場合、それがレギュラーサイズのベッドの販売であっても、ショートサイズのベッドの販売であっても、そのベッドの販売が本件発明1の実施となり、交換用パーツが同時に販売されているか否かなどの事情にかかわらず、本件特許権1を侵害する。そして、特許法102条2項は特許権の侵害があった場合に、それにより侵害者が得た利益を損害と推定する旨の規定である。当該ベッドの購入の際に、購入者がサイ

ズ交換を予定していて、本件発明1の作用効果を奏することを動機として購入したか否かなどに関係する事情が上記の損害の推定が覆滅されるか否かの場面において考慮されるとしても、特許法102条2項の上記趣旨に照らせば、同項により損害と推定される範囲の利益の基礎となる売上げの範囲がYの主張のように限定されることになるとは解されない」。

（2）交換用パーツの販売について

「Y製品3及び5が販売される場合の最小の構成単位はベッド本体である。上記の交換用パーツは、」本件発明1「の実施品であるベッド本体とは別の製品として販売されていて、ベッド本体と一体として販売されているわけではないし、ベッド本体に不可欠のものとしてベッド本体と一体となるべきものであるともいえない」。「このことに照らすと、交換用パーツ」…「の販売による利益について、ベッド本体が本件特許権1を侵害する場合の特許法102条2項の利益に含まれるとはいえない」。

（3）サイドレールの販売について

「一般的に、サイドレールは、介護用ベッドと共に複数販売されている場合が相当程度見受けられる。もっとも、Yにおいては、サイドレールは、」本件発明1「の実施品であるベッド本体とは別の製品として、Y製品3から6のほか、」他のYの「製品にも対応する仕様のものとして販売されているものである」（以下(2)と同様の理由によりサイドレールの販売による利益を2項の利益に含めることは相当ではないと判断）。

（4）推定の覆滅について

「特許法102条2項による推定は、侵害者が得た利益と特許権者が受けた損害との相当因果関係を阻害する事情がある場合に覆滅すると解される。」

「本件発明1は、ベッドにおけるフレーム構造を、使用者の体格に対応させるために、フレーム又は足側フレームを異なった長さの交換用フレームに置き換え可能に構成し、外観を向上したという効果を奏するようにしたものである。」

「Y製品3及び5は、そのカタログ等において、本件発明1とは別の機能が強調されていて、相当数が本件発明1に係る特徴とは別の機能等の特徴に惹かれて購入されたことがうかがわれる。それに加えて、本件発明1は、Y製品3及び5のタイプを同じくするベッド本体を購入しただけではベッドの利用者においては事実上その効果を奏しないという特徴」「があるともいえるところ、…交換用パーツの販売数」（売上上位50社に対するYのヒアリング結果によれば、レンタル業者等へのY製品3（Y製品5）

の販売台数 49131 台（50921 台）に対して、交換用パーツの購入数は 45 セット（95 セット））「やショートタイプの販売台数」（Y 製品 3 及び 5 につき、レギュラータイプ 63323 台及び 49727 台に対してショートタイプ 594 台及び 4434 台）[1]「等からすると、ベッドの利用者において事実上本件発明 1 の効果を奏する形で使われたのは全体の販売台数のうちの極めて限られた台数と認められるのであり、このことからも、販売された Y 製品 3 及び 5 の大部分は、本件発明 1 に係る特徴とは別の機能等の特徴に惹かれて購入されたものと認めることができる。このような Y 製品 3 及び 5 が本件発明 1 の実施に係る部分以外に備えている特徴やその顧客誘引力等の事情を考慮すると、侵害者が得た利益と特許権者が受けた損害との相当因果関係を大きく阻害する事情があるといえ、特に交換用パーツ及びショートタイプの販売が少ない Y 製品 3 については、侵害者が得た利益の 9 割 5 分について、Y 製品 5 については侵害者が得た利益の 9 割について、その推定が覆滅するとするのが相当である。」

●――研究

1　本判決の意義

本判決は、(1) フレームの一部を置換「可能に構成した」フレーム構造についての技術的範囲の認定が問題となった点、(2) ベッド本体の販売利益全額に特許法 102 条 2 項を適用したうえで 95%・90% の推定の覆滅を認めた点、(3) 付随品・関連商品（交換用パーツおよびサイドレール）の販売利益への 2 項の適用を侵害品（ベッド）本体（Y による販売の「最小の構成単位」）と一体と販売されていなかったこと等を理由に認めなかった興味深い事例である。

2　技術的範囲の属否に関する判断

本判決の判旨 1 は、Y 製品 3 及び 5 が、本件発明 1-1 の技術的範囲に属する（特に「フレームの一部を異なった長さの交換装着用フレームに置き換え可能に構成した」との文言を充足する）ことを判示したものである。この認定は、① 2 種類のサイズのベッドが販売されていたこと及び① 交換用パーツが別途販売されていたことから、センターフレームに、レギュラー用とショート用のフットフレーム等を組み合わせることで交換可能であったとの認定に基づくものである。この点で本判決の判断からすると、レギュラータイプのみが販売されていた時期の Y 製品 3 については本件発明 1-1 の技術的範囲に属さないと判断される可能性もあろう。

なお本判決とは異なる立場としては、Y 製品 3・

5 と交換用パーツの組み合わせ（又は異なるサイズのベッド本体の組み合わせ）によってはじめて本件発明 1 の構成要件を充足するとの理解もありえよう。しかし本判決はあくまで（交換用パーツや異なるサイズのベッド本体が別途購入可能であることを前提としたうえで）1 台の Y 製品 3・5 がそれぞれ本件発明 1 の技術的範囲に属すると判断し、特許法 102 条 2 項の適用もこの判断を前提としたものである。

3　特許法 102 条 2 項の適用対象となる利益の範囲

(1)　特許法 102 条 2 項の「侵害の行為によ」り受けた「利益」の額につき、知財高判令元・6・7 判時 2430 号 34 頁〔二酸化炭素含有粘性組成物〕[2]（以下大合議判決）は、「原則として、侵害者が得た利益全額であると解するのが相当」との一般論を提示した。

大合議判決のこの判示は 2 項の利益額を（侵害品において特許発明の特徴に係る部分が一部に過ぎない部分実施のような事案でも）寄与利益（全体利益（侵害品の販売による利益全額）のうち特許発明が寄与した利益）ではなく、全体利益とする理解（全体利益説）[3] を示したものと理解されている[4]。

もっとも上記の判示には「原則として」との留保があり、例外[5] もありうる判示となっている。そして上記の「侵害者が得た利益全額」は、侵害品の製造販売行為に関しては侵害品の製造販売による利益全額を意味するものと解されるが、侵害品の付随品等の販売利益についてどのように取り扱われるのかは大合議判決からは直接的には明らかではない。

(2)　従前の裁判例[6] では、被告側が付随品部分の利益額を控除すべきと主張したが、裁判所は、本体部分（侵害品）と付随品が一体として販売されていたこと等を理由に付随品部分も含めた利益額全額を（推定の覆滅に関しては判断せず）そのまま損害額とした事例（東京高判平 11・6・15 平 10（ネ）3110〔タイヤの着脱装置〕、① 東京地判平 16・2・20 平 14（ワ）12858〔自動弾丸供給機構付玩具銃〕）がある。

また侵害品と一体で販売されていた付随品部分も含めて 2 項を適用したうえで、侵害部分が製品全体の一部に過ぎないこと等を理由に寄与度減額をした事例として東京地判平 23・6・10 平 20（ワ）19874〔医療用器具〕、9 割の推定覆滅をした事例として② 大阪地判令 2・1・20 平 28（ワ）4815〔油冷式スクリュ圧縮機〕がある。

これに対して③ 大阪地判平 17・3・14 平 15（ワ）2893〔長尺ワークのローディング装置〕は、侵害品（ストッカー）と一体で販売されていた事案について、

につき。2項の「侵害の行為」はストッカーの販売であることを理由に、付随品（丸鋸切断機本体）への2項の適用を否定した。

もっとも③判決は、「侵害品であるストッカーを付さなければ切断機本体を販売できなかったという事実が認められる場合」には2項の適用が認められるとも判示しているが、当該事案では付随品を別個独立にも販売していたためこの事実は認められないとされた。対照的に②判決では被告が侵害部分を別個独立に販売していないことが2項適用の根拠とされている。他方で①判決では玩具銃本体（侵害品）とアクセサリー（付随品）は別個独立にも販売されていたが、顧客が一体の商品として購入したこと及びアクセサリーが侵害品の通常形態による使用に用いる物として購入されたことを理由として2項の適用を認めている。

（3）本判決は、特に付随品・関連商品への2項の適用につき一般論を特に述べていないが、あてはめの判断からすると、侵害者の実際の販売態様に基づき、現実に購入できた「最小の構成単位」である侵害品（本件ではベッド本体）が2項の適用対象となり、これとは別途購入可能な付随品・関連商品（交換用パーツ・サイドレール）は、侵害品と当該付随品が同時に購入されたとしても、2項の適用対象とはならない、と解しているようである。

従前の裁判例との大きな違いは、本件の事案が交換用パーツ等はベッド本体とは「一体として」販売されたものではないとの認定に基づく点にある。もっとも、特に交換用パーツは、侵害品であるベッド本体と組み合わせる以外の用途がない[7]（ベッド本体における本件発明1の実施が交換用パーツの購買動機にほぼ100％寄与している）[8]ことを考えると、③判決の基準に照らしても、Xが同様の交換用パーツを販売している場合には、2項の適用が認められるべき事案であったろう。

4 推定の覆滅に関する判断

本判決は、前掲大合議判決が例示した推定の覆滅事由のうち、特に、「侵害品の性能（機能、デザイン等特許発明以外の特徴）」に係る事情を考慮したものである。

前掲大合議判決の事案自体では推定の覆滅は認められなかったものの、その後の裁判例では、前掲②判決のように侵害品の販売利益に係る特許発明の寄与が小さいこと等を理由に推定の一部覆滅を認めたものが少なからず存在し[9]、本判決もその一つとして位置づけられる。

ただし②判決は、侵害部分（圧縮機）の被告システムの販売利益への寄与の小ささとともに、原告と被告の業務態様の大幅な相違（原告は圧縮機を販売し、原告圧縮機を組み込んだシステムと被告販売のシステムが競合）を考慮して9割の覆滅を認めた事案であるのに対して、本判決はX製品とY製品3・5が直接競合している事案にもかかわらず、Y製品3・5の大半は本件発明1以外の特徴が購買動機となって購入されたことを理由に、95％・90％の大幅な覆滅を認めた点が特徴的である。

もっとも、Y製品3・5につきレギュラータイプと、ショートタイプ又は交換用パーツの組み合わせのみが侵害となるとの解釈による場合の2項の利益額（あえて強引な概算をすればY製品3につき本判決の2項の利益額の約1.0％（（594 ＋ 45）／（63323 ＋ 594））、Y製品5につき同様に約8.4％（＝（4434 ＋ 95）／（49727 ＋ 4434）））と比較すると、本判決による覆滅後の損害額はこれらよりは高い金額となっている。あくまでY製品3・5が単体で本件発明1の技術的範囲に属することを理由に2項を適用した意義はこの点に現れているといえよう。

（かねこ・としや）

1) 本判決はベッドのサイズ変更が行われる場合として、交換用パーツの購入の他、異なるサイズのベッドを部品ごとに管理等して適宜交換を行う場合があることを認定している。

2) 大合議判決及び関連裁判例につき詳しくは金子敏哉「判批」判例評論745号（2021年）13頁以下を参照。

3) 従前の議論状況の詳細と整理につき中山信弘・小泉直樹編『新・注解特許法〔第2版〕中巻』（青林書院、2017年）1953頁以下〔飯田圭〕を参照。

4) 田村善之「特許法102条が前提とする損害概念の検討」論究ジュリスト31号（2019年）164頁、柏延之「判批」AIPPI65巻3号（2020年）258頁等参照。

5) 例外に関して佐野信「製品の一部のみに特許発明が実施されている場合の特許法102条1項、2項による損害額算定における諸問題」Law&Technology別冊6号（2020年）88・89頁も参照。

6) 従前の裁判例につき増井和夫＝田村善之『特許判例ガイド〔第4版〕』（有斐閣、2012年）393・394頁、中山＝小泉・前掲注3)1936頁〔飯田圭〕を参照。

7) 本件に関する研究会において交換用パーツの販売につき特許法100条1号（又は2号）の間接侵害と構成する可能性について指摘を受けた。確かにそのような主張は考えられるが、本判決の認定を前提とすれば、Y製品3・5のベッド本体単体で既に技術的範囲に属する以上、交換用パーツは発明に係る物の使用にのみ用いる物であって、間接侵害の成立は認められないものと思われる。

8) 付随品への2項の適用に関する評釈者自身の立場については詳しくは金子敏哉「知的財産との関係が『薄い』製品・サービスに係る売上減少による逸失利益」民商法雑誌157巻1号47頁以下を参照。

9) 裁判例の詳細については金子・前掲注2)20頁注31を参照。

今期の裁判例索引

地方裁判所

家庭裁判所・簡易裁判所

みんじ はんれい
民事判例 22——2020年後期

2021 年 5 月 30 日　第 1 版第 1 刷発行

編　者——現代民事判例研究会（代表・田髙寛貴）
げんだいみんじはんれいけんきゅうかい
発行所——株式会社日本評論社
　　　　〒170-8474　東京都豊島区南大塚 3-12-4
　　　　電話 03-3987-8621　FAX 03-3987-8590　振替 00100-3-16
印　刷——精文堂印刷
製　本——難波製本

Printed in Japan ⓒ 現代民事判例研究会（代表・田髙寛貴）2021　本文組版／中田　聡　装幀／林　健造
ISBN 978-4-535-00250-0

民事判例21
2020年前期

現代民事判例研究会編

日本評論社

好評発売中 定価 3,080円（税込）